W0378495

Kohlhammer

Grundwissen Soziale Arbeit

Herausgegeben von Rudolf Bieker

Band 9

Walter Röchling

Jugend-, Familien- und Betreuungsrecht für die Soziale Arbeit

Verlag W. Kohlhammer

Alle Rechte vorbehalten
© 2012 W. Kohlhammer GmbH Stuttgart
Umschlag: Gestaltungskonzept Peter Horlacher
Gesamtherstellung:
W. Kohlhammer Druckerei GmbH + Co. KG Stuttgart

ISBN 978-3-17-021093-6

Vorwort zur Reihe

Mit dem so genannten „Bologna-Prozess" galt es neu auszutarieren, welches Wissen Studierende der Sozialen Arbeit benötigen, um trotz erheblich verkürzter Ausbildungszeiten auch weiterhin „berufliche Handlungsfähigkeit" zu erlangen. Die Ergebnisse dieses nicht ganz schmerzfreien Abstimmungs- und Anpassungsprozesses lassen sich heute allerorten in volumigen Handbüchern nachlesen, in denen die neu entwickelten Module detailliert nach Lernzielen, Lehrinhalten, Lehrmethoden und Prüfungsformen beschrieben sind. Eine diskursive Selbstvergewisserung dieses Ausmaßes und dieser Präzision hat es vor Bologna allenfalls im Ausnahmefall gegeben.

Für Studierende bedeutet die Beschränkung der akademischen Grundausbildung auf sechs Semester, eine annähernd gleich große Stofffülle in deutlich verringerter Lernzeit bewältigen zu müssen. Die Erwartungen an das selbstständige Lernen und Vertiefen des Stoffs in den eigenen vier Wänden sind deshalb deutlich gestiegen. Bologna hat das eigene Arbeitszimmer als Lernort gewissermaßen rekultiviert.

Die Idee zu der Reihe, in der das vorliegende Buch erscheint, ist vor dem Hintergrund dieser bildungspolitisch veränderten Rahmenbedingungen entstanden. Die nach und nach erscheinenden Bände sollen in kompakter Form nicht nur unabdingbares Grundwissen für das Studium der Sozialen Arbeit bereitstellen, sondern sich durch ihre Leserfreundlichkeit auch für das Selbststudium Studierender besonders eignen. Die Autor/innen der Reihe verpflichten sich diesem Ziel auf unterschiedliche Weise: durch die lernzielorientierte Begründung der ausgewählten Inhalte, durch die Begrenzung der Stoffmenge auf ein überschaubares Volumen, durch die Verständlichkeit ihrer Sprache, durch Anschaulichkeit und gezielte Theorie-Praxis-Verknüpfungen, nicht zuletzt aber auch durch lese(r) freundliche Gestaltungselemente wie Schaubilder, Unterlegungen und andere Elemente.

Prof. Dr. Rudolf Bieker, Köln

Zu diesem Buch

In der Praxis der Sozialen Arbeit haben die rechtlichen Aspekte der Handlungsgrundlagen, Handlungsmöglichkeiten und Handlungsgrenzen eine enorme Bedeutung.

Ohne Kenntnis der entsprechenden Rechtsmaterien ist deshalb ein erfolgreiches Tätigwerden in der Praxis der Sozialen Arbeit kaum denkbar:

- Wie kann eine inhaltlich sinnvolle und letztlich rechtlich stichhaltige Beratung in einer Sorgerechtsproblematik bei Trennung und Scheidung erfolgen, ohne die familienrechtlichen Strukturen des gemeinsamen Sorgerechts zu kennen?
- Wie soll ein/e Mitarbeiter/in des Jugendamts dem staatlichen Schutzauftrag bei Kindeswohlgefährdung gerecht werden, wenn die entsprechenden jugendhilferechtlichen Vorgaben unbekannt sind?
- Und wie will man Betreuungsaufgaben verantwortlich wahrnehmen, ohne die Prinzipien des Betreuungsrechts zu beherrschen?

Ein Grundlagenwissen im Familienrecht, im Jugendhilferecht sowie im Betreuungsrecht ist mithin für die Praxis der Sozialen Arbeit nach allgemeiner Auffassung unverzichtbar und gehört folglich – oftmals zum Leidwesen der Studenten/innen der Sozialen Arbeit – unstrittig zu den maßgeblichen Ausbildungsinhalten.

Im vorliegenden Band wurde bei der Darstellung der erörterten Thematik besonderes Augenmerk darauf gerichtet, die rechtlichen Grundlagen mit Blick auf die Tätigkeitsfelder der Sozialen Arbeit zu begrenzen. Darüber hinaus wurde berücksichtigt, dass rechtliche Erläuterungen für Nichtjuristen einer Verständnis fördernden Vermittlung bedürfen.

Der Autor hofft darauf, dass ihm aufgrund seiner vieljährigen Lehrtätigkeit im Bereich des Studiums der Sozialen Arbeit wie auch im Zusammenhang mit seiner langjährigen Tätigkeit als Familienrichter eine allgemein eingängige Darstellung gelungen ist.

Viersen, im Mai 2012 *Walter Röchling*

Inhalt

D Verfahrensrechtliche Regelungen

A JUGENDHILFERECHT/SGB VIII

I Kurzüberblick über Grundsätze und Inhalte des Jugendhilferechts

Was Sie in diesem Kapitel lernen können

Das Aufgabengebiet der Kinder- und Jugendhilfe dient im Wesentlichen der Verwirklichung des Rechts eines jeden jungen Menschen auf Förderung seiner Entwicklung und auf Erziehung zu einer eigenverantwortlichen und gemeinschaftsfähigen Persönlichkeit. In diesem Sinne sollen (u. a.) Eltern und andere Erziehungsberechtigte bei der Erziehung und Beratung unterstützt und Kinder und Jugendliche vor Gefahren für ihr Wohl geschützt werden.

Für einen fachlichen Umgang mit den gesetzlichen Vorgaben der Kinder- und Jugendhilfe bedarf es sowohl des Verständnisses der Prinzipien des Jugendhilferechts wie auch der Kenntnis bestimmter – dieses Rechtsgebiet beherrschender – Grundsätze, die einleitend vermittelt werden.

Die weiteren Ausführungen befassen sich schwerpunktmäßig mit den Voraussetzungen und Einzelheiten der Gewährung von Hilfe zur Erziehung gem. §§ 27 ff. SGB VIII.

1 Überblick

Das am 1. Januar 1991 in Kraft getretene SGB VIII ist das Ergebnis eines Reformprozesses, der sich über viele Jahre – aus unterschiedlichen Gründen (z. B. immer wieder auftretende finanzielle Engpässe der öffentlichen Haushalte bzw. Wandel wissenschaftlicher Sichtweise von zeitgemäßer Jugendhilfe) – hingezogen hat. Die Rechtsentwicklung zu den grundsätzlichen Aussagen und die Konzeption des SGB VIII waren ungeachtet der sozialwissenschaftlichen/sozialpädagogischen Erkenntnisse (z. B. 7. Jugendbericht), insbesondere an der verfassungsgerichtlichen Rechtsprechung orientiert.

Bis zur Verabschiedung des SGB VIII blieben im Wesentlichen rechtspolitisch umstritten

- die zu Gunsten des Personensorgeberechtigten geregelte Leistungsberechtigung,
- die mangelnde Gewährleistung der Erziehung durch die öffentliche Jugendhilfe,
- die über § 36 Abs. 1 SGB I hinausgehenden eigenen Antragsrechte von Kindern und Jugendlichen
- und die insgesamt schwache Rechtsanspruchsqualität von Jugendhilfeleistungen mit Ausnahme der Hilfe zur Erziehung.

2 Das SGB VIII und der zugrundeliegende gesetzgeberische Hintergrund

Es war der erklärte Wille des Gesetzgebers, mit der Zusammenfassung der erzieherischen Hilfen im SGB VIII ein neues Hilfesystem zu schaffen. Dieses – *unterhalb der Schwelle des staatlichen Wächteramtes* – angesiedelte Instrumentarium öffentlicher Hilfe soll dem Staat bei der Erfüllung seiner aus dem Grundsatz der Verhältnismäßigkeit folgenden Verpflichtung dienen, das ihm obliegende Wächteramt vorrangig durch helfende, unterstützende und auf Herstellung oder Wiederherstellung eines verantwortungsgerechten Verhaltens der natürlichen Eltern gerichtete Maßnahmen auszuüben. Dabei soll allerdings nur der durch elterliches Handeln nicht erfüllte Hilfebedarf Voraussetzung für ein Tätigwerden des Staates im Bereich der Erziehung sein.

Was versteht man unter dem „staatlichen Wächteramt"?

Art. 6 Abs. 2 GG (Ehe, Familie, nichteheliche Kinder)

Pflege und Erziehung der Kinder sind das natürliche Recht der Eltern und die zuvörderst ihnen obliegende Pflicht. Über ihre Betätigung wacht die staatliche Gemeinschaft.

Die Verfassung schützt also einerseits das Recht der Eltern auf Pflege und Erziehung ihrer Kinder. Andererseits „wacht die staatliche Gemeinschaft" darüber, vgl. Art. 6 Abs. 2 S. 2 GG, dass die Eltern das ihnen – vorrangig – eingeräumte Elternrecht zum Wohl und zum Schutz ihres Kindes wahrnehmen.

Für die Formulierung der Leistungsvoraussetzungen, insbesondere im Bereich der Hilfe zur Erziehung, bedeutet dies,

- einerseits Kriterien zu vermeiden, die den Eindruck erwecken, als würden die bei dem Kind oder Jugendlichen festgestellten Probleme ihm auch ursächlich zugeschrieben,
- andererseits allzu offene Formulierungen von Leistungstatbeständen zu vermeiden, um nicht ein überzogenes Anspruchsdenken in der Gesellschaft zu fördern und um persönliche Verantwortung und Erziehungsbereitschaft nicht erlahmen zu lassen (vgl. Gesetzesbegründung zum SGB VIII, BT-Drucksache 11/5948, S. 68).

Schließlich soll die Hilfe zur Erziehung von ihrer Funktion her nur an Mängellagen bei Kindern und Jugendlichen im Erziehungsprozess ansetzen, da die häufig zugrunde liegenden Faktoren, wie etwa Arbeitslosigkeit oder Krankheit der Eltern bzw. unzureichende Wohnsituation etc., nicht mit Mitteln der Jugendhilfe behoben werden könnten (vgl. wie vor).

3 Die Grundsätze des SGB VIII

3.1 Kein eigenständiger Erziehungsauftrag

Auf der Grundlage der verfassungsrechtlichen Vorgabe des Art. 6 Abs. 2 GG (also dem vorrangig geschützten Elternrecht) *verneint* das SGB VIII (konsequenterweise) einen eigenständigen Erziehungsauftrag der öffentlichen Jugendhilfe. Für die Praxis der Jugendhilfe bedeutet dies, dass Leistungen der Jugendhilfe Kindern und Jugendlichen nur *mittelbar*, nämlich über eine Unterstützung der Eltern zu Gute kommen können, jedenfalls dann, wenn die Leistungen „unterhalb der Schwelle des staatlichen Wächteramtes, d. h. unterhalb einer konkreten Gefahr für das Wohl des Kindes oder Jugendlichen ansetzen" (vgl. BT-Drucksache 11/5948, S. 45).

Demzufolge ist der Auftrag der Jugendhilfe aus Sicht des Gesetzgebers darauf gerichtet, Eltern bei ihren Erziehungsaufgaben zu unterstützen und damit indirekt die Erziehungssituation des Kindes oder Jugendlichen zu verbessern bzw. in Konfliktsituationen zwischen Kindern, Jugendlichen und ihren Eltern Lösungswege aufzuzeigen (vgl. wie vor).

Solange elterliches Handeln nicht den Tatbestand des § 1666 BGB (vgl. hierzu Kapitel, S. 121) erfüllt, also keine Gefährdung des Kindeswohls darstellt, ist die öffentliche Jugendhilfe nicht legitimiert, eigenständig die Interessen des Kindes gegen die Interessen der Eltern wahrzunehmen (vgl. wie vor).

Hieran ändert nach Meinung des Gesetzgebers auch die unbestrittene Fähigkeit von Kindern und Jugendlichen, Träger von Grundrechten zu sein, nichts. Weiter heißt es in der Gesetzesbegründung hierzu: „Die Wahrnehmung des staatlichen Wächteramtes – jedenfalls soweit sie mit Eingriffen in die elterliche Erziehungsverantwortung verbunden ist – ist traditionell bei den Vormundschaftsgerichten [heute: Familiengerichten, der Verfasser] konzentriert. Die Eingriffsschwelle wird dabei in § 1666 BGB markiert. (...) Damit wird § 1666 BGB zur zentralen Norm für Eingriffe in die elterliche Sorge. Lediglich für Eilentscheidungen bei Gefahr im Verzug (...) [gemeint ist die Inobhutnahme, der Verfasser] sieht der Gesetzesentwurf eng umrissene Befugnisse des Jugendamtes vor." (vgl. wie vor).

3.2 Leistungsadressat: Personensorgeberechtigter

Ausdruck des so verstandenen Handlungsziels von öffentlicher Jugendhilfe ist die *alleinige Anspruchsberechtigung der Eltern* auf öffentliche Hilfen, deren *freiwillige Inanspruchnahme* sowie die *prinzipielle Ablehnung eigener Antragsrechte von Kindern und Jugendlichen* unter Einräumung bloßer Beteiligungsrechte

Über die Inanspruchnahme von Leistungen entscheidet in aller Regel der Personensorgeberechtigte als Adressat des Anspruchs. Da die Leistung der Hilfe zur Erziehung bewusst nicht an die konkrete Gefährdung des Kindeswohls und damit die Voraussetzungen von § 1666 BGB anknüpft, ist mit ihrer Inanspruchnahme keine Beschränkung der elterlichen Sorge verbunden. Andererseits ergibt sich daraus, dass der Staat unterhalb der durch § 1666 BGB gezogenen Schwelle darauf beschränkt ist, die Eltern in ihrer Erziehungsverantwortung zu unterstützen. Ein eigenständiges, mit der Elternverantwortung konkurrierendes Erziehungsrecht kommt dem Staat aufgrund der Vorrangentscheidung in Art. 6 Abs. 2 S. 1 GG nicht zu (vgl. BT-Drucksache 11/5948, S. 68).

In einem anderen Sachzusammenhang führt die Gesetzesbegründung zum SGB VIII aus, dass das Kind oder der Jugendliche zwar ein Recht auf Ausübung der elterlichen Sorge und bei Versagen der Eltern ein Recht auf Betätigung des staatlichen Wächteramtes habe, aus dem jedoch unterhalb der Eingriffsschwelle des § 1666 BGB kein Recht des Kindes oder Jugendlichen auf Hilfe an sich selbst, nämlich auf Erziehung unmittelbar gegen den Staat hergeleitet werden könne. Weiter heißt es: „Die Gefahr, dass Eltern nicht bereit sind, eine sinnvolle und notwendige Hilfe unterhalb des § 1666 BGB anzunehmen, ist nach der Wertentscheidung des GG in Art. 6 Abs. 2 hinzunehmen. Der Staat hat nicht die beste oder optimale Erziehung für das Kind zu gewährleisten, sondern er hat das Kind vor Schaden zu bewahren (...). Wegen des unterschiedlichen Leistungsinhalts einer staatlichen Leistung an die Eltern als Inhaber der Erziehungsverantwortung (Hilfe zur Erfüllung ihrer Erziehungsaufgabe) und an die Kinder und Jugendlichen (als Erziehungsbedürftige), kann der Anspruch nach § 27 SGB VIII auch nicht gleichzeitig sowohl den Eltern als Erziehungssubjekt wie dem Kind oder dem Jugendlichen als Erziehungsobjekt zustehen“ (vgl. BT-Drucksache 11/6002, S. 5 und 6).

Im Ergebnis ist also die Anspruchsberechtigung für Leistungen nach dem SGB VIII zu Gunsten der Personensorgeberechtigten geregelt, während auf die Kinder und Jugendlichen keine eigenen Antragsrechte entfallen (vgl. Bundesverwaltungsgericht ZfJ 2001, 310 ff.; Kunkel § 8 Rdnr. 5, 10 ff., sowie Wiesner § 27 Rdnr. 26).

Dies war – noch nach Inkrafttreten des SGB VIII – in der Literatur hoch umstritten, im Gegensatz zur Rechtsprechung, die entsprechend dem SGB VIII die Rechtsinhaberschaft für Hilfen zur Erziehung allein dem Personensorgeberechtigten zugeordnet hat.

Allerdings hat der Gesetzgeber im Laufe der folgenden Jahre die Rechtsinhaberschaft des Personensorgeberechtigten nicht immer und in allen vom SGB VIII geregelten Bereichen weiter verfolgt: So wurden z. B. subjektive Rechtsansprüche für Minderjährige in den §§ 24 und 35a SGB VIII geschaffen (Rechtsanspruch des Kindes von dem vollendeten 3. Lebensjahr bis zum Schuleintritt auf einen Kindergartenplatz sowie Rechtsanspruch eines seelisch behinderten Kindes oder Jugendlichen auf Eingliederungshilfe als Leistung der Jugendhilfe). Darüber hinaus sei verwiesen auf die Beratung von Minderjährigen ohne Kenntnis des Personensorgeberechtigten in Not- oder Konfliktlagen, vgl. § 8 Abs. 3 SGB VIII (hierzu im Folgenden) bzw. die Inobhutnahme von Selbstmeldern, § 42 SGB VIII (vgl. hierzu im Folgenden und insbesondere Kapitel IV).

3.3 Beteiligungsrechte von Kindern und Jugendlichen

Allerdings verfügen Kinder und Jugendliche mit Blick auf die unbestrittene Fähigkeit, Träger von Grundrechten zu sein, sowie mit Rücksicht auf die Zielsetzung der elterlichen Erziehungsverantwortung, Kinder zu Selbstbestimmung und Selbstverantwortung hinzuführen, über ihrem Entwicklungsstand entsprechende „formelle und materielle Rechte in bestimmten Handlungs- und Lebensbereichen" (vgl. BT-Drucksache 11/5948, S. 46).

Hierzu gehören die Beteiligungs-, Interventions- und Beratungsrechte nach § 8 SGB VIII. Dabei ist das Beteiligungsrecht von Kindern und Jugendlichen gem. § 8 Abs. 1 SGB VIII deshalb von großer Bedeutung, weil „Entscheidungen der öffentlichen Jugendhilfe, insbesondere im Zusammenhang mit Hilfen zur Erziehung, erheblichen Einfluss auf die Persönlichkeitsentwicklung von Kindern und Jugendlichen haben und vor allem ihre Stellung als Träger der Grundrechte nach Art. 1 und 2 tangieren" (vgl. BT-Drucksache 11/5948, S. 51), weshalb sie entsprechend ihrem Entwicklungsstand in die jeweiligen Entscheidungsprozesse einzubeziehen sind.

§ 8 SGB VIII (Beteiligung von Kindern und Jugendlichen)

(1) Kinder und Jugendliche sind entsprechend ihrem Entwicklungsstand an allen sie betreffenden Entscheidungen der öffentlichen Jugendhilfe zu beteiligen. Sie sind in geeigneter Weise auf ihre Rechte im Verwaltungsverfahren sowie im Verfahren vor dem Familiengericht, dem Vormundschaftsgericht und dem Verwaltungsgericht hinzuweisen.
(2) Kinder und Jugendliche haben das Recht, sich in allen Angelegenheiten der Erziehung und Entwicklung an das Jugendamt zu wenden.
(3) Kinder und Jugendliche haben Anspruch auf Beratung ohne Kenntnis des Personensorgeberechtigten, wenn die Beratung aufgrund einer Not- und Konfliktlage erforderlich ist und solange durch die Mitteilung an den Personensorgeberechtigten der Beratungszweck vereitelt würde. § 36 des Ersten Buches bleibt unberührt.

Das ausdrückliche Recht von Kindern und Jugendlichen, an das Jugendamt herantreten zu können, vgl. § 8 Abs. 2 SGB VIII, stellt letztlich die Balance zwischen Elternrecht, Schutz der Rechte der Kinder und Jugendlichen vor Schädigungen durch Eltern-Kind-Konflikte bzw. staatlichem Wächteramt her. Durch diese Regelung wird insbesondere die Subjektstellung des Kindes oder Jugendlichen betont, indem das Recht, sich an das Jugendamt zu wenden, ausdrücklich geregelt ist. Andererseits ist dieses Recht nicht mit bestimmten Befugnissen der öffentlichen Jugendhilfe z. B. gegen die Eltern verknüpft. Allerdings kann eine etwaige Sachverhaltsschilderung des Kindes oder des Jugendlichen, z. B. im Falle des Verdachtes der Kindesmisshandlung, gebieten, den Eltern Angebote der Beratung und Unterstützung zur Wahrnehmung ihrer Erziehungsaufgaben zu machen bzw. im Fall einer Gefährdung des Kindeswohls gem. § 8a bzw. § 42 SGB VIII (Inobhutnahme) vorzugehen.

Wegen der Beratungsmöglichkeit von Kindern und Jugendlichen ohne Kenntnis des Personensorgeberechtigten für den Fall einer Not- und Konfliktlage nach § 8 Abs. 3 SGB VIII vgl. im Einzelnen Kap. VII, S. 99.

3.4 Keine Anordnungskompetenz des Familiengerichts für Hilfe zur Erziehung

Hilfe zur Erziehung kann aufgrund der Gesetzeslage des SGB VIII grundsätzlich *nicht* vom *Familiengericht* angeordnet werden. Wenn auch das Familiengericht *den Sorgeberechtigten* im Rahmen des § 1666 BGB zur Inanspruchnahme von Hilfen zur Erziehung anweisen kann, so bedeutet dies nicht, dass sich diese Weisung in irgendeiner Form an den Träger der öffentlichen Jugendhilfe wendet, und schon gar nicht, dass der Träger der öffentlichen Jugendhilfe hierdurch verpflichtet wäre, eine solche Hilfe „auf Weisung des Gerichts" anzubieten oder zu erbringen. Die Prüfung der Geeignetheit und Erforderlichkeit der Hilfe liegt vielmehr ausschließlich und allein in der Kompetenz der öffentlichen Jugendhilfe, vgl. § 27 SGB VIII. Andererseits besteht ein Rechtsanspruch des Personensorgeberechtigten gegen das Jugendamt auf Hilfe zur Erziehung, wenn eine dem Wohl des Kindes entsprechende Erziehung nicht gewährleistet ist und die Hilfe für seine Entwicklung geeignet und notwendig ist.

§ 27 Abs. 1 SGB VIII (Hilfe zur Erziehung)

Ein Personensorgeberechtigter hat bei der Erziehung eines Kindes oder eines Jugendlichen Anspruch auf Hilfe (Hilfe zur Erziehung), wenn eine dem Wohl des Kindes oder des Jugendlichen entsprechende Erziehung nicht gewährleistet ist und die Hilfe für seine Entwicklung geeignet und notwendig ist.

Kommt es daher über die Gewährung von Hilfen zu unterschiedlichen Auffassungen, wird das Familiengericht die Beteiligten auf die Notwendigkeit von öffentlichen Hilfen hinweisen und den beteiligten Eltern raten, im Wege eines Verwaltungsgerichtsverfahrens mit einer sog. Verpflichtungsklage die Leistungen vom Träger der öffentlichen Jugendhilfe einzuklagen. Bei entsprechender Verurteilung durch das *Verwaltungsgericht*, die – soweit Eile geboten ist – auch durch eine einstweilige Anordnung erfolgen kann, ist der Träger der öffentlichen Jugendhilfe zur Erbringung der entsprechenden Leistungen verpflichtet.

3.5 Freiwilligkeit der Annahme von Leistungen

Das Hilfesystem des SGB VIII dient dem Staat (*unterhalb* der Schwelle des staatlichen Wächteramtes) dazu, seine Verpflichtung zu erfüllen, das ihm obliegende Wächteramt vorrangig durch helfende, unterstützende, auf Herstellung oder Wiederherstellung eines verantwortungsgerechten Verhaltens der natürlichen Eltern gerichtete Maßnahmen auszuüben. Prinzipielle Voraussetzung ist daher die freiwillige Annahme von Leistungen durch den Personensorgeberechtigten, soweit es um Hilfeangebote der Jugendhilfe nach dem SGB VIII geht.

Soweit das Handeln der öffentlichen Jugendhilfe eingriffsrechtliche (also mit einem Eingriff in das Sorgerecht verbundene) Komponenten aufweist, vgl. z. B. § 42 SGB VIII, beruht seine Legitimation auf der staatlichen Verpflichtung, für den Fall der Not- und Krisenintervention zunächst vorläufig sofortige tatsächliche und nicht nur rechtliche Hilfe zur Abwehr akuter Kindeswohlgefährdung zu leisten.

§ 42 Abs. 1 und 2 SGB VIII (Inobhutnahme von Kindern und Jugendlichen)

(1) Das Jugendamt ist berechtigt und verpflichtet, ein Kind oder einen Jugendlichen in seine Obhut zu nehmen, wenn

1. das Kind oder der Jugendliche um Obhut bittet oder
2. eine dringende Gefahr für das Wohl des Kindes oder des Jugendlichen die Inobhutnahme erfordert und

a) die Personensorgeberechtigten nicht widersprechen oder

b) eine familiengerichtliche Entscheidung nicht rechtzeitig eingeholt werden kann oder

3. ein ausländisches Kind oder ein ausländischer Jugendlicher unbegleitet nach Deutschland kommt und sich weder Personensorge- noch Erziehungsberechtigte im Inland aufhalten.

Die Inobhutnahme umfasst die Befugnis, ein Kind oder einen Jugendlichen bei einer geeigneten Person, in einer geeigneten Einrichtung oder in einer sonstigen Wohnform vorläufig unterzubringen; im Fall von Satz 1 Nr. 2 auch Kind oder einen Jugendlichen von einer anderen Person wegzunehmen.

(2) Das Jugendamt hat während der Inobhutnahme die Situation, die zur Inobhutnahme geführt hat, zusammen mit dem Kind oder dem Jugendlichen zu klären und Möglichkeiten der Hilfe und Unterstützung aufzuzeigen. Dem Kind oder dem Jugendlichen ist unverzüglich Gelegenheit zu geben, eine Person seines Vertrauens zu benachrichtigen. Das Jugendamt hat während der Inobhutnahme für das Wohl des Kindes oder des Jugendlichen zu sorgen und dabei den notwendigen Unterhalt und die Krankenhilfe sicherzustellen; § 39 Abs. 4 S. 2 gilt entsprechend. Das Jugendamt ist während der Inobhutnahme berechtigt, alle Rechtshandlungen vorzunehmen, die zum Wohl des Kindes oder des Jugendlichen notwendig sind; der mutmaßliche Wille der Personensorge- oder Erziehungsberechtigten ist dabei angemessen zu berücksichtigen.

Hilfe zur Erziehung *gegen den Willen* des Personensorgeberechtigten ist daher ausschließlich unter den Voraussetzungen von § 1666 BGB möglich. Der Angebotscharakter sämtlicher Jugendhilfeleistungen mit ihrer freiwilligen Inanspruchnahme durch den Anspruchsberechtigten ist mithin gesetzlich festgelegt – und insoweit auch rechtlich und sozialpädagogisch völlig unbestritten.

Die Berechtigung der Eltern, über die Inanspruchnahme angebotener geeigneter Hilfe zu entscheiden, reicht *bis an die Gefährdungsgrenze des § 1666 Abs. 1 BGB heran.* Solange deshalb – trotz möglicherweise bestehender Erziehungsdefizite, die einen Anspruch nach § 27 Abs. 1 SGB VIII einräumen – keine konkreten und aktuellen Gefährdungen gegeben sind, die die Eingriffsschwelle des § 1666 Abs. 1 BGB (also die Gefährdungsschwelle, ab der das Familiengericht mit sorgerechtlichen Entscheidungen zur Gefahrenabwehr eingreift) überschreiten, kommen Hilfen *ausschließlich nur mit Zustimmung der Eltern* in Betracht, unabhängig davon, ob diese Entscheidung etwa für das Kind sinnvoll und vernünftig ist. Lehnen Eltern solche Hilfen ab, muss das Kind sich hiermit „abfinden, wie mit allen anderen ungeschickten und nachteiligen Verhaltensweisen der Eltern, die noch keine Gefährdung des Kindeswohls begründen" (vgl. z. B. Coester in FamRZ 1991, S. 253 ff. [255]).

Diese Gesichtspunkte gelten auch für Leistungen im Bereich *zwischen Erziehungsdefizit und Kindeswohlgefährdung*. Das Problem, dass Eltern die Annahme von Hilfen verweigern, wenn die Erziehung einerseits nicht mehr gewährleistet ist (§ 27 Abs. 1 SGB VIII), andererseits eine Kindeswohlgefährdung (§ 1666 Abs. 1 S. 1 BGB) – noch – nicht vorliegt, hat der Gesetzgeber bewusst gesehen, gleichwohl aber unter Wahrung elterlicher Erziehungsrechte Rechtsansprüche auf Leistungen der Jugendhilfe ausdrücklich allein den Personensorgeberechtigten zuerkannt und belassen.

> *Beispiel:*
> Roberts Eltern – beide ohne Hauptschulabschluss – sind von schulischer Ausbildung wenig überzeugt. Eine häusliche Förderung von Robert lehnen sie mit Überzeugung ab, weil die Fernsehprogramme umfangreiche Bildungsinhalte vermitteln würden und die schulische Bildung ausschließlich Aufgabe gutbezahlter Lehrer sei. Roberts Leistungen entsprechen mithin nicht seiner möglichen Leistungsfähigkeit.

Selbst im Falle der Gefährdung des Kindeswohls, also *oberhalb* der Eingriffsschwelle des § 1666 Abs. 1 S. 1 BGB, bleiben Kindern/Jugendlichen Antragsrechte auf Hilfen zur Erziehung gem. § 27 SGB VIII – ungeachtet sonstiger Beteiligungs- und Anhörungsrechte, vgl. z. B. §§ 8, 9, 36 Abs. 1 SGB VIII – bewusst versagt.

§ 36 SGB I räumt Jugendlichen ab Vollendung des 15. Lebensjahres zwar das Recht ein, Sozialleistungen selbst in Anspruch zu nehmen und zu verfolgen. Die Leistungen der Jugendhilfe als spezifische Sozialleistungen für Minderjährige kommen hierfür jedoch nicht in Betracht. Dieses „Antragsrecht" entfaltet im Bereich mit Hilfen zur Erziehung keine Wirkung, da Anspruchsinhaber insoweit lediglich und ausschließlich die Personensorgeberechtigten sind.

Gut zu wissen – gut zu merken

Die öffentliche Jugendhilfe verfolgt das Ziel, Eltern bei ihren Erziehungsaufgaben zu unterstützen. Solange elterliches Handeln keine Gefährdung des Kindeswohls darstellt, ist die Annahme von Leistungen der öffentlichen Jugendhilfe deshalb grundsätzlich freiwillig. Rechtsansprüche auf Hilfe zur Erziehung stehen lediglich den Personensorgeberechtigten zu. Kinder und Jugendliche sind durch vielfältige Beteiligungsrechte in die Hilfegewährung eingebunden. Das Familiengericht ist gegenüber dem Jugendamt nicht befugt, die Erbringung von Hilfe zur Erziehung anzuordnen.

Weiterführende Literatur

Kunkel, P.-C. (Hg.) (2011): Sozialgesetzbuch VIII. Kinder- und Jugendhilfe. Lehr- und Praxiskommentar, 4. Auflage 2011. Wiesbaden: Nomos.
Röchling, W. (1997): Vormundschaftsgerichtliches Eingriffsrecht und KJHG. Neuwied: Luchterhand.
Wiesner, R. (Hg.) (2011): SGB VIII. Kinder- und Jugendhilfe. Kommentar, 4. Auflage. München: Beck.

II Gewährung von Hilfe zur Erziehung – §§ 27 ff. SGB VIII

Was Sie in diesem Kapitel lernen können

Die Gewährung von Hilfe zur Erziehung gem. §§ 27 ff. SGB VIII unterliegt einer Reihe von materiellen und formellen Voraussetzungen. Sind die im Einzelnen zu prüfenden Voraussetzungen gegeben, hat der Leistungsberechtigte je nach Sachlage insbesondere Anspruch auf eine der im Gesetz genannten Hilfearten gem. §§ 28 bis 35 SGB VIII.

In diesem Kapitel werden die Grundzüge der Hilfe zur Erziehung mit den üblichen Hilfearten erörtert.

1 Das Leistungsspektrum der Hilfe zur Erziehung

Das gesamte Leistungsspektrum der „Hilfe zur Erziehung" ist nicht abschließend geregelt. Ausweislich der gesetzlichen Regelung, vgl. § 27 Abs. 2 S. 1 SGB VIII, wird nämlich Hilfe zur Erziehung „insbesondere nach Maßgabe der §§ 28 bis 35 gewährt". Damit sind nach dem Gesetzeswortlaut die – allerdings üblichen – Hilfearten nur beispielhaft erwähnt.

§ 27 SGB VIII (Hilfe zur Erziehung)

(1) Ein Personensorgeberechtigter hat bei der Erziehung eines Kindes oder eines Jugendlichen Anspruch auf Hilfe (Hilfe zur Erziehung), wenn eine dem Wohl des Kindes oder des Jugendlichen entsprechende Erziehung nicht gewährleistet ist und die Hilfe für seine Entwicklung geeignet und notwendig ist.
(2) Hilfe zur Erziehung wird insbesondere nach Maßgabe der §§ 28 bis 35 gewährt. Art und Umfang der Hilfe richten sich nach dem erzieherischen Bedarf im Einzelfall; dabei soll das engere soziale Umfeld des Kindes oder des Jugendlichen einbezogen werden. Die Hilfe ist in der Regel im Inland zu erbringen; sie darf nur dann im Ausland erbracht werden, wenn dies nach Maßgabe der Hilfeplanung zur Erreichung des Hilfeziels im Einzelfall erforderlich ist.
(2a) Ist eine Erziehung des Kindes oder Jugendlichen außerhalb des Elternhauses erforderlich, so entfällt der Anspruch auf Hilfe zu Erziehung nicht dadurch, dass eine andere unterhaltspflichtige Person bereit ist, diese Aufgabe zu übernehmen; die Gewährung von Hilfe zur Erziehung setzt in diesem Fall voraus, dass diese Person bereit und geeignet ist, den Hilfebedarf in Zusammenarbeit mit dem Träger der öffentlichen Jugendhilfe nach Maßgabe der §§ 36 und 37 zu decken.
(3) Hilfe zur Erziehung umfasst insbesondere die Gewährung pädagogischer und damit verbundener therapeutischer Leistungen. Sie soll bei Bedarf Ausbildungs- und Beschäftigungsmaßnahmen i. S. v. § 13 Abs. 2 einschließen.
(4) ...

Zu den **Hilfearten** i. S. v. § 27 Abs. 2 i.V.m. §§ 28 bis 35 SGB VIII gehören insbesondere:

- § 28 Erziehungsberatung,
  - mit dem Ziel, Kinder, Jugendliche, Eltern und andere Erziehungsberechtigte bei der Klärung und Bewältigung individueller und familienbezogener Probleme und der zugrundeliegenden Faktoren, bei der Lösung von Erziehungsfragen sowie bei Trennung und Scheidung zu unterstützen
- § 29 Soziale Gruppenarbeit,
  - mit dem Ziel, älteren Kindern und Jugendlichen bei der Überwindung von Entwicklungsschwierigkeiten und Verhaltensproblemen zu helfen
- § 30 Erziehungsbeistand, Betreuungshelfer,
  - mit dem Ziel, das Kind oder den Jugendlichen bei der Bewältigung von Entwicklungsproblemen möglichst unter Einbeziehung des sozialen Umfelds zu unterstützen und unter Erhaltung der Lebensbezüge zur Familie seine Verselbstständigung zu fördern
- § 31 Sozialpädagogische Familienhilfe,
  - mit dem Ziel, durch intensive Betreuung und Begleitung Familien in ihren Erziehungsaufgaben, bei der Bewältigung von Alltagsproblemen, bei der Lösung von Konflikten und Krisen sowie in Kontakten mit Ämtern und Institutionen zu unterstützen und Hilfe zur Selbsthilfe zu geben
- § 32 Erziehung in einer Tagesgruppe,
  - mit dem Ziel, die Entwicklung des Kindes oder des Jugendlichen durch soziales Lernen in der Gruppe, Begleitung der schulischen Förderung und Elternarbeit zu unterstützen und dadurch den Verbleib des Kindes oder des Jugendlichen in seiner Familie zu sichern
- § 33 Vollzeitpflege,
  - mit dem Ziel, entsprechend dem Alter und Entwicklungsstand des Kindes oder des Jugendlichen und seinen persönlichen Bindungen sowie den Möglichkeiten der Verbesserung der Erziehungsbedingungen in der Herkunftsfamilie Kindern und Jugendlichen in einer anderen Familie eine zeitlich befristete Erziehungshilfe oder eine auf Dauer angelegte Lebensform zu bieten
- § 34 Heimerziehung, sonstige betreute Wohnform,
  - mit dem Ziel, Kinder und Jugendliche in einer Einrichtung über Tag und Nacht oder in einer sonstigen betreuten Wohnform durch eine Verbindung von Alltagsleben mit pädagogischen und therapeutischen Angeboten in ihrer Entwicklung zu fördern
- § 35 Intensive sozialpädagogische Einzelbetreuung,
  - die Jugendlichen gewährt werden soll, die einer intensiven Unterstützung zur sozialen Integration und zu einer eigenverantwortlichen Lebensführung bedürfen.

Soweit es um eine in dem vorstehenden Hilfekatalog nicht erwähnte Hilfe/Hilfeform geht, kommt sie nur in Betracht, wenn sie ihrer Art nach mit den formulierten Hilfen gem. §§ 28 ff. SGB VIII vergleichbar ist und sie nicht an anderer Stelle des Gesetzes als eigenständiger Leistungstatbestand geregelt ist (vgl. auch Wiesner § 27 Rdnr. 29).

2 Die Voraussetzungen des Anspruchs auf Hilfe zur Erziehung

Voraussetzung für jede „Hilfe zur Erziehung" ist, dass eine dem Wohl des Kindes entsprechende Erziehung nicht gewährleistet ist und diese Hilfe für die Entwicklung des Kindes geeignet und notwendig ist.

Auf Hilfe zur Erziehung gem. §§ 27 ff. SGB VIII besteht bei Vorliegen entsprechender Tatbestandsvoraussetzungen ein uneingeschränkter gesetzlich bindend festgelegter Rechtsanspruch. Einzelne, in diesem Zusammenhang als „Soll-Bestimmungen" geregelte Hilfearten, vgl. z. B. § 28 SGB VIII, sind von diesem Rechtsanspruch nicht ausgenommen, da die „Soll-Formulierungen" lediglich den *Zweck* der Hilfeart, nicht aber den Rechtscharakter der Leistungen an sich bezeichnen.

Zu den Voraussetzungen des Anspruchs auf Hilfe zur Erziehung nach §§ 27 ff. SGB VIII zählt zunächst die Feststellung eines sog. *Erziehungsdefizits*. Gemeint ist hiermit eine lediglich objektive „Mangellage", die darin besteht, dass die zur Verfügung stehende Erziehungsleistung nicht ausreicht, um das Ziel der Erziehung zu erreichen (vgl. Kunkel in ZfJ 1991, s. 145 ff.; Röchling, Eingriffsrecht, S. 265 ff. m. w. N.). Dabei sind die Voraussetzungen für die Hilfe zur Erziehung nicht mit den Voraussetzungen einer Kindeswohlgefährdung nach § 1666 Abs. 1 S. 1 BGB gleichzusetzen, weil es der ausdrückliche gesetzgeberische Wille ist, den Anspruch auf Hilfe zur Erziehung gerade *unterhalb* der Gefährdungsschwelle des § 1666 Abs. 1 BGB, nämlich bei einer bloßen „Mangellage" im Erziehungsprozess, einzuräumen.

Beispiel:
Der nach Trennung und Scheidung mittlerweile alleinerziehende Vater von Jennifer (14), Pascal (12), Ariane (9) und Dennis (7) steht den Schulproblemen seiner vier Kinder mehr oder weniger hilflos gegenüber. Die Schulversäumnisse der Kinder häufen sich. Die Schule bittet das Jugendamt um Intervention. In diesem Fall wird der – prinzipiell erziehungswillige – Vater mit entsprechenden Hilfen vom Jugendamt unterstützt. Ein Sorgerechtseingriff §1666 BGB ist (noch) nicht indiziert.

Hinzu kommt, dass § 27 Abs. 1 SGB VIII den Anspruch auf Hilfe zur Erziehung ausdrücklich u. a. davon abhängig macht, dass „eine dem Wohl des Kindes (...) entsprechende Erziehung nicht gewährleistet ist (...)", während § 1666 Abs. 1 BGB für einen familiengerichtlichen Eingriff eine Kindeswohlgefährdung, also eine Gefährdungslage voraussetzt.

Ob eine dem Kindeswohl entsprechende, nicht gewährleistete Erziehung im Sinne des § 27 Abs. 1 SGB VIII vorliegt, wird im Einzelfall durch Auslegung ermittelt. Dabei kommt es auf die Feststellung der „defizitären familiären Erziehung" oder auch Mangelsituation an, sowie darauf, ob sich Faktoren feststellen lassen, die die Entwicklung des einzelnen Kindes oder Jugendlichen belasten, sowie ferner auf die Feststellung der mangelnden Fähigkeit der Eltern, Kinder und Jugendlichen, die belastenden Faktoren aus eigener Kraft zu bewältigen (vgl. Kunkel SGB VIII SGB VIII § 27 Rdnr. 1 ff., Wiesner SGB VIII § 27 Rdnr. 21 ff.).

Neben einer dem Wohl des Minderjährigen entsprechenden, jedoch nicht gewährleisteten Erziehung gehört zur Anspruchsvoraussetzung weiter, dass die „Hilfe geeignet und notwendig ist", § 27 Abs. 1 SGB VIII. Bei der Frage der *Eignung der Hilfe* ist darauf abzustellen, ob die Hilfe in der Lage ist, ihren Zweck zu erreichen. Maßstab der Eignung ist also der sozialpädagogische Gehalt der Hilfe. Mit anderen Worten: Die Hilfe zur Erziehung muss allgemein ein geeignetes Mittel sein, um das Erziehungsdefizit zu beheben bzw. um Mängellagen im Erziehungsprozess auszugleichen. I.Ü. ist es unerheblich, ob die Mangelsituation auf das erzieherische Unvermögen der Eltern, Erziehungsschwierigkeiten des Kindes oder Jugendlichen oder sozio-ökonomische Faktoren wie die Wohnverhältnisse, die wirtschaftliche Lage, die Einflüsse der Nachbarschaft und der Schule usw. zurück zu führen ist (vgl. Wiesner, SGB VIII § 27 Rn. 21; Röchling, Eingriffsrecht, S. 268 m.w.N.).

Notwendig ist die Hilfe dann, wenn sie aus Sicht des Wohls des Minderjährigen erforderlich ist. Die pädagogische Unterstützung in Form einer Hilfe zur Erziehung muss also benötigt werden, weil andere Möglichkeiten keine Problemlösungen bieten.

Die Merkmale „Eignung und Notwendigkeit" der Hilfe sind nicht zu verwechseln mit den Begriffen „Art" und „Umfang" der Hilfe in § 27 Abs. 2 S. 2 SGB VIII. Letztere sind auf die Form der einzelnen zu gewährenden Hilfe und ihre konkrete Zielsetzung in Bezug auf den betreffenden (individuellen) Hilfefall zugeschnitten.

3 Verfahrensrechtliches

Bestehen zwischen dem Leistungsberechtigten und dem Träger der öffentlichen Jugendhilfe über die zutreffende Hilfeart unterschiedliche Auffassungen, so kann der Leistungsberechtigte vor dem Verwaltungsgericht im Wege der Verpflichtungsklage auf Gewährung der konkret begehrten Hilfeart klagen.

Leistungsberechtigter für Hilfen zur Erziehung i.S.v. §§ 27 SGB VIII ist (grundsätzlich) der Personensorgeberechtigte, vgl. § 27 Abs. 1 sowie § 7 Abs. 1 Nr. 5 SGB VIII. Soweit ein Pfleger (anstelle des Personensorgeberechtigten) Hilfen in Anspruch nimmt, muss dem Personensorgeberechtigten durch das Familiengericht das gesamte Personensorgerecht entzogen und auf den Pfleger (Ergänzungspfleger, vgl. hierzu später, Kap. XI, S. 141 ff.).) übertragen worden sein (vgl. Röchling, Eingriffsrecht, S. 252 ff.; Wiesner, SGB VIII § 27 Rn. 12 m.w.N.) Ungeachtet dieser Rechtslage hat sich allerdings auch die Praxis herausgebildet, den Entzug des Aufenthaltsbestimmungsrechts und des Rechts auf Beantragung von Hilfe zur Erziehung nach dem SGB VIII als ausreichend anzusehen.

Hilfe zur Erziehung wird in aller Regel *auf Antrag* des Personensorgeberechtigten erbracht. Allerdings lässt die Rechtsprechung es im Rahmen des Antragserfordernisses ausreichen, wenn zumindest der Wunsch des Personensorgeberechtigten auf Leistungen nach § 27 SGB VIII an das Jugendamt „herangetragen" wird bzw. jedenfalls ein entsprechendes schlüssiges Verhalten des Personensorgeberechtigten oder sein Einverständnis für die Erbringung der Leistung vorliegt (vgl. BVerwG ZfJ 2001, S. 311 ff.).

Die Hilfe zur Erziehung wird in der Regel im Inland erbracht. Sie darf nur dann im Ausland erfolgen, wenn dies zur Erreichung des Hilfezieles *nach Maßgabe des Hilfeplans* im Einzelfall erforderlich ist, vgl. § 27 Abs. 2 S. 2 SGB VIII.

Gut zu wissen – gut zu merken

Hilfe zur Erziehung wird zumeist mit den im Gesetz genannten Hilfearten gem. §§ 28 ff. SGB VIII gewährt. Voraussetzung für jedwede Hilfe zur Erziehung ist, dass eine dem Wohl des Kindes/Jugendlichen entsprechende Erziehung nicht gewährleistet ist (Erziehungsdefizit) und diese Hilfe für die Entwicklung des Kindes/Jugendlichen geeignet und notwendig ist. Insoweit hat der Personensorgeberechtigte gegen den örtlichen Träger der öffentlichen Jugendhilfe einen Rechtsanspruch auf Hilfe zur Erziehung.

Weiterführende Literatur

Kunkel, P.-C. (Hg.) (2011): Sozialgesetzbuch VIII. Kinder- und Jugendhilfe. Lehr- und Praxiskommentar. 4. Auflage 2011. Wiesbaden: Nomos.

Wiesner, R. (Hg.) (2011): SGB VIII. Kinder- und Jugendhilfe. Kommentar. 4. Auflage. München: Beck.

III Schutzauftrag bei Kindeswohlgefährdung gem. §8a SGB VIII

Was Sie in diesem Kapitel lernen können

Durch die Einführung des §8a SGB VIII im Jahre 2005 wurde der staatliche Schutzauftrag bei Kindeswohlgefährdung erstmals gesetzlich konkretisiert und verdeutlicht. Mit der Reform des §8a SGB VIII durch das zu Beginn 2012 in Kraft getretene Bundeskinderschutzgesetz ist es (dazu Kapitel XVI) – namentlich durch die Hausbesuchsregelung und die gegenseitige Informationspflicht der Jugendämter über Kindeswohlgefährdungen – zu einer weiteren Stärkung dieses Schutzauftrages gekommen. In diesem Kapitel werden die Einzelheiten der Handlungsmaximen beim staatlichen Schutzauftrag wegen Kindeswohlgefährdung dargestellt.

1 Überblick

§ 8a SGB VIII wurde im Jahre 2005 durch das Kinder- und Jugendhilfeweiterentwicklungsgesetz (KICK) zusammen mit anderen Regelungen zum Schutz des Kindes vor Kindeswohlgefährdung als Konkretisierung des staatlichen Schutzauftrages in das SGB VIII eingefügt.

Mit dem zu Beginn 2012 in Kraft getretenen Bundeskinderschutzgesetz erfolgte eine weitere Qualifizierung des staatlichen Schutzauftrags, indem u.a. das Verfahren zur Einschätzung der Kindeswohlgefährdung und die dazu erforderlichen Umsetzungen (Hausbesuchsregelung) sowie die gegenseitige Informationspflicht der Jugendämter gesetzlich geregelt wurden.

§ 8a SGB VIII (Schutzauftrag bei Kindeswohlgefährdung)

(1) Werden dem Jugendamt gewichtige Anhaltspunkte für die Gefährdung des Wohls eines Kindes oder Jugendlichen bekannt, so hat es das Gefährdungsrisiko im Zusammenwirken mehrer Fachkräfte einzuschätzen. Soweit der wirksame Schutz dieses Kindes oder dieses Jugendlichen nicht in Frage gestellt wird, hat das Jugendamt die Erziehungsberechtigten sowie das Kind oder den Jugendlichen in die Gefährdungseinschätzung einzubeziehen und, sofern dies nach fachlicher Einschätzung erforderlich ist, sich dabei einen unmittelbaren Eindruck von dem Kind und von seiner persönlichen Umgebung zu verschaffen. Hält das Jugendamt zur Abwendung der Gefährdung die Gewährung von Hilfen für geeignet und notwendig, so hat es diese den Erziehungsberechtigten anzubieten.
(2) Hält das Jugendamt das Tätigwerden des Familiengerichts für erforderlich, so hat es das Gericht anzurufen; dies gilt auch, wenn die Erziehungsberechtigten nicht bereit oder in der Lage sind, bei der Abschätzung des Gefährdungsrisikos mitzuwirken. Besteht eine dringende Gefahr und kann die Entscheidung des Ge-

richts nicht abgewartet werden, so ist das Jugendamt verpflichtet, das Kind oder den Jugendlichen in Obhut zu nehmen.
(3) Soweit zur Abwendung der Gefährdung das Tätigwerden anderer Leistungsträger, der Einrichtung der Gesundheitshilfe oder der Polizei notwendig ist, hat das Jugendamt auf die Inanspruchnahme durch die Erziehungsberechtigten hinzuwirken. Ist ein sofortiges Tätigwerden erforderlich und wirken die Personensorgeberechtigten oder die Erziehungsberechtigten nicht mit, so schaltet das Jugendamt die anderen zur Abwendung der Gefährdung zuständigen Stellen selbst ein.
(4) In Vereinbarungen mit den Trägern von Einrichtungen und Diensten, die Leistungen nach diesem Buch erbringen, ist sicherzustellen, dass
1. deren Fachkräfte bei Bekanntwerden gewichtiger Anhaltspunkte für die Gefährdung eines von ihnen betreuten Kindes oder Jugendlichen eine Gefährdungseinschätzung vornehmen,
2. bei der Gefährdungseinschätzung eine insoweit erfahrene Fachkraft beratend hinzugezogen wird, sowie
3. die Erziehungsberechtigten sowie das Kind oder der Jugendliche in die Gefährdungseinschätzung einbezogen werden, soweit hierdurch der wirksame Schutz des Kindes oder des Jugendlichen nicht in Frage gestellt wird.

In die Vereinbarung ist neben den Kriterien für die Qualifikation der beratend hinzuziehenden insoweit erfahrenen Fachkraft insbesondere die Verpflichtung aufzunehmen, dass die Fachkräfte der Träger bei den Erziehungsberechtigten auf die Inanspruchnahme von Hilfen hinwirken, wenn sie diese für erforderlich halten, und das Jugendamt informieren, falls die Gefährdung nicht anders abgewendet werden kann.
(5) Werden einem örtlichen Träger gewichtige Anhaltspunkte für die Gefährdung des Wohls eines Kindes oder eines Jugendlichen bekannt, so sind dem für die Gewährung von Leistungen zuständigen örtlichen Träger die Daten mitzuteilen, deren Kenntnis zur Wahrnehmung des Schutzauftrags bei Kindeswohlgefährdung nach § 8a erforderlich ist. Die Mitteilung soll im Rahmen eines Gespräches zwischen den Fachkräften der beiden örtlichen Träger erfolgen, an dem die Personensorgeberechtigten sowie das Kind oder der Jugendliche beteiligt werden sollen, soweit hierdurch der wirksame Schutz des Kindes oder des Jugendlichen nicht in Frage gestellt wird.

Hintergrund der Regelung ist die Auffassung des Gesetzgebers, dass dem Dienstleistungsverständnis des SGB VIII mit seinem *Angebotscharakter* und *Freiwilligkeitsprinzip* durch den Schutzauftrag der Kinder- und Jugendhilfe strukturelle Grenzen gesetzt sind. Davon abgesehen könnten Hilfe und Kontrolle im Bereich sozialer Arbeit ohnehin nicht streng voneinander getrennt werden. Auch könne sich die Jugendhilfe bei Anhaltspunkten für eine Gefährdung des Kindeswohls nicht darauf beschränken, Leistungen nur „auf Antrag bzw. auf Nachfrage“ zu gewähren: Hier müsse sie jedenfalls von Amts wegen tätig werden, um alsdann eine eigenverantwortliche Entscheidung darüber treffen zu können, wie einer drohenden Gefährdung des Kindeswohls besser begegnet werden könne – entweder durch Hilfe mit der und für die Familie oder aber durch eine Anrufung des Familiengerichts (vgl. BT-Drucks. 15/3676, S. 48ff.).

Dieser Schutzauftrag ließ sich nach Meinung des Gesetzgebers ohne ein entsprechendes *Informationsbeschaffungsrecht*, das bis zur Einführung des § 8a SGB VIII nicht ausdrücklich gesetzlich geregelt war, nicht bewältigen, obwohl den Eltern aufgrund ihrer elterlichen Erziehungsverantwortung eine Pflicht zur Mitwirkung bei der Klärung der Risikosituation für das Kind oder den Jugendlichen obliegt. So wurde mit der Bestimmung des § 8a SGB VIII u.a. namentlich verdeutlicht, dass das Jugendamt bei „Bekanntwerden gewichtiger Anhaltspunkte" für eine Kindeswohlgefährdung diese Hinweise usw. zu überprüfen und eine weitere Sachaufklärung, ob eine Kindeswohlgefährdung vorliegt, vorzunehmen hat (hierzu auch später Kap. X). Zudem erschien dem Gesetzgeber wegen der Garantenstellung von Sozialarbeiterinnen und Sozialarbeitern – also der Pflicht der im konkreten Einzelfall zuständigen Fachkraft des Jugendamts, einer Kindeswohlgefährdung mit geeigneten Mittel zu begegnen – die Einführung von Verfahrensstandards bei den Jugendämtern über die gebotenen Maßnahmen zur Gefahrenabwehr bzw. zur Verdeutlichung des Schutzauftrags der Kinder- und Jugendhilfe notwendig (vgl. BT-Drucks. 15/3676, S. 48ff.).

2 Schutzauftrag als staatliches Wächteramt

§ 8a SGB VIII stellt damit letztlich eine eindeutige gesetzliche Formulierung des aus dem staatlichen Wächteramt (Art. 6 Abs. 2 S. 2 GG) abgeleiteten Schutzauftrages des Jugendamts dar. In diesem Zusammenhang erschien es insbesondere regelungsbedürftig, wesentliche Aspekte, wie z.B.

- das Recht des Jugendamts auf Informationsbeschaffung,
- die Pflicht der Mitwirkung der Eltern und
- die Beteiligung dritter Institutionen

ausdrücklich gesetzlich zu regeln. Die bis dahin bestandene Regelung über die verpflichtende Anrufung des Familiengerichts durch das Jugendamt, wenn es zur Abwendung einer Gefährdung des Wohls des Kindes oder Jugendlichen das Tätigwerden des Gerichts für erforderlich hielt, wurde für unzureichend gehalten, weil das Gesetz bis dahin keine Aussagen oder Maßnahmen zu dem Prozess der Informationsgewinnung und der Risikoabwägung als Voraussetzung für die Anrufung des Gerichts enthielt.

Prinzipieller Sinn und Zweck des § 8a SGB VIII sind damit insbesondere die Klarstellung, dass

- das Jugendamt Hinweisen über eine drohende Kindeswohlgefährdung nachgehen muss,
- das Jugendamt sich weitere Informationen zur Klärung verschaffen und
- sodann eine Risikoabwägung dahingehend vornehmen muss, ob das Kind besser durch Hilfen für die Familie (z.B. das Angebot von Hilfe zur Erziehung nach §§ 27 SGB VIII ff.) oder durch die Einschaltung des Familiengerichts im

Hinblick auf Maßnahmen nach §§ 1666, 1666a BGB geschützt werden kann oder

- ob schließlich andere Institutionen wie Polizei oder Psychiatrie informiert werden müssen, weil sie im Hinblick auf die Kindeswohlgefährdung die geeigneten Institutionen zur Abwehr einer Gefährdung sind.

3 Die Risikoeinschätzung beim Schutzauftrag

Diese Risikoeinschätzung ist im Zusammenwirken mehrerer Fachkräfte zu treffen. Die Vorschrift verpflichtet weiterhin die Eltern ausdrücklich zur Mitwirkung an der Abschätzung des Gefährdungsrisikos, wobei sich die Mitwirkung als eine Obliegenheit darstellt, die sich aus dem Pflichtcharakter des Elternrechts nach Art. 6 Abs. 2 S. 1 GG ergibt.

Vorausgesetzt ist allerdings, dass durch die bei der Gefährdungseinschätzung einzubeziehenden Eltern und Kinder der wirksame Schutz dieses Kindes oder dieses Jugendlichen *nicht in Frage* gestellt wird.

Das Jugendamt hat darüber hinaus nunmehr ferner zu prüfen, ob es nach fachlicher Einschätzung erforderlich ist, „sich dabei einen unmittelbaren Eindruck von dem Kind und von seiner persönlichen Umgebung zu verschaffen", vgl. § 8a Abs. 1 S. 2 SGB VIII. Dieser sog. (im Rahmen der Diskussion des Gesetzentwurfs des Bundeskinderschutzgesetzes in der Fachöffentlichkeit hoch umstrittene) Hausbesuch ist ausdrücklich nur *bei Kindern* (gem. § 7 Abs. 1 Nr. 1 SGB VIII also bis zur Vollendung des 14. Lebensjahres) und *in dessen persönlicher Umgebung* vorgesehen. Die Erforderlichkeit eines solchen Hausbesuches sieht der Gesetzgeber insbesondere bei der Einschätzung der Gefährdungssituation bei Säuglingen und Kleinkindern.

Mit der ausdrücklich eingeführten Hausbesuchsregelung soll die Gefährdungseinschätzung durch einen unmittelbaren Eindruck von dem betroffenen Kind und seiner persönlichen Umgebung optimiert werden. Gemeint sind dabei insbesondere

- die Einschätzung
  - des körperlichen und geistigen Entwicklungsstandes des Kindes,
- die Einschätzung
  - der Wohnverhältnisse des Kindes sowie
  - seines Verhaltens in der ihm vertrauten Umgebung (vgl. BT-Drucksache 17/6256, Seite 21).

Wichtig: Der Hausbesuch setzt voraus, dass der Wohnungsinhaber bereit ist, dem Mitarbeiter des Jugendamts den Zutritt zu gewähren. Die Hausbesuchsregelung erlaubt keine Durchsuchung der Wohnung. Bei Gefahr im Verzug ist daher die Polizeibehörde einzuschalten, vgl. insoweit auch § 8a Abs. 3 S. 2 SGB VIII.

Nach § 8a Abs. 1 SGB VIII hat das Jugendamt mithin

- die Anhaltspunkte für eine Kindeswohlgefährdung zu verifizieren und zu verobjektivieren,

- mit mehreren Fachkräften unter Einbeziehung der Beteiligten (Personensorgeberechtigter/Kind oder Jugendlicher) eine Risikoeinschätzung vorzunehmen (s. o.)

sowie

- im Falle einer Gefährdung ein entsprechendes Hilfeangebot zu unterbreiten.

Sofern freie Träger im Bereich der Jugendhilfe tätig sind, ist durch den Träger der öffentlichen Jugendhilfe sicherzustellen, dass die vorgenannten Aufgaben gem. § 8a Abs. 4 SGB VIII durch entsprechende Vereinbarung von den freien Trägern von Einrichtungen und Diensten übernommen werden.

Konkret haben die freien Träger daher

- die gleichen Aufgaben wahrzunehmen wie das Jugendamt nach Abs. 1,
- (insoweit) erfahrene Fachkräfte bei der Risikoeinschätzung beratend einzubeziehen,
- bei der Einbeziehung der Eltern und Kinder in die Gefährdungseinschätzung ebenso zu beachten und sicher zu stellen, dass dabei der wirksame Schutz der Kinder und Jugendlichen nicht in Frage gestellt wird,
- die Inanspruchnahme von Hilfen bei den Personensorgeberechtigten oder Erziehungsberechtigten zu initiieren und schließlich
- das Jugendamt entsprechend zu informieren, falls die angenommenen Hilfen zur Gefahrenabwehr nicht ausreichend erscheinen.

Im Hinblick auf die beratende Hinzuziehung einer für die Gefährdungseinschätzung erfahrenen Fachkraft gewährt § 8b Abs. 1 SGB VIII im Einzelfall gegenüber dem Träger der öffentlichen Jugendhilfe einen entsprechenden Beratungsanspruch, um die Intervention im Kinderschutz weiter zu qualifizieren. Dieser Beratungsanspruch gilt im Übrigen auch für außerhalb des Systems der Kinder- und Jugendhilfe tätige Berufsgruppen, die im Kontakt mit Kindern und Jugendlichen stehen (also vergleichbar mit dem Beratungsanspruch der Berufsgruppen des § 4 Abs. 1 KKG, s. Kapitel XVI), um ein System des kooperativen Kinderschutzes zu schaffen (vgl. BT-Drucksache 17/6256). Hierzu gehören z. B. Ärzte, Berufspsychologen.

4 Die (weiteren) Maßnahmen des Jugendamts im Rahmen des Schutzauftrags

4.1 Anrufung des Familiengerichts

Gemäß § 8a Abs. 2 SGB VIII muss das Jugendamt das Familiengericht einschalten, falls

- das Jugendamt das Tätigwerden des Familiengerichts für erforderlich hält oder
- wenn die Personensorgeberechtigten oder Erziehungsberechtigten nicht bereit oder nicht in der Lage sind, bei der Gefahrenabwehr bzw. bei der Abschätzung des Gefährdungsrisikos mitzuwirken.

Darüber hinaus ist das Jugendamt zur Inobhutnahme gem. § 42 SGB VIII verpflichtet, sofern

- eine dringende Gefahr besteht und
- die Entscheidung des Familiengerichts nicht abgewartet werden kann.

(Zur Inobhutnahme vgl. Kapitel IV)

4.2 Hinwirken auf die Inanspruchnahme anderer Leistungsträger

Gemäß § 8a Abs. 3 SGB VIII kann die Abwendung der Gefährdung aber auch dadurch erfolgen, dass das Jugendamt darauf hinwirkt, dass die Personensorgeberechtigten oder Erziehungsberechtigten andere Leistungsträger in Anspruch nehmen und zwar,

- die Einrichtungen der Gesundheitshilfe (z. B. durch medizinisch-psychiatrische Leistungen)
- die Polizei
- die Psychiatrie oder andere Sozialleistungsträger (z. B. Eingliederungshilfe bei körperlicher oder geistiger Behinderung nach SGB XII).

Ist ein *sofortiges Tätigwerden* geboten bzw. erforderlich und wirken die Personensorgeberechtigten/Erziehungsberechtigten nicht mit, schaltet das Jugendamt die fraglichen Stellen zur Gefährdungsabwendung selbst ein.

4.3 Übermittlung gewichtiger Anhaltspunkte für Kindeswohlgefährdung an den zuständigen örtlichen Leistungsträger

Um den wirksamen Schutz des Kindeswohls – u. a. auch in den Fällen von Wohnort- und/oder Zuständigkeitswechseln – sicherzustellen, verpflichtet § 8a Abs. 5 SGB VIII die örtlichen Träger der Jugendhilfe, bei Bekanntwerden gewichtiger Anhaltspunkte für eine Kindeswohlgefährdung eines Kindes oder Jugendlichen dem für die Gewährung von Leistungen zuständigen örtlichen Träger die entsprechenden Daten (also die Informationen über die Anhaltspunkte eines notwendigen Kindesschutzes) weiterzugeben. Solche Kenntnisse sollen nach dem Willen des Gesetzgebers nicht verloren gehen, sondern zum rechtzeitigen Tätigwerden zum Schutz des Kindes genutzt werden.

Die Regelung bezieht sich *nicht nur* auf Zuständigkeitswechsel (bei Jugendämtern) oder Wohnortwechseln bei Eltern/Kindern. Die Bestimmung verpflichtet vielmehr *jeden* örtlichen Träger der Jugendhilfe, im Falle des Bekanntwerdens gewichtiger Anhaltspunkte für die Gefährdung des Wohls eines Kindes oder Jugendlichen dem für die Gewährung von Leistungen zuständigen örtlichen Träger der Jugendhilfe hiervon Mitteilung zu machen.

Dabei soll die maßgebliche Mitteilung im Rahmen eines *Gesprächs zwischen den Fachkräften* der beiden örtlichen Träger erfolgen (sog. Übergabegespräch). Durch die persönliche Information soll wiederum verhindert werden, dass – wie bei einer schriftlichen Übermittlung eher möglich – Informationen verloren gehen bzw. es sollen Missverständnisse bei der Einschätzung der Informationen vermieden werden.

Auch bei diesem Gespräch ist die Beteiligung des Personensorgeberechtigten und des Kindes und des Jugendlichen vorgesehen, es sei denn, dass hierdurch der wirksame Schutz des Kindes oder des Jugendlichen in Frage gestellt wird.

Gut zu wissen – gut zu merken

Der sog. Schutzauftrag bei Kindeswohlgefährdung ist eine Konkretisierung des staatlichen Wächteramtes durch die öffentliche Jugendhilfe. Der Schutzauftrag gewährt dem Jugendamt nicht nur das Recht auf Informationsbeschaffung, sondern stellt auch klar, dass das Jugendamt Hinweisen über eine drohende Kindeswohlgefährdung nachgehen muss. Nach einer Risikoabschätzung hat das Jugendamt ggf. die Pflicht, das Familiengericht einzuschalten, wenn eine Gefahrenabwehr nicht durch entsprechende Hilfen erfolgen kann. Darüber hinaus hat jeder örtlicher Träger der Jugendhilfe einem anderen – für die Leistung zuständigen – örtlichen Träger der Jugendhilfe gewichtige Anhaltspunkte für eine Kindeswohlgefährdung im Rahmen eines Gesprächs zwischen den Fachkräften mitzuteilen.

Weiterführende Literatur

Borg-Laufs, M./Gahle, S.B./Hungerige, H. (2012): Schwierige Situationen in Therapie und Beratung mit Kindern und Jugendlichen. Weinheim: Beltz.

Meysen, T./Eschelbach, D. (2012): Das neue Bundeskinderschutzgesetz. Wiesbaden: Nomos.

IV Inobhutnahme gem. §42 SGB VIII

Was Sie in diesem Kapitel lernen können

Die in §42 SGB VIII geregelte Inobhutnahme ist eine vorläufige Maßnahme zum Schutz von Kindern und Jugendlichen im Krisen- und Gefahrenfall. Die Bestimmung hat in der praktischen Arbeit der Jugendämter eine außerordentlich hohe Bedeutung. Als einzige eingriffsrechtlich orientierte Aufgabe des Jugendamts setzt die Inobhutnahme mit Rücksicht auf die rechtlichen Folgen in besonderem Maße grundlegende Kenntnisse über die Voraussetzungen des Eingriffs und die nachfolgenden Handlungsaufgaben und -pflichten voraus, die in diesem Kapitel vermittelt werden.

1 Überblick

§ 42 SGB VIII regelt die Voraussetzungen der Inobhutnahme. Die Vorschrift befasst sich inhaltlich mit der sozialpädagogischen Intervention des Jugendamts im Krisen- und Gefahrenfall für Kinder und Jugendliche.

§ 42 SGB VIII (Inobhutnahme von Kindern und Jugendlichen)

(1) Das Jugendamt ist berechtigt und verpflichtet, ein Kind oder einen Jugendlichen in seine Obhut zu nehmen, wenn

1. das Kind oder der Jugendliche um Obhut bittet oder
2. eine dringende Gefahr für das Wohl des Kindes oder des Jugendlichen die Inobhutnahme erfordert und
   a) die Personensorgeberechtigten nicht widersprechen oder
   b) eine familiengerichtliche Entscheidung nicht rechtzeitig eingeholt werden kann oder
3. ein ausländisches Kind oder ein ausländischer Jugendlicher unbegleitet nach Deutschland kommt und sich weder Personensorge- noch Erziehungsberechtigte im Inland aufhalten. Die Inobhutnahme umfasst die Befugnis, ein Kind oder einen Jugendlichen bei einer geeigneten Person, in einer geeigneten Einrichtung oder in einer sonstigen Wohnform vorläufig unterzubringen; im Fall von Satz 1 Nr. 2 auch ein Kind oder einen Jugendlichen von einer anderen Person wegzunehmen.

(2) Das Jugendamt hat während der Inobhutnahme die Situation, die zur Inobhutnahme geführt hat, zusammen mit dem Kind oder dem Jugendlichen zu klären und Möglichkeiten der Hilfe und Unterstützung aufzuzeigen. Dem Kind oder dem Jugendlichen ist unverzüglich Gelegenheit zu geben, eine Person seines Vertrauens zu benachrichtigen. Das Jugendamt hat während der Inobhutnahme für das Wohl des Kindes oder des Jugendlichen zu sorgen und dabei den notwendigen Unterhalt und die Krankenhilfe sicherzustellen; § 39 Abs. 4 S. 2 gilt entsprechend. Das Jugendamt ist während der Inobhutnahme berechtigt, alle Rechtshandlungen vorzunehmen, die zum Wohl des Kindes oder Jugendlichen notwendig sind; der

mutmaßliche Wille der Personensorge- oder der Erziehungsberechtigten ist dabei angemessen zu berücksichtigen.
(3) Das Jugendamt hat im Fall des Absatzes 1 Satz 1 Nr. 1 und 2 die Personensorge- oder Erziehungsberechtigten unverzüglich von der Inobhutnahme zu unterrichten und mit ihnen das Gefährdungsrisiko abzuschätzen. Widersprechen die Personensorge- oder Erziehungsberechtigten der Inobhutnahme, so hat das Jugendamt unverzüglich
1. das Kind oder den Jugendlichen den Personensorge- oder Erziehungsberechtigten zu übergeben, sofern nach der Einschätzung des Jugendamts eine Gefährdung des Kindeswohls nicht besteht oder die Personensorge- oder Erziehungsberechtigten bereit und in der Lage sind, die Gefährdung abzuwenden oder
2. eine Entscheidung des Familiengerichts über die erforderlichen Maßnahmen zum Wohl des Kindes oder des Jugendlichen herbeizuführen.

Sind die Personensorge- oder Erziehungsberechtigten nicht erreichbar, so gilt Satz 2 Nr. 2 entsprechend. Im Fall des Absatzes 1 Satz 1 Nr. 3 ist unverzüglich die Bestellung eines Vormunds oder Pflegers zu veranlassen. Widersprechen die Personensorgeberechtigten der Inobhutnahme nicht, so ist unverzüglich ein Hilfeplanverfahren zur Gewährung einer Hilfe einzuleiten.
(4) Die Inobhutnahme endet mit
1. der Übergabe des Kindes oder Jugendlichen an die Personensorge- oder Erziehungsberechtigten,
2. der Entscheidung über die Gewährung von Hilfen nach dem Sozialgesetzbuch.

(5) Freiheitsentziehende Maßnahmen im Rahmen der Inobhutnahme sind nur zulässig, wenn und soweit sie erforderlich sind, um eine Gefahr für Leib oder Leben des Kindes oder des Jugendlichen oder eine Gefahr für Leib oder Leben Dritter abzuwenden. Die Freiheitsentziehung ist ohne gerichtliche Entscheidung spätestens mit Ablauf des Tages nach ihrem Beginn zu beenden.
(6) Ist bei der Inobhutnahme die Anwendung unmittelbaren Zwangs erforderlich, so sind die dazu befugten Stellen hinzuzuziehen.

Die Inobhutnahme hat erhebliche praktische Bedeutung. Im Jahr 2010 erfolgten insgesamt 36 300 Inobhutnahmen. Gegenüber dem Vorjahr stieg damit die Zahl der in Obhut genommenen Kinder und Jugendliche um 8 % (Quelle: Pressemitteilung des Statistischen Bundesamtes vom 13. 7. 2011).

2 Die Anlässe der Inobhutnahme und ihre Voraussetzungen

§ 42 Abs. 1 S. 1 Nr. 1 bis 3 beschreibt die verschiedenen Anlässe der Inobhutnahme, und zwar

- gem. Nr. 1 für den Fall der Selbstmeldung,
- gem. Nr. 2 bei einer dringenden Gefahr für das Wohl des Kindes oder des Jugendlichen, sofern die Personensorgeberechtigten der Inobhutnahme nicht

widersprechen oder eine familiengerichtliche Entscheidung nicht rechtzeitig eingeholt werden kann (Gefahr im Verzug) und

- gem. Nr. 3 für einen ausländischen Minderjährigen, der unbegleitet nach Deutschland kommt und sich weder Personensorgeberechtigte noch Erziehungsberichtigte im Inland aufhalten.

2.1 Inobhutnahme und Selbstmeldung

Zur Inobhutnahme eines sog. Selbstmelders ist das Jugendamt nach dem Gesetz verpflichtet, „wenn das Kind oder der Jugendliche um Obhut bittet".

Nach dem Gesetz ergibt sich keine weitere Voraussetzung für die Bitte des Kindes/Jugendlichen. Die Gesetzesbegründung geht jedoch davon aus, dass die Bitte um Hilfe „aus einer Notlage heraus" erfolgt (BT-Drs. 11/5948, 80). Damit muss ein „subjektiver Hilfebedarf" des Kindes/Jugendlichen bestehen.

An die Bitte bzw. den Wunsch des Kindes/Jugendlichen um Inobhutnahme sind allerdings keine hohen Anforderungen zu stellen. Entscheidend ist der natürliche Wille des Kindes/Jugendlichen, der ohne weiteres zur Handlungspflicht des Jugendamtes führt, ohne dass es einer näheren Begründung durch das Kind oder den Jugendlichen oder einer Vorprüfung der Situation durch das Jugendamt bedarf. Nur so kann das mit der Regelung verfolgte Ziel, einen effektiven und unkomplizierten Schutz des Kindes oder Jugendlichen in Krisensituationen zu gewährleisten, erreicht werden.

2.2 Inobhutnahme bei dringender Gefahr

§ 42 Abs. 1 S. 1 Nr. 2 SGB VIII regelt den Fall der Inobhutnahme bei dringender Gefahr für das Wohl des Kindes/Jugendlichen, jedoch nur, soweit

a) die Personensorgeberechtigten nicht widersprechen oder
b) eine familiengerichtliche Entscheidung nicht rechtzeitig eingeholt werden kann.

Wann liegt eine „dringende" Gefahr i.S. der Bestimmung vor? Eine solche ist dann zu bejahen, wenn eine Gefahr für das Kindeswohl unmittelbar bevorsteht. Damit muss die Intensität einer Gefährdung i.S.v. § 1666 Abs. 1 S. 1 BGB erreicht sein (Kindeswohlgefährdung), die „eine gegenwärtige, in solchem Maße vorhandene Gefahr" voraussetzt, dass „sich bei der weiteren Entwicklung der Dinge eine erhebliche Schädigung des geistigen und seelischen Wohls des Kindes mit ziemlicher Sicherheit voraussagen" lässt (vgl. Palandt/Diederichsen § 1666 Rn. 10 und BGH NJW 1956, 1434).

Unterhalb der aufgezeigten Gefährdungsschwelle ist das Jugendamt zu einer Inobhutnahme nicht befugt. Eine dringende Gefahr ist z.B. anzunehmen, wenn Jugendliche als Obdachlose nachts, ggf. noch dazu in Vergnügungsvierteln aufgegriffen werden, aber auch dann, wenn sie in einer familiären Notsituation (Unfall mit Eltern) schutzlos anderweitigen Gefahren ausgesetzt sind.

Die Inobhutnahme kommt auch nur dann in Betracht, wenn sie zur Beseitigung der *dringenden* Gefahr für das Wohl des Kindes/Jugendlichen „erforderlich" ist. Damit ist zu prüfen, ob die Inobhutnahme „notwendig" ist, um der Gefahrenlage zu begegnen. So erübrigt sich die Inobhutnahme z.B. dann, wenn das Kind dem elterlichen Haushalt wieder zugeführt werden kann, aus dem es zuvor ohne Kenntnis der Eltern entwichen war.

Im Gegensatz zur Inobhutnahme auf Bitte des Kindes/Jugendlichen regelt § 42 Abs. 1 S. 1 Nr. 2 SGB VIII die Inobhutnahme von Amts wegen. D.h., dass das Jugendamt sowohl aufgrund eigener Initiative, wie auch durch „Zuführung" des Kindes/Jugendlichen durch die Polizei bzw. durch Dritte (vgl. BT-Drs. 11/5948, 80) tätig wird. Je nach Lage des Falles kann es auch sein, dass das Jugendamt Kenntnis von Gefahrenumständen von Lehrern, Nachbarn oder Verwandten erhält.

2.3 Warum kommt es auf den Willen des Personensorgeberechtigten an?

Die Inobhutnahme setzt gem. § 42 Abs. 1 S. 1 Nr. 2 SGB VIII (neben der dringenden Gefahr) voraus, dass entweder die Personensorgeberechtigten nicht widersprechen oder eine familiengerichtliche Entscheidung nicht rechtzeitig eingeholt werden kann. Damit kommt es vor einer Inobhutnahme entscheidend auf den Willen der Personensorgeberechtigten an:

- Widersprechen die Personensorgeberechtigten der (beabsichtigten) Inobhutnahme nicht, wird die Inobhutnahme zur Beseitigung der dringenden Gefahr für das Wohl des Kindes/Jugendlichen durchgeführt.
- Widersprechen die Personensorgeberechtigten hingegen *und* sind sie zudem „bereit und in der Lage", die Kindeswohlgefährdung definitiv abzuwenden, scheidet eine Inobhutnahme aus, vgl. § 42 Abs. 1 S. 1 Nr. 2a) i.V.m. § 8a Abs. 1 und Abs. 2 SGB VIII.
- Widersprechen die Personensorgeberechtigten und sind sie nicht bereit und nicht in der Lage, die Gefährdung abzuwenden, muss das Jugendamt vor der Inobhutnahme zusätzlich prüfen, ob eine familiengerichtliche Entscheidung rechtzeitig (zur Abwendung der „dringenden Gefahr") eingeholt werden kann. Nicht die (rechtzeitige) *Anrufung des Familiengerichts* ist dabei maßgebend, sondern die Frage der (rechtzeitigen) *Entscheidung durch das Familiengericht.* Ist eine rechtzeitige Entscheidung des Familiengerichts nicht sicher zu erwarten, hat das Jugendamt die Inobhutnahme – trotz Widerspruchs der Personensorgeberechtigten – durchzuführen, § 42 Abs. 1 S. 1 Nr. 2b) i.V.m. § 8a Abs. 2 SGB VIII.

Schweigen die Personensorgeberechtigten zur Inobhutnahme oder dulden sie die Inobhutnahme (stillschweigend), stellt sich die Frage, ob damit deren Durchführung gesetzlich erlaubt ist. Dies ist zu bejahen. Die Inobhutnahme darf grundsätzlich nur bei einer schwerwiegenden und dringenden Gefahr für das Wohl des Kindes/Jugendlichen erfolgen. Deren Abwendung liegt jedoch prinzipiell zunächst in der Elternverantwortung (vgl. Art. 6 Abs. 2 GG bzw. § 1666 Abs. 1 BGB). Sind die Personensorgeberechtigten daher zur Gefahrenabwehr nicht bereit bzw. handlungsunfähig, kommt es auch nicht entscheidend darauf an, ob sie zur Inobhutnahme schweigen oder zustimmen. Voraussetzung ist allerdings, dass die Personensorgeberechtigten von der Gefahrenlage bzw. der beabsichtigten Inobhutnahme Kenntnis haben.

Sind die Personensorgeberechtigten/Erziehungsberechtigten nicht erreichbar, ist die Entscheidung des Familiengerichts über die erforderlichen Maßnahmen zum Wohle des Kindes/Jugendlichen herbeizuführen, vgl. § 42 Abs. 3 S. 3 i.V.m. Abs. 3 S. 2 Nr. 2 SGB VIII.

2.4 Die Wegnahme des Kindes von einer „anderen Person" im Rahmen der Inobhutnahme wegen dringender Gefahr

Bei der Inobhutnahme wegen dringender Gefahr gem. § 42 Abs. 1 S. 2 SGB VIII darf das Jugendamt ausdrücklich ein/en Kind/Jugendlichen von „einer anderen Person wegnehmen". Damit ist die Wegnahme des Kindes/Jugendlichen aus einer Einrichtung, aber auch von einer anderen Person, *insbesondere auch vom Personsorgeberechtigten selbst* möglich. Die Bestimmung steht in unmittelbarem Zusammenhang mit dem seinerzeit ebenfalls neu eingeführten § 8a SGB VIII (Schutzauftrag bei Kindeswohlgefährdung), nach dessen Abs. 2 ausdrücklich die Inobhutnahme bei dringender Gefahr erwähnt ist, wenn Personensorgeberechtigte/Erziehungsberechtigte nicht bereit oder in der Lage sind, bei der Abschätzung des Gefährdungsrisikos mitzuwirken und die Entscheidung des Gerichts nicht abgewartet werden kann.

Nach dem Wortlaut des § 42 Abs. 1 S. 1 und 2 SGB VIII ist die Wegnahme des Kindes/Jugendlichen vom Personensorgeberechtigten/Erziehungsberechtigten zwar nicht konkret angesprochen. Jedoch verweist die Gesetzesbegründung zu Recht darauf, dass es nicht sachgerecht sei, im Hinblick auf einen effektiven Kindesschutz danach zu differenzieren, ob das Kind zur Abwendung einer akuten Kindeswohlgefährdung dritten Personen oder den Personenberechtigten selbst wegzunehmen sei. Aus diesem Grund werde die Befugnis zur Wegnahme unter den genannten Voraussetzungen auch auf den Kreis der Personensorgeberechtigten selbst ausgeweitet. Eine ausreichende Berücksichtigung der verfassungsrechtlich garantierten Elternrechte sei dabei gewährleistet. Die Inobhutnahme dürfe nur bei einer dringenden Gefahr für das Wohl des Kindes oder Jugendlichen erfolgen. Die Elternverantwortung müsse sich ebenfalls am Kindeswohl als oberster Richtschnur orientieren. Wenn das Kindeswohl gefährdet sei, sei der Staat in Wahrnehmung seines Wächteramts nach Art. 6 Abs. 2 S. 2 GG nicht nur berechtigt, sondern auch verpflichtet, die Pflege und Erziehung des Kindes sicher zu stellen. In diesen Fällen habe das Grundrecht des Kindes auf Schutz vor Gefahren für sein Wohl Vorrang. Unter diesen Voraussetzungen sei auch eine Wegnahme des Kindes von den Personensorgeberechtigten verhältnismäßig (vgl. Gesetzentwurf der Bundesregierung, Tagesbetreuungsausbaugesetz – TAG, 75).

3 Inobhutnahme bei ausländischen, unbegleitet einreisenden Kindern/Jugendlichen

Schließlich regelt das Gesetz die Inobhutnahme eines ausländischen Kindes/Jugendlichen, soweit dessen Einreise unbegleitet nach Deutschland erfolgt und sich weder Personensorgeberechtigte noch Erziehungsberechtigte im Inland aufhalten. Nach § 42 Abs. 3 S. 2 SGB VIII hat das Jugendamt die Verpflichtung, für diese Jugendlichen die Bestellung eines Vormunds oder Pflegers zu veranlassen. Dies erfolgt über das Familiengericht. Die Verpflichtung zur Inobhutnahme beruht insoweit auf der latent kindeswohlgefährdenden Situation dieser Alters-/Personengruppe.

4 Die Unterbringungsmöglichkeiten bei der Inobhutnahme

Die Inobhutnahme ist grundsätzlich nur eine vorläufige Maßnahme, § 42 Abs. 1 S. 2 SGB VIII. Die Intervention ist also von vornherein *zeitlich begrenzt* bzw. nur *vorübergehend.*

Gemäß § 42 Abs. 1 S. 2 SGB VIII erfolgt die Inobhutnahme durch vorläufige Unterbringung

- bei einer geeigneten Person,
- in einer geeigneten Einrichtung oder
- in einer sonstigen Wohnform.

Die Bestimmung bezeichnet die verschiedenen Möglichkeiten der Unterbringung, ohne konkrete Auswahlkriterien zu nennen. Kriterien der Eignung der jeweiligen Unterbringungsform sind das Alter des Kindes/Jugendlichen sowie der Anlass der Inobhutnahme bzw. der Herkunftsort (Familie/Einrichtung). Das Wunsch- und Wahlrecht gem. § 5 SGB VIII ist zu berücksichtigen. Bei der Auswahl ist ferner das allgemeine Beteiligungsrecht des Kindes/Jugendlichen gem. § 8 Abs. 1 S. 1 SGB VIII zu beachten.

„Geeignete Personen“ sind vor allem entsprechende Bereitschaftspflegestellen. „Geeignete Person“ i. S. d. § 42 Abs. 1 S. 2 SGB VIII kann insbesondere auch der nicht sorgeberechtigte, aber umgangsberechtigte Elternteil sein, weil die Unterbringung des Kindes/Jugendlichen „bei einer Bezugsperson – selbstverständlich – den Vorzug verdient“ (vgl. OLG Zweibrücken ZfJ 1996, 241).

Unter die Begriffe „geeignete“ Einrichtung bzw. „sonstige Wohnform“ fallen spezielle Wohngruppen der §§ 34, 35 SGB VIII mit dem dortigen Angebotsprofil sowie entsprechende Einrichtungen der Kinder- und Jugendpsychiatrie, Kinder- und Jugendnotdienste oder Jugendschutzstellen.

5 Inobhutnahme und sozialpädagogischer Handlungsauftrag des Jugendamts

Gemäß § 42 Abs. 2 S. 1 SGB VIII hat das Jugendamt während der Inobhutnahme die Situation, die zur Inobhutnahme geführt hat, zusammen mit dem Kind/Jugendlichen zu klären und Möglichkeiten der Hilfe und Unterstützung aufzuzeigen. Damit ist ein Handlungsauftrag mit hohem sozialpädagogischen Anspruch verbunden, mit dem in erster Linie eine Deeskalation anzustreben ist, wozu ggf. die Erbringung von Leistungen im Rahmen der §§ 27 ff. SGB VIII gehört, wenn die Personensorgeberechtigten der Inobhutnahme nicht widersprechen, § 42 Abs. 3 S. 5 SGB VIII. Auch akut erforderliche pädagogische und damit verbundene therapeutische Leistungen im Sinne einer intensiven sozialpädagogischen Betreuung sind zu gewähren, soweit dies mit der zeitlich begrenzten Maßnahme zu vereinbaren ist. Voraussetzung ist, dass die Leistungen der Herstellung und dem Erhalt des geistigen, leiblichen und seelischen Wohls des Kindes/Jugendlichen dienen.

5.1 Inobhutnahme und Gewährung von Hilfen

Widersprechen die Personensorgeberechtigten der Inobhutnahme nicht, ist unverzüglich ein Hilfeplanverfahren zur Gewährung einer Hilfe einzuleiten, § 42 Abs. 3 S. 5 SGB VIII.

Gem. § 42 Abs. 3 S. 5 SGB VIII sind Hilfen auch dann zu gewähren, wenn die Personensorgeberechtigten keinen Antrag gem. § 27 ff. SGB VIII stellen und zu der Inobhutnahme schweigen. Stimmen die Personensorgeberechtigten einer Inobhutnahme zu, steht einer Hilfeplanung und der Gewährung von Hilfen ohnehin nichts im Wege, da gem. § 42 Abs. 3 S. 5 SGB VIII zugleich ein Hilfeplanverfahren zur Gewährung einer Hilfe einzuleiten ist.

Die Einbeziehung des Kindes ist bei der Situationsklärung gesetzlich vorgesehen, so dass das Jugendamt neben dem Gespräch mit dem Kind/Jugendlichen zur Aufklärung und Verobjektivierung des Sachverhalts weiter gehende Ermittlungen anstellen kann. Gemäß § 62 Abs. 3 Nr. 2c SGB VIII dürfen mithin auch bei einer Inobhutnahme personenbezogene Daten grundsätzlich ohne Mitwirkung des Betroffenen erhoben werden.

5.2 Benachrichtigungsrechte des Kindes/Jugendlichen

Nach erfolgter Inobhutnahme ist das Kind berechtigt, unverzüglich eine „Person seines Vertrauens" zu benachrichtigen, vgl. § 42 Abs. 2 S. 2 SGB VIII. Das Jugendamt ist verpflichtet, dem Kind/Jugendlichen eine entsprechende Gelegenheit zu verschaffen, damit es die Kontaktaufnahme selbst herstellen kann. Zum Kreis einer möglichen Person des Vertrauens gehören Elternteile, Freunde, Verwandte, z. B. aber auch Lehrer oder Nachbarn. Grundsätzlich bestimmt der Minderjährige selbst, wen er benachrichtigt.

6 Welche Aufgaben hat das Jugendamt während der Inobhutnahme?

Gemäß § 42 Abs. 2 S. 3 SGB VIII ist vom Jugendamt alles zu unternehmen, was dem Wohl des in Obhut genommenen Kindes dienlich ist. Hierzu gehört die Erfüllung materieller Grundbedürfnisse wie Unterkunft und Verpflegung, ebenso die Kosten der Erziehung und „Krankenhilfe".

Während der Inobhutnahme ist das Jugendamt auch berechtigt, „alle Rechtshandlungen vorzunehmen, die zum Wohl des Kindes oder Jugendlichen notwendig sind", ohne dass der Personensorgeberechtigte sein Sorgerecht verliert. Alles, was zur Erfüllung dieser Aufgabe erforderlich ist, ist rechtlich abgedeckt. In der Literatur werden deshalb dem Jugendamt recht umfassende Befugnisse und Pflichten eingeräumt. In diesem Zusammenhang ist z. B. auch die rechtliche Vertretung des Kindes/Jugendlichen für die Inanspruchnahme einer ärztlichen Behandlung erlaubt bzw. möglich.

6.1 Die „öffentlich-rechtliche Notkompetenz" des Jugendamts

Wie das Bundesverfassungsgericht entschieden hat, ist das Jugendamt bei einer Inobhutnahme im Falle des Widerspruchs des Personensorgeberechtigten lediglich zu vorläufigen Maßnahmen berechtigt. Seiner Auffassung zufolge erhält das Jugendamt das (uneingeschränkte) Aufenthaltsbestimmungsrecht grundsätzlich erst durch eine entsprechende sorgerechtliche Entscheidung des Familiengerichts, weil es sich bei den Entscheidungen und Maßnahmen des Jugendamts zunächst nur um „vorläufige Maßnahmen im Rahmen seiner öffentlich-rechtlichen Notkompetenz handelt", vgl. Bundesverfassungsgericht FamRZ 2007, 1627 ff. (1628, 1629).

§ 1631 Abs. 1 BGB (Inhalt und Grenzen der Personensorge)

Die Personensorge umfasst insbesondere die Pflicht und das Recht, das Kind zu pflegen, zu erziehen, zu beaufsichtigen und seinen Aufenthalt zu bestimmen.

Mit der **Aufenthaltsbestimmung** legt der Personensorgeberechtigte konkret den Wohnort bzw. die Wohnung (z. B. bei Großeltern, Internat oder Heim) für den Minderjährigen fest. Hiervon zu trennen ist die sog. **Wohnsitzbestimmung** gem. § 11 BGB.

§ 11 BGB (Wohnsitz des Kindes)

Ein minderjähriges Kind teilt den Wohnsitz der Eltern; es teilt nicht den Wohnsitz eines Elternteils, dem das Recht fehlt, für die Person des Kindes zu sorgen. Steht keinem Elternteil das Recht zu, für die Person des Kindes zu sorgen, so teilt das Kind den Wohnsitz desjenigen, dem dieses Recht zusteht. Das Kind behält den Wohnsitz, bis es ihn rechtsgültig aufhebt.

Beispiel:
Das Jugendamt hatte ein dreizehn Jahre altes Kind gegen den Willen der Eltern aus deren Haushalt in Obhut genommen und in eine geschlossene Einrichtung verbracht. Hierzu, so das Bundesverfassungsgericht, sei nur der Aufenthaltsbestimmungsberichtigte befugt, der allein einen wirksamen Antrag auf Erteilung einer familiengerichtlichen Genehmigung der geschlossenen Unterbringung auf der Grundlage von §1631b BGB stellen könne. Das Bundesverfassungsgericht insoweit weiterhin wörtlich: „Inhaber des Aufenthaltsbestimmungsrechts waren – und sind bis heute (gemeint: bis zur Entscheidung des Bundesverfassungsgerichts, der Verf.) – indes vorliegend die Eltern und nicht das Jugendamt. Dass das Jugendamt das Kind in Obhut genommen hat, steht dem nicht entgegen" (...). Die vom Jugendamt veranlasste Freiheitsentziehung war (deshalb) ohne gerichtliche Entscheidung spätestens mit dem Ablauf des Tages nach ihrem Beginn zu beenden. Im Hinblick auf den Genehmigungsvorbehalt des Familiengerichts nach §1631b BGB habe deshalb im Streitfall noch eine Entscheidung (des Familiengerichts) nach §§1666, 1666a BGB hinzutreten müssen, weil es sich bei den Entscheidungen und Maßnahmen des JA zunächst nur um „vorläufige Maßnahmen im Rahmen seiner öffentlich-rechtlichen Notkompetenz" handele, während die sorgerechtlichen Maßnahmen vom Familiengericht zu treffen seien (vgl. Bundesverfassungsgericht wie vor).

Nach Auffassung des Bundesverfassungsgerichts können damit ausdrücklich nur vorläufige Maßnahmen, also nur vorübergehende Maßnahmen im Rahmen einer öffentlich-rechtlichen Notkompetenz getroffen werden, die bis zu einer familiengerichtlichen sorgerechtlichen Regelung anfallen. Damit verblieb im Beispielsfall das Aufenthaltsbestimmungsrecht bis zu einer sorgerechtlichen Entscheidung des Familiengerichts bei den Eltern, die mithin allein die (notwendige) familiengerichtliche Genehmigung gem. § 1631b BGB herbeiführen konnten. Anders ausgedrückt: In dem fraglichen Fall reichte die „Notkompetenz" des Jugendamtes nicht soweit, die notwendige familiengerichtliche Genehmigung nach § 1631b BGB herbeizuführen, wenngleich die geschlossene Unterbringung selbst durch das Jugendamt als vorläufige Maßnahme vom Bundesverfassungsgericht nicht beanstandet worden ist. Mithin wäre es, wie das Bundesverfassungsgericht auch an anderer Stelle ausführt, erforderlich gewesen, den Eltern durch das Familiengericht einstweilen das Aufenthaltsbestimmungsrecht gem. §§ 1666, 1666a BGB zu entziehen und dieses auf das Jugendamt als Ergänzungspfleger zu übertragen.

6.2 Berücksichtigung des Willens der Personensorgeberechtigten und Informationspflicht des Jugendamts

Bei sämtlichen Rechtshandlungen ist der „mutmaßliche Wille" des Personensorgeberechtigten/Erziehungsberechtigten vom Jugendamt während der Inobhutnahme „angemessen zu berücksichtigen", § 42 Abs. 2 S. 4 2. HS SGB VIII, allerdings nur soweit der Wille nicht im Widerspruch zu Sinn und Zweck der Inobhutnahme bzw. zum objektiven Kindeswohl steht. Insgesamt gesehen geht es damit darum, die erzieherischen Grundvorstellungen des Personensorgeberechtigten zu respektieren.

Im Fall der Inobhutnahme bei einer Selbstmeldung sowie der Inobhutnahme bei dringender Gefahr für das Wohl des Kindes/Jugendlichen hat das Jugendamt die Personensorgeberechtigten/Erziehungsberechtigten unverzüglich zu benachrichtigen. Angesichts vielfältiger Gefahren für Kinder/Jugendliche (Unfälle u.ä.) sollten Eltern grundsätzlich schnellstmöglich von der Tatsache der Inobhutnahme durch das Jugendamt in Kenntnis gesetzt werden. Zu unterrichten ist über die Tatsache der Inobhutnahme, die Bezeichnung des zuständigen Jugendamts und die Angabe aller Umstände, die für den Personensorgeberechtigten zum Verständnis der Situation wichtig sind. Nach der Gesetzesbegründung soll die Benachrichtigung der Eltern in der Praxis auch dazu dienen, das Einverständnis der Eltern zum vorläufigen Verbleib des Kindes/Jugendlichen in der Schutzstelle zu erreichen (BT-Drs. 11/5948, S. 80).

Mit der Unterrichtung der Personensorgeberechtigten/Erziehungsberechtigten hat das Jugendamt zugleich „das Gefährdungsrisiko abzuschätzen". In diesem Zusammenhang kann neben der Unterrichtung der Eltern über die erfolgte Inobhutnahme auch eine Situationsklärung herbeigeführt werden.

7 Widerspruch der Eltern gegen die Inobhutnahme

Widersprechen die Personensorgeberechtigten/Erziehungsberechtigten der Inobhutnahme, sieht das Gesetz zwei Möglichkeiten vor:

- Übergabe des Kindes/Jugendlichen (Nr. 1) bzw.
- Herbeiführung einer familiengerichtlichen Entscheidung (Nr. 2).

Die Rückgabe des Kindes/Jugendlichen (gem. Nr. 1) kommt nur in Betracht, sofern

- nach Einschätzung des Jugendamtes eine Gefährdung des Kindeswohls nicht besteht oder
- die Personensorgeberechtigen/Erziehungsberechtigten bereit und in der Lage sind, die Gefährdung abzuwenden. Solange diese Voraussetzungen nicht erfüllt sind, bleibt der gefährdete Minderjährige in der Obhut des Jugendamtes, bis festgestellt ist, dass eine Gefährdungssituation nicht (mehr) besteht.

Ist der Personensorgeberechtigte/Erziehungsberechtigte mit der Inobhutnahme nicht einverstanden, hat das Jugendamt eine Entscheidung des Familiengerichts herbeizuführen. In diesem Fall ist das Jugendamt verpflichtet, dem Familiengericht sämtliche Tatsachen mitzuteilen, die die Inobhutnahme gegen den Willen des Personensorgeberechtigten/Erziehungsberechtigten weiterhin erforderlich machen.

8 Die Entscheidungsmöglichkeiten des Familiengerichts

Die Entscheidung des Familiengerichts befasst sich nicht etwa mit der Kontrolle des Jugendamtes, auch nicht mit der Aufgabe, die Rechtmäßigkeit der Inobhutnahme zu überprüfen oder deren Fortdauer anzuordnen.

Die Entscheidung des Familiengerichts kann z. B. auf eine einstweilige Anordnung hinauslaufen, mit der dem Sorgeberechtigten die gesamte Personensorge entzogen und diese auf das Jugendamt übertragen wird. So kann das Jugendamt als Ergänzungspfleger sicherstellen, dass es faktisch bei der Inobhutnahme verbleibt, um für einen gewissen begrenzten Zeitraum zur Abwendung einer Kindeswohlgefährdung (§ 1666 Abs. 1 S. 1 BGB) das krisenhafte Ereignis durch „Spannungsentlastung, Problemklärung und Wiederaufnahme von Kommunikation" (vgl. BT-Drs. 11/5948, S. 80) mit sozialpädagogischen Hilfen zu bewältigen (vgl. auch BVerfG FamRZ 2007, 1627 ff., 1629).

Ob der Entzug des *gesamten* Personensorgerechts zwingend erforderlich ist, weil § 27 SGB VIII das Recht zur Geltendmachung von Leistungen dem Personensorgeberechtigtem zuweist, ist umstritten. Eine verbreitete Auffassung hält auch – entgegen dem Gesetzeswortlaut des § 27 SGB VIII – den Entzug des Aufenthaltsbestimmungsrechts i. V. m. dem Recht auf Inanspruchnahme von öffentlichen Hilfen gem. § 27 SGB VIII für möglich.

Ist der Personensorgeberechtigte/Erziehungsberechtigte zur Abklärung/Absprache über den Verbleib des Kindes/Jugendlichen in Obhut des Jugendamtes nicht erreichbar, muss das Jugendamt ebenfalls unverzüglich beim Familiengericht eine Entscheidung herbeiführen, § 42 Abs. 3 S. 3 SGB VIII (vgl. auch VG Münster ZfJ 1997, 428).

Dulden die Personensorgeberechtigten die Inobhutnahme, leitet das Jugendamt gem. § 42 Abs. 3 S. 5 SGB VIII ein Hilfeplanverfahren zur Gewährung einer Hilfe ein. Dies setzt voraus, dass die Personensorgeberechtigten/Erziehungsberechtigten von der Inobhutnahme durch das Jugendamt in Kenntnis gesetzt worden sind. Nach Einleitung des Hilfeplanverfahrens (§ 36 SGB VIII) ist im Anschluss die entsprechende, im Rahmen des Hilfeplanverfahrens als notwendig und geeignet erkannte Hilfe zu gewähren, § 27 SGB VIII. Die Regelung entspricht damit dem Sinn und Zweck des erweiterten Schutzauftrags des Jugendamts (§ 8a SGB VIII).

9 Zum Ende der Inobhutnahme

Die Inobhutnahme endet entweder mit der Über-/Rückgabe des Kindes/Jugendlichen an die Personensorgeberechtigten/Erziehungsberechtigten oder mit der Entscheidung über die Gewährung von Hilfen nach dem SGB VIII. Da die Übergabe des Kindes/Jugendlichen an den Personensorgeberechtigten/Erziehungsberechtigten nur unter der Voraussetzung erfolgt, dass nach Einschätzung des Jugendamts eine Gefährdung des Kindeswohls nicht besteht bzw. die Personensorgeberechtigten/Erziehungsberechtigten bereit und in der Lage sind, die Gefährdung abzuwenden, ist für die Fortdauer einer Inobhutnahme nach Feststellung der notwendigen und geeigneten Hilfe, §§ 28 ff. SGB VIII, kein Raum mehr.

Widersprechen die Personensorgeberechtigten der Inobhutnahme und kommt es zu einer Entscheidung des Familiengerichts (z. B. Entzug der Personensorge und deren Übertragung auf das Jugendamt als Pfleger), bleibt die Inobhutnahme nach dem ausdrücklichen Willen des Gesetzgebers so lange bestehen, bis eine Entscheidung über die Gewährung von Hilfen getroffen wurde und tatsächlich entsprechende Hilfen erbracht werden. Damit wird im Ergebnis von der Inobhutnahme zur Hilfegewährung übergegangen.

Das gleiche gilt, wenn die Personensorgeberechtigten die Inobhutnahme dulden (vgl. § 42 Abs. 3 S.5 SGB VIII), weil in diesem Fall die unverzügliche Einleitung eines Hilfeplanverfahrens zur Gewährung von Hilfen gesetzlich vorgesehen ist.

Unabhängig von den Regelungen des § 42 Abs. 4 endet die Inobhutnahme, wenn die ihr zugrunde liegenden Probleme geklärt und zwischen allen Beteiligten akzeptable Perspektiven für die/den Minderjährigen entwickelt worden sind.

10 Freiheitsentziehende und freiheitsbeschränkende Maßnahmen bei der Inobhutnahme

Freiheitsentziehende Maßnahmen im Rahmen der Inobhutnahme sind grundsätzlich nur dann zulässig, wenn und soweit sie erforderlich sind, um eine Gefahr für Leib oder Leben des Kindes/Jugendlichen oder eine Gefahr für Leib oder Leben Dritter abzuwenden, § 42 Abs. 5 S. 1 SGB VIII.

Hieraus folgt, dass freiheitsentziehende Maßnahmen lediglich in seltenen Fällen angezeigt sind und dem sozialpädagogischen Handlungsansatz nach dem eindeutigen Willen des Gesetzgebers grundsätzlich der Vorrang einzuräumen ist.

Beispiel:
Obdachlose 15/16-jährige Jugendliche randalieren unter erheblichem Drogen- und Alkoholeinfluss in einem Vergnügungsviertel und attackieren bzw. verletzen Passanten. Ihre Personensorgeberechtigten sind zunächst nicht zu ermitteln. Bei der Inobhutnahme stellt sich die Notwendigkeit einer freiheitsentziehenden Unterbringung heraus, weil die Jugendlichen sofort nach der Inobhutnahme zu flüchten versuchen.

Mit der gesetzlichen Formulierung wird im Übrigen der Grundsatz der Verhältnismäßigkeit präzisiert. So ist z. B. insbesondere zu prüfen, ob nicht bereits *freiheitsbeschränkende* Maßnahmen anstatt *freiheitsentziehender* Maßnahmen ausreichen.

Freiheitsentziehende Maßnahmen und freiheitsbeschränkende Maßnahmen sind streng zu unterscheiden. Maßgebend ist die *Intensität* der Freiheitsbeschränkung. Eine Freiheitsentziehung liegt vor, wenn jemand gegen oder ohne seinen Willen durch die öffentliche Gewalt an einem bestimmten, eng umgrenzten Ort festgehalten wird (vgl. Maunz/Dürig, a. a. O., Rn. 6). Der Begriff der Freiheitsentziehung erfordert eine räumlich enge Begrenzung, mit der die körperlich-räumliche Bewegungsfreiheit entzogen sein muss (vgl. Maunz/Dürig, GG Art. 104, Rn. 7 m.w.N.).

Nach dieser Definition ist eine *Freiheitsentziehung* bei Minderjährigen z.B. anzunehmen, wenn diese als Heiminsassen auf einem bestimmten beschränkten Raum festgehalten werden, ihr Aufenthalt ständig überwacht und die Aufnahme von Kontakten mit Personen außerhalb des Raumes durch Sicherungsmaßnahmen verhindert wird (vgl. Palandt/Diederichsen, § 1631b Rn. 2). In der Regel ist eine Freiheitsentziehung deshalb bei der Unterbringung eines Kindes/Jugendlichen in einem geschlossenen Heim, einer geschlossenen Anstalt, in einer geschlossenen Abteilung eines Heims oder Anstalt, bei der Einweisung in eine therapeutische Einrichtung für Alkohol- und Drogenabhängige bzw. Heil- oder Pflegeanstalt anzunehmen (vgl. Palandt wie vor).

Demgegenüber versteht man unter *freiheitsbeschränkenden Maßnahmen* altersübliche Einschränkungen wie z.B. geregelte Ausgangszeiten, Verschließen des Hauses zur Nachtzeit. Solche Freiheitsbeschränkungen stellen *keine Freiheitsentziehungen* dar (vgl. Palandt/Diederichsen, § 1631b Rn. 2).

Fixierungen des Kindes/Jugendlichen durch Bauchgurt o.ä. bedürfen als *freiheitsentziehende Maßnahmen* grundsätzlich der familiengerichtlichen Genehmigung.

Selbst im Falle der Zustimmung des Personensorgeberechtigten zur Freiheitsentziehung des Kindes/Jugendlichen muss eine *familiengerichtliche Entscheidung* zu der freiheitsentziehenden Maßnahme eingeholt werden, da diese mit Freiheitsentziehung verbundene Inobhutnahme gem. § 1631b BGB grundsätzlich der Genehmigung des Familiengerichts bedarf.

§ 1631b BGB (Mit Freiheitsentziehung verbundene Unterbringung)

Eine Unterbringung des Kindes, die mit Freiheitsentziehung verbunden ist, bedarf der Genehmigung des Familiengerichts. Die Unterbringung ist zulässig, wenn sie zum Wohl des Kindes, insbesondere zur Abwendung einer erheblichen Selbst- oder Fremdgefährdung erforderlich ist und der Gefahr nicht auf andere Weise, auch nicht durch andere öffentliche Hilfen, begegnet werden kann. Ohne die Genehmigung ist die Unterbringung nur zulässig, wenn mit dem Aufschub Gefahr verbunden ist. Die Genehmigung ist unverzüglich nachzuholen.

Die gem. § 1631b S. 1 BGB erforderliche Genehmigung des Familiengerichts ist also grundsätzlich vorher einzuholen. *Nur* dann, wenn mit der Zurückstellung der Unterbringung bis zur gerichtlichen Genehmigung Gefahr verbunden ist, ist die Genehmigung (nach erfolgter Unerbringung) unverzüglich nachzuholen, vgl. § 1631b Satz 3 BGB.

Eine gerichtliche Entscheidung über die Fortdauer der freiheitsentziehenden Maßnahmen muss spätestens mit Ablauf des Tages, der dem Tag der Freiheitsentziehung folgt, ergehen.

Wichtig: Keiner gerichtlichen Genehmigung bedürfen Unterbringungen, die *nur* mit *Freiheitsbeschränkungen* (s.o.) verbunden sind.

11 Verfahrensrechtliche Regelungen zur freiheitsentziehenden Inobhutnahme

Gem. § 151 Nr. 6 FamFG stellt das gerichtliche Verfahren über die Genehmigung der freiheitsentziehenden Unterbringung eines Minderjährigen eine Kindschaftssache dar, weshalb gem. § 167 FamFG die dort genannten Verfahrensvorschriften und darüber hinaus auch die für Unterbringungssachen nach § 312 Nr. 1 FamFG genannten Vorschriften anzuwenden sind. Hierzu zählen

- die Verfahrensfähigkeit des betroffenen Minderjährigen, und zwar ohne Rücksicht auf seine Geschäftsfähigkeit, soweit er das 14. Lebensjahr vollendet hat, vgl. § 167 Abs. 3 FamFG, mit der Folge, dass er – wie ein Volljähriger – z. B. eigenständig Anträge stellen kann, Beschwerde einlegen kann, Verfahrenskostenhilfe beantragen kann, einen Rechtsanwalt seines Vertrauens bestellen oder Befangenheitsanträge stellen kann;
- die Bestellung eines Verfahrensbeistands für den betroffenen Minderjährigen („Anwalt des Kindes"), § 167 Abs. 1 S. 2 i. V. m. § 317 Abs. 1 FamFG (vgl. zu dessen Funktionen Kapitel XV)
- die gerichtliche Pflicht zur persönlichen Anhörung des Minderjährigen vor Erlass der Entscheidung sowie die Verschaffung eines persönlichen Eindrucks von dem Minderjährigen, vgl. §§ 167 Abs. 1 i. V. m. 319 Abs. 1 FamFG
- die gerichtliche Pflicht zur *persönlichen* (also mündlichen) Anhörung
  - der Personensorgeberechtigten
  - der gesetzlichen Vertreter in persönlichen Angelegenheiten (also ggf. Vormund oder Ergänzungspfleger) sowie ebenfalls
  - ggf. der Pflegeltern, vgl. § 167 Abs. 4 FamFG
- die Gelegenheit zur Äußerung des zuständigen Jugendamts, vgl. §§ 167 Abs. 1 i. V. m. 320 FamFG
- die Einholung eines Gutachtens eines sachverständigen Arztes für Kinder- und Jugendpsychiatrie und -psychotherapie ggf. auch eines in der Heimerziehung ausgewiesenen Psychotherapeuten, Psychologen, Pädagogen oder Sozialtherapeuten, vgl. § 167 Abs. 6 i. V. m. § 321 FamFG.

12 Verwaltungsverfahren und Zuständigkeiten

§ 42 Abs. 6 SGB VIII weist darauf hin, dass die Fachkräfte des Jugendamts grundsätzlich nicht (selbst) zur Anwendung unmittelbaren Zwangs befugt sind, sondern zu diesem Zweck die Polizei hinzuziehen ist. Die Regelung enthält ferner einen Hinweis auf die Möglichkeiten unmittelbaren Zwangs einschließlich der Amtshilfe, die von den Polizeibehörden zu leisten ist, um den unmittelbaren Zwang durchzusetzen.

Über die Inobhutnahme entscheidet das Jugendamt, in der Regel durch schriftlichen oder mündlichen Bescheid, sog. Verwaltungsakt, § 33 Abs. 2 S. 1 SGB X. Beteiligte sind vor Erlass des Verwaltungsakt anzuhören, § 24 Abs. 1 SGB X. Allerdings kann von der Anhörung u. a. dann abgesehen werden, wenn eine sofortige Entscheidung wegen Gefahr im Verzug oder im öffentlichen Interesse notwendig erscheint, § 24 Abs. 2 Nr. 1 SGB X.

Mündliche Verwaltungsakte (bei der Inobhutnahme wegen der Dringlichkeit der Sachlage häufig notwendig) bedürfen unter den Voraussetzungen des § 33 Abs. 2 S. 2 SGB X (berechtigtes Interesse, unverzügliches Verlangen des Betroffenen) der schriftlichen Bestätigung. Die Entscheidung über die Inobhutnahme sollte aber grundsätzlich aus Gründen der Rechtssicherheit zumindest im Nachhinein schriftlich bestätigt werden. Dies gilt zumindest für eine Inobhutnahme gem. § 42 Abs. 1 S. 1 Nr. 2 SGB VIII gegen den Willen des Kindes/Jugendlichen bzw. bei freiheitsentziehenden Maßnahmen. Gem. § 80 Abs. 2 und Abs. 3 VwGO ist die sofortige Vollziehbarkeit des Verwaltungsakts in der Regel anzuordnen.

Sachlich zuständig für die Inobhutnahme ist gemäß § 85 Abs. 1 SGB VIII das Jugendamt als örtlicher Träger. Örtlich zuständig ist das Jugendamt, in dessen Bereich sich die/der Minderjährige vor Beginn der Maßnahme tatsächlich aufhält, § 87 SGB VIII.

Anerkannte freie Träger können vom öffentlichen Träger der Jugendhilfe gem. § 75 SGB VIII an der Inobhutnahme, die eine hoheitliche Aufgabe darstellt, beteiligt werden. Auch ist die Übertragung der Aufgabe der Inobhutnahme „zur Ausführung" möglich. Damit können anerkannte freie Träger also Aufgabenteile der Inobhutnahme, ggf. auch die gesamte Aufgabe der Inobhutnahme übernehmen.

Die sachliche Zuständigkeit des Familiengerichts folgt unmittelbar aus § 42 Abs. 1 und Abs. 2 SGB VIII. Diese Zuständigkeit bleibt für die Dauer der Inobhutnahme bis zur Entscheidung über den Antrag des Jugendamts gem. § 42 Abs. 3 S. 2 Nr. 2 SGB VIII bestehen.

Die örtliche Zuständigkeit des Familiengerichts ergibt sich aus § 152 Abs. 1 FamFG. Danach ist das Familiengericht örtlich zuständig, in dessen Bezirk der Minderjährige seinen gewöhnlichen Aufenthalt hat. Der „gewöhnliche" Aufenthalt des Kindes kann sich z. B. durch seinen ständigen Aufenthalt bei einem Elternteil in einem Internat oder in einer Pflegestelle ergeben.

Gut zu wissen – gut zu merken

Mit der Inobhutnahme eines Kindes/Jugendlichen kann das Jugendamt eine aktuelle Gefährdung für den betroffenen Minderjährigen abwenden. Diese Schutzmöglichkeit gestattet unter bestimmten Voraussetzungen insbesondere auch ein Vorgehen gegen Eltern (Herausnahme des Kindes/Jugendlichen aus dem elterlichen Haushalt). Sind die Eltern mit der Inobhutnahme nicht einverstanden und scheiden einvernehmliche Hilfemöglichkeiten aus, hat das Familiengericht über sorgerechtliche Konsequenzen (z. B. Entzug der Personensorge) zu entscheiden, mit der Folge, dass einem Ergänzungspfleger Hilfe zur Erziehung für das Kind/ den Jugendlichen gewährt wird.

Weiterführende Literatur

Kunkel, P.-C. (Hg.) (2011): Sozialgesetzbuch VIII. Kinder- und Jugendhilfe. Lehr- und Praxiskommentar. 4. Auflage 2011. Wiesbaden: Nomos.
Trenczek, T. (2008): Inobhutnahme, Krisenintervention und Schutzgewährung durch die Jugendhilfe. §§ 8a, 42 SGB VIII. 2. Auflage. Stuttgart: Boorberg.

B FAMILIENRECHT

V Elterliche Sorge

Was Sie in diesem Kapitel lernen können

Nach Darstellung der gesetzlichen Konzeption über das Entstehen des Sorgerechts verheirateter und lediger Eltern befasst sich dieses Kapitel im Wesentlichen mit den Inhalten des Sorgerechts.

Erziehungsziele und Erziehungsstil werden ebenso erörtert wie die Einzelheiten von Personensorge und Vermögenssorge. Damit werden die elterlichen Sorgerechtsaufgaben in ihrer Gesamtheit dargelegt und näher beschrieben.

1 Verfassungsrechtliche Vorgaben

Ehe und Familie stehen unter dem besonderen Schutz der staatlichen Ordnung. Dabei garantiert unsere Verfassung, dass Pflege und Erziehung der Kinder das natürliche Recht der Eltern und die zuvörderst ihnen obliegende Pflicht ist, vgl. Art. 6 Abs. 2 S. 1 GG.

Artikel 6 (Ehe, Familie, nicht eheliche Kinder)

(1) Ehe und Familie stehen unter dem besonderen Schutz der staatlichen Ordnung.
(2) Pflege und Erziehung der Kinder sind das natürliche Recht der Eltern und die zuvörderst ihnen obliegende Pflicht. Über ihre Betätigung wacht die staatliche Gemeinschaft.
(3) Gegen den Willen der Erziehungsberechtigten dürfen Kinder nur aufgrund eines Gesetzes von der Familie getrennt werden, wenn die Erziehungsberechtigten versagen oder wenn die Kinder aus anderen Gründen zu verwahrlosen drohen.
(4) ...
(5) ...

Hieraus folgt das Recht der Eltern, ihre Kinder nach eigenen Lebensvorstellungen auf der Grundlage des sog. Erziehungsvorrechts zu erziehen. Dieses Erziehungsrecht ist zugleich Ausdruck der elterlichen Verantwortung und darüber hinaus Inhalt des elterlichen Sorgerechts, das als ein dem Interesse des minderjährigen Kindes dienendes, als sog. „gesetzliches Schutzverhältnis" ausgestaltetes bzw. sog. „pflichtgebundenes absolutes Recht" bezeichnet wird.

Das Erziehungsrecht der Eltern ist als höchstpersönliches Recht nicht vererblich, jedoch seine *Ausübung* an Verwandte, die Schule, das Internat oder die Pflegeeltern übertragbar.

Über die Betätigung, also die Ausübung der Pflege und Erziehung durch die Eltern, wacht die staatliche Gemeinschaft, vgl. Art. 6 Abs. 2 S. 2 GG. Dies nennt man auch das „staatliche Wächteramt“. Der Staat hat also nur eine „Überwachungsfunktion“ zum Schutz der Kinder.

2 Grundsätze der elterlichen Sorge

Mit dem verfassungsrechtlich geschützten Sorgerecht ist ein „Erziehungs*ziel*“ im eigentlichen Sinne bewusst nicht vorgegeben. Dennoch schreiben bestimmte gesetzliche Bestimmungen einen „Erziehungs*stil*“ vor. Hierauf wird später noch im Einzelnen eingegangen.

Gem. § 1626 Abs. 1 BGB, und damit in gesetzlicher Konkretisierung von Art. 6 Abs. 2 GG, haben die Eltern die Pflicht und das Recht, für das minderjährige Kind zu sorgen (elterliche Sorge). Die elterliche Sorge umfasst die Sorge für die Person des Kindes (Personensorge) und das Vermögen des Kindes (Vermögenssorge).

§ 1626 BGB (Elterliche Sorge, Grundsätze)

(1) Die Eltern haben die Pflicht und das Recht, für das minderjährige Kind zu sorgen (elterliche Sorge). Die elterliche Sorge umfasst die Sorge für die Person des Kindes (Personensorge) und das Vermögen des Kindes (Vermögenssorge).
(2) Bei der Pflege und Erziehung berücksichtigen die Eltern die wachsende Fähigkeit und das wachsende Bedürfnis des Kindes zu selbstständigem verantwortungsbewusstem Handeln. Sie besprechen mit dem Kind, soweit es nach dessen Entwicklungsstand angezeigt ist, Fragen der elterlichen Sorge und streben Einvernehmen an.
(3) Zum Wohl des Kindes gehört in der Regel der Umgang mit beiden Elternteilen. Gleiches gilt für den Umgang mit anderen Personen, zu denen das Kind Bindungen besitzt, wenn ihre Aufrechterhaltung für seine Entwicklung förderlich ist.

Die Grundsätze über die elterliche Sorge gelten einheitlich für eheliche und nichteheliche Kinder. Bei miteinander verheirateten Eltern geht das Gesetz stillschweigend von einer gemeinsamen elterlichen Sorge aus.

Solange eine gemeinsame Sorge besteht, entscheiden beide Eltern zusammen und gleichberechtigt. Dies gilt auch für den Fall von Trennung oder Scheidung. Die gemeinsame Sorge bleibt nämlich erhalten, es sei denn, sie wird in Teilbereichen oder insgesamt aufgehoben und auf einen Elternteil (oder Pfleger bzw. Vormund) übertragen (hierzu später Kap. VI). Da beide Eltern in allen Bereichen der Personen- und Vermögenssorge gemeinsam zur Entscheidung berechtigt und verpflichtet sind, verlangt das Gesetz gem. § 1627 BGB, dass die Eltern die elterliche Sorge in eigener Verantwortung und in gegenseitigem Einvernehmen zum Wohle des Kindes ausüben und bei Meinungsverschiedenheiten versuchen müssen, sich zu einigen. Gelingt ihnen dies nicht, sind sie berechtigt, das Familiengericht anzurufen, das die Entscheidung sodann einem Elternteil überträgt,

§ 1628 BGB. Auch die Vertretung des Kindes erfolgt grundsätzlich durch die Eltern gemeinsam, sofern das Gesetz keine andere Regelung trifft, vgl. § 1629 BGB (hierzu später S. 65 ff.).

§ 1627 BGB (Ausübung der elterlichen Sorge)

Die Eltern haben die elterliche Sorge in eigener Verantwortung und in gegenseitigem Einvernehmen zum Wohl des Kindes auszuüben. Bei Meinungsverschiedenheiten müssen sie versuchen, sich zu einigen.

§ 1628 BGB (Gerichtliche Entscheidung bei Meinungsverschiedenheiten der Eltern)

Können sich die Eltern in einer einzelnen Angelegenheit oder in einer bestimmten Art von Angelegenheiten der elterlichen Sorge, deren Regelung für das Kind von erheblicher Bedeutung ist, nicht einigen, so kann das Familiengericht auf Antrag eines Elternteils die Entscheidung einem Elternteil übertragen. Die Übertragung kann mit Beschränkungen oder mit Auflagen verbunden werden.

§ 1629 BGB (Vertretung des Kindes)

(1) Die elterliche Sorge umfasst die Vertretung des Kindes. Die Eltern vertreten das Kind gemeinschaftlich; ist eine Willenserklärung gegenüber dem Kind abzugeben, so genügt die Abgabe gegenüber einem Elternteil. Ein Elternteil vertritt das Kind allein, soweit er die elterliche Sorge allein ausübt oder ihm die Entscheidung nach § 1628 übertragen ist. Bei Gefahr im Verzug ist jeder Elternteil dazu berechtigt, alle Rechtshandlungen vorzunehmen, die zum Wohl des Kindes notwendig sind; der andere Elternteil ist unverzüglich zu unterrichten.
(2) (...).

3 Elterliche Sorge nicht miteinander verheirateter Eltern

Sind die Eltern bei der Geburt ihres Kindes nicht miteinander verheiratet, erhält zunächst die Mutter das alleinige Sorgerecht. Allerdings ist ein gemeinsames Sorgerecht von Mutter und Vater dann vorgesehen, wenn beide Eltern übereinstimmend erklären, die Sorge gemeinsam übernehmen zu wollen, oder wenn sie einander heiraten.

Lehnt die Mutter die gemeinsame Sorge ab, bestand bislang für den Vater keine Möglichkeit, diese Ablehnung gerichtlich überprüfen zu lassen.

Am 3. Dezember 2009 hat deshalb der Europäische Gerichtshof für Menschenrechte in Straßburg entschieden, dass es gegen die Europäische Menschenrechtskonvention verstoße, dass (ledige) Väter bei Anwendung der deutschen Vorschriften keine Möglichkeit haben, eine Zustimmungsverweigerung der Mutter gerichtlich überprüfen zu lassen.

Am 21. Juli 2010 erklärte auch das Bundesverfassungsgericht die bisherigen Regelungen (§ 1626a Abs. 1 Nr. 1 BGB und § 1672 Abs. 1 BGB) für verfassungswidrig und mit Art. 6 Abs. 2 GG für unvereinbar. Weiterhin entschied das Gericht, dass bis zum Inkrafttreten einer gesetzlichen Neuregelung § 1626a BGB mit der Maßgabe anzuwenden ist, dass das Familiengericht den Eltern auf Antrag eines Elternteils die elterliche Sorge oder einen Teil der elterlichen Sorge gemeinsam überträgt, wenn zu erwarten ist, dass dies dem Kindeswohl entspricht. Ferner sei § 1672 BGB bis zum Inkrafttreten der gesetzlichen Neuregelung mit der Maßgabe anzuwenden, dass das Familiengericht dem Vater auf Antrag eines Elternteils die elterliche Sorge oder einen Teil der elterlichen Sorge übertrage, soweit eine gemeinsame elterliche Sorge nicht in Betracht komme und zu erwarten sei, dass dies dem Kindeswohl am besten entspreche.

Im Einzelnen führt das Gericht aus, dass es verfassungsrechtlich nicht zu beanstanden sei, dass das elterliche Sorgerecht für ein nichteheliches Kind von Gesetzes wegen zunächst allein auf die Mutter übertragen werde. Der Gesetzgeber greife jedoch dadurch unverhältnismäßig in das Elternrecht des Vaters eines nichtehelichen Kindes ein, dass der Vater generell von der Sorgetragung für sein Kind ausgeschlossen sei, *wenn die Mutter des Kindes ihre Zustimmung zur gemeinsamen Sorge mit dem Vater oder zu dessen Alleinsorge für das Kind verweigere, ohne dass dem Vater die Möglichkeit eingeräumt sei, gerichtlich überprüfen zu lassen*, ob er aus Gründen des Kindeswohls an der elterlichen Sorge zu beteiligen oder ihm, auch in Abwägung seines Elterrechts mit dem der Mutter, die alleinige Sorge für das Kind zu übertragen sei, vgl. Bundesverfassungsgericht, FamRZ 2010, 1403 ff.

Seitdem arbeitet der Gesetzgeber an einer Neukonzeption des Sorgerechts von nicht miteinander verheirateten Eltern.

Wann die Diskussion abgeschlossen sein wird, ist bei Drucklegung noch nicht erkennbar. Aufgrund der Beschlusslage der Bundesregierung besteht jedenfalls die gesetzgeberische Absicht, die Rechte lediger Väter zu stärken, indem es einfacher und auch schneller zu einem gemeinsamen Sorgerecht lediger Eltern kommen soll. Für den Fall, dass die Mutter einem gemeinsamen Sorgerecht widerspricht, ist geplant, dem Vater ein Wahlrecht einzuräumen, und zwar

- entweder das Familiengericht direkt anzurufen

oder

- mit Hilfe des Jugendamts eine Einigung mit der Mutter anzustreben und im Falle verbleibender Ablehnung der Mutter eine gerichtliche Klärung und Entscheidung herbeizuführen.

Dabei soll das gerichtliche Verfahren beschleunigt durchgeführt werden, indem das Familiengericht ohne Anhörung von Jugendamt und Eltern schriftlich entscheiden soll. Diese schriftliche Entscheidung soll dann erfolgen, wenn die Mutter nicht innerhalb von sechs Wochen zum Sorgerechtsantrag des Vaters Stellung nimmt oder ihre Ablehnungsgründe inhaltlich mit dem Kindeswohl nichts zu tun haben. Im Ergebnis soll der Vater vom Familiengericht immer dann das gemeinsame Sorgerecht (mit-) erhalten, wenn keine gegenteiligen sachlichen Gründe erkennbar sind.

3.1 Die derzeitige Rechtslage im Überblick

Durch die vorläufigen Anordnungen, die das Bundesverfassungsgericht in seiner oben genannten Entscheidung für die Zeit bis zur gesetzlichen Neuregelung getroffen hat, besteht schon jetzt für die fraglichen Väter die Möglichkeit, bei Zustimmungsverweigerung der Mutter eine gerichtliche Übertragung der elterlichen Sorge zu beantragen. Dabei gilt *bis zur gesetzlichen Neuregelung* folgende Rechtslage:

- Sind die Eltern bei der Geburt ihres Kindes nicht miteinander verheiratet, erhält zunächst die Mutter aufgrund der bestehenden gesetzlichen Regelungen das alleinige Sorgerecht.
- Besteht zwischen den Eltern Einigkeit, dass sie gemeinsam die elterliche Sorge ausüben wollen, können sie entsprechend der gesetzlichen Regelung entsprechende übereinstimmende Sorgeerklärungen abgeben. Diese übereinstimmenden Sorgeerklärungen müssen öffentlich beurkundet werden, und zwar durch das Jugendamt oder den Notar.
- Verweigert die Mutter ihre Zustimmung *zur gemeinsamen Sorge*, während der Vater eine gemeinsame Sorge wünscht, und kommt deshalb eine übereinstimmende Sorgeerklärung nicht zustande, kann der Vater die Entscheidung des Familiengerichts beantragen, und zwar gleichgültig, seit wann die gemeinsame Sorge verweigert wird. Gleichgültig ist ferner, welches Alter das Kind hat. Soweit zu erwarten ist, dass die Übertragung des gemeinsamen Sorgerechtes oder eines Teils davon dem Kindeswohl entspricht, überträgt das Familiengericht den Eltern das gemeinsame Sorgerecht. Nach der Vorgabe des Bundesverfassungsgerichts sollen dabei die Belange des Kindes maßgebliche Berücksichtigung finden, die Zugangsvoraussetzung zur gemeinsamen Sorge jedoch nicht zu hoch angesetzt werden.
- Leben die Eltern dauerhaft getrennt und verweigert die alleinsorgeberechtigte Mutter die Zustimmung zur Übertragung der *Alleinsorge* auf den Vater, kann der Vater nach der Vorgabe des Bundesverfassungsgerichts ebenfalls ein familiengerichtliches Verfahren anstrengen. In einem solchen Verfahren auf Übertragung der Alleinsorge von der Mutter auf den Vater des nicht ehelichen Kindes ist dabei zunächst zu prüfen, ob nicht eine gemeinsame Sorge in Betracht kommt. Erst wenn dies nicht der Fall ist und wenn gleichzeitig zu erwarten ist, dass die Übertragung der Alleinsorge auf den Vater – teilweise oder ganz – dem Kindeswohl am Besten entspricht, ist sie vorzunehmen. In diesem Fall hat das Familiengericht dann unabhängig von der Zustimmung der Mutter dem Vater die alleinige elterliche Sorge oder einen Teil hiervon zu übertragen, weil eine gemeinsame elterliche Sorge nicht in Betracht kommt und zu erwarten ist, dass dies dem Kindeswohl am Besten entspricht, vgl. zur derzeitigen Rechtslage: Bundesministerium der Justiz, „Sorgerecht nicht miteinander verheirateter Eltern, Fragen und Antworten“, Internetauftritt Bundesministerium der Justiz.

3.2 Die Abgabe der Sorgeerklärung

Eltern, die nicht miteinander verheiratet sind, können gem. § 1626a Abs. 1 Nr. 1 BGB erklären, dass sie „die Sorge gemeinsam übernehmen wollen (Sorgeerklärung)“. Ungeachtet der Verfassungswidrigkeit der Regelung besteht nicht die verfassungsrechtliche Notwendigkeit bzw. die gesetzgeberische Absicht, an der grundsätzlichen Konzeption der Sorgerechtsklärungen an sich Änderungen vorzunehmen. Solche Sorgeerklärungen sind öffentlich zu beurkunden, vgl. § 1626d Abs. 1 BGB. Die Beurkundung beim Jugendamt ist kostenfrei, beim Notar hingegen kostenpflichtig. Die Sorgeerklärungen dürfen nicht unter einer Bedingung oder unter einer Zeitbestimmung abgegeben worden sein. In diesem Falle sind sie unwirksam, vgl. § 1626b Abs. 1 BGB. Die Sorgeerklärung kann schon vor der Geburt des Kindes abgegeben werden, vgl. § 1626b Abs. 2 BGB; sie darf allerdings nicht im Widerspruch zu einer Entscheidung des Familiengerichts über die elterliche Sorge stehen, vgl. § 1626b Abs. 3 BGB i.V.m. § 1696 Abs. 1 bzw. §§ 1671, 1672 BGB.

Wegen der Bedeutung der Sorgeerklärungen müssen die Eltern die Sorgeerklärung selbst abgeben (Grundsatz der Höchstpersönlichkeit), vgl. § 1626c Abs. 1 BGB. Ist ein Elternteil beschränkt geschäftsfähig, braucht er dazu die Zustimmung seines gesetzlichen Vertreters. Diese kann allerdings auf Antrag vom Familiengericht ersetzt werden, wenn die Sorgeerklärung dem Wohl des Elternteils nicht widerspricht, vgl. § 1626c Abs. 2 BGB.

3.3 Zur Beurkundung der Sorgeerklärung

Die Beurkundungsperson muss die Sorgeerklärung dem zuständigen Jugendamt (hierzu gleich) zwecks möglicher Auskunftserteilung (§ 58a SGB VIII) mitteilen, vgl. § 1626d Abs. 2 BGB. Die beurkundende Stelle kann sowohl ein Notar sein, üblicherweise ist dies aber die Urkundsperson eines inländischen Jugendamts, wobei jedes inländische Jugendamt, unabhängig vom tatsächlichen Aufenthalt von Eltern und Kind, zuständig ist, vgl. § 59 Abs. 1 S. 1 Nr. 8 i.V.m. § 87e SGB VIII.

Eltern und gesetzlicher Vertreter sind vor Abgabe der Sorgeerklärung bzw. der Zustimmung über die Bedeutung der Sorgeerklärungen und die damit verbundenen sorgerechtlichen Folgen – wie bei anderen wichtigen familienrechtlichen Erklärungen (z.B. bei der Anerkennung der Vaterschaft) – zu belehren, vgl. § 1 Abs. 1 und 2 i.V.m. § 17 Abs. 1 BeurkG. Ist die Sorgeerklärung beurkundet, hat die beurkundende Stelle die Sorgerklärung unverzüglich dem für den Geburtsort des Kindes zuständigen Jugendamt mitzuteilen, vgl. § 87c Abs. 6 S. 2 i.V.m. § 88 Abs. 1 S. 2 SGB VIII.

3.4 Unwirksamkeit der Sorgeerklärung

Eine Sorgeerklärung bzw. eine notwendige Zustimmung hierzu ist nur unwirksam, wenn sie den gesetzlichen Vorschriften von §§ 1626b bis 1626d BGB widerspricht. Dies bedeutet, dass die Gründe für die Unwirksamkeit einer Sorgeerklärung stark eingeschränkt sind. Ein Elternteil kann sich daher auch nicht auf sonstige Willensmängel berufen und die Sorgeerklärung z. B. wegen Irrtums, Täuschung oder Drohung anfechten.

4 Personensorge und Vermögenssorge als Teile der elterlichen Sorge

Die elterliche Sorge umfasst gem. § 1626 Abs. 1 BGB die Personensorge und die Vermögenssorge, darüber hinaus auch die Vertretung des Kindes, vgl. § 1629 Abs. 1 S. 1 BGB.

Gem. § 1626 Abs. 1 S. 1 BGB haben die Eltern die Pflicht und das Recht, für das minderjährige Kind zu sorgen (elterliche Sorge).

Damit steht die elterliche Verantwortung mit Ihrem *Pflichtcharakter* im Vordergrund der elterlichen Sorge.

4.1 Inhalt der Personensorge

Was im Einzelnen zur Personensorge zählt, ergibt sich wiederum aus § 1631 Abs. 1 BGB. Danach umfasst die Personensorge „insbesondere" die Pflicht und das Recht, das Kind zu pflegen, zu erziehen, zu beaufsichtigen und seinen Aufenthalt zu bestimmen. Der Hinweis, dass die Personensorge „insbesondere" die genannten Pflichten umfasst, bedeutet, dass die Aufzählung keinesfalls vollständig ist. Wegen des unüberschaubaren großen Handlungsbereichs nennt das Gesetz nur die wesentlichen Bestandteile der Personensorge. So gehören hierzu z. B. auch die Befugnis der Eltern zur Bestimmung des Namens des Kindes, seines Umgangs mit Dritten bzw. bei Alleinsorge mit dem anderen Elternteil, die Schulauswahl oder die Geltendmachung von Unterhaltsansprüchen. Wie schon erwähnt, handelt es sich nur um eine beispielhafte Aufzählung, da eine vollständige und abschließende Konkretisierung der Inhalte der Personensorge kaum möglich ist.

§ 1631 BGB (Inhalt und Grenzen der Personensorge)

(1) Die Personensorge umfasst insbesondere die Pflicht und das Recht, das Kind zu pflegen, zu erziehen, zu beaufsichtigen und seinen Aufenthalt zu bestimmen.
(2) Kinder haben ein Recht auf gewaltfreie Erziehung. Körperliche Bestrafungen, seelische Verletzungen und andere entwürdigende Maßnahmen sind unzulässig.
(3) Das Familiengericht hat die Eltern auf Antrag bei der Ausübung der Personensorge in geeigneten Fällen zu unterstützen.

4.1.1 Zur Pflege des Kindes

Soweit es um die Pflege des Kindes geht, ist hier die körperliche Betreuung besonders angesprochen. Die herausragende Bedeutung der Pflege des Kindes ergibt sich auch daraus, dass das Gesetz die Barunterhaltspflicht, gemeint ist die Pflicht, durch Unterhaltszahlungen den finanziellen Unterhaltsbedarf des Kindes sicher zu stellen, und die Betreuungspflicht der Eltern, also Pflege, Erziehung, persönliche Versorgung usw., als gleichrangig bzw. gleich wichtig ansieht, vgl. § 1606 Abs. 3 S. 2 BGB. Mit dieser Vorschrift stellt das Gesetz klar, dass derjenige Elternteil, der das minderjährige Kind betreut, seine Verpflichtung, zum Unterhalt des Kindes beizutragen, in der Regel durch die Pflege und die Erziehung des Kindes erfüllt.

Zur Pflege des Kindes gehört insgesamt die Sorge für das körperliche und seelische Wohlbefinden des Kindes. Gemeint sind die Beköstigung, die Kleidung des Kindes, das Verschaffen von Wohnraum und die Sicherstellung von Gesundheit und Hygiene.

Gerade bei Hygiene und Ernährung ergeben sich häufiger besondere Probleme: Hier kann es unter Umständen fraglich sein, ob die Eltern ihren Pflichten zur körperlichen Betreuung des Kindes (Hygiene und Ernährung) in hinreichender Form nachkommen.

So wird z.B. in den letzten Jahren immer wieder das Problem übergewichtiger Kinder öffentlich thematisiert, das (bekanntlich) nur erfolgreich angegangen werden kann, wenn Kinder und Jugendliche altersgemäß angesprochen und die Eltern vor allem entsprechend eingebunden werden. Gerichtliche Vorgaben kommen aufgrund der elterlichen Erziehungsfreiräume jedoch nur in Ausnahmefällen in Betracht (z.B. bei kindeswohlgefährdendem Verhalten der Eltern gem. § 1666 BGB).

In Anbetracht des Bewusstseinwandels im Hinblick auf die Gesundheitsgefährdung eines Kindes durch Rauchen der Eltern ist ferner eine – allerdings mit Rücksicht auf die aktuelle Diskussion zurückliegende – gerichtliche Entscheidung von Interesse, nach der die durch das Rauchen der Eltern bedingten Auswirkungen auf das Kind familiengerichtliche Maßnahmen gem. § 1666 BGB nur dann rechtfertigen können, wenn das Passivrauchen für das Kind etwa wegen außergewöhnlicher Veranlagungen oder wegen Krankheiten eine konkrete besondere Gefährdung darstellt, die über die für das Passivrauchen allgemein angenommene Gefahr erheblich hinausgeht (vgl. Bayerisches Oberstes Landesgericht, FamRZ 1993, 1350ff. (1351)).

Grundsätzlich ist demgegenüber aber von Vernachlässigung eines Kindes auszugehen, wenn der Sorgeberechtigte durch mangelhafte Ernährung und fehlende medizinische Vorsorge die Verwahrlosung des Kindes hinnimmt.

Betrachtet man in Bezug auf die Ernährung die aktuellen Erfolge der amerikanischen Fast-Food-Industrie (mit kalorienreicher Kost!), die mit gesünderer Kost auf dem US-Markt hingegen schlicht gescheitert ist (!), wird deutlich, wie weit die Vorstellungen von verständiger und gesunder Ernährung auseinander liegen (vgl. Westdeutsche Zeitung vom 10. August 2006 „Monster-Burger: Essen bis der Arzt kommt"). Ungesunde Ernährung (aus medizinischer bzw. ernährungswissenschaftlicher Sicht einseitige oder unsachgemäße Art der Ernährung) rechtfertigt daher für sich genommen keinen staatlichen Eingriff nach § 1666 BGB, ebenso wenig wie eine gefahrgeneigte sportliche Betätigung des Kindes, die von den Eltern geduldet oder gefördert wird. Für die Annahme einer Kindeswohlgefährdung muss vielmehr eine konkrete gesundheitliche Gefährdung durch falsche, statt gebotener Nahrung hinzutreten, wie z.B. unzuträgliche Nahrung wegen Überempfindlichkeit bzw. Allergie auf darin enthaltene Stoffe, womit ein Bezug zu einer konkreten gesundheitlichen Gefährdung des Kindes hergestellt werden kann.

Anhand der aufgeführten Beispiele wird die Bandbreite des Handelns von Eltern deutlich, die einerseits im Rahmen von § 1626 Abs. 1 BGB „Pflege und Erziehung" ihres minderjährigen Kindes wahrnehmen, und andererseits ein elterliches Handeln, das bereits die Annahme kindeswohlgefährdenden Verhaltens nahe legt und damit ein staatliches Eingreifen gem. § 1666 Abs. 1 BGB notwendig macht.

4.1.2 Die Erziehung des Kindes

Die „Erziehung" des Kindes bezieht sich auf die sittliche, geistige und seelische Entwicklung des Kindes. Durch die Erziehung soll das Kind zu einer selbstständigen verantwortungsbewussten Persönlichkeit heranreifen. Diese Entwicklung sollen die Eltern mit ihrer Erziehung u.a. dadurch gewährleisten, dass sie die wachsende Fähigkeit und das wachsende Bedürfnis des Kindes zu selbstständigem und verantwortungsbewusstem Handeln berücksichtigen, vgl. § 1626 Abs. 2 S. 1 BGB. Dieser Hinweis bezieht sich im Übrigen ebenfalls auf die Pflege durch die Eltern. Zudem sollen die Eltern mit dem Kind Fragen der elterlichen Sorge besprechen und dabei mit dem Kind Einvernehmen anstreben, soweit dies nach dem Entwicklungsstand des Kindes angezeigt ist, vgl. § 1626 Abs. 2 S. 2 BGB.

Zur Erziehung gehört neben dem Recht zur Bestimmung der Konfession auch die religiöse Erziehung. Allerdings wird das Kind nach dem Gesetz über die religiöse Kindererziehung früher mündig (vgl. hierzu im Einzelnen später).

Ganz allgemein fällt unter die Erziehung auch die Entscheidung der Eltern in Fragen des Sports, der Freizeitunterhaltung, der Schulausbildung bzw. des Abschlusses des Lehrvertrages und – selbstverständlich – der Berufswahl des Kindes; für letztere sieht das Gesetz sogar eine eigenständige Regelung vor, vgl. § 1631a BGB.

Neben den schon genannten Bereichen gehört zu den Aufgaben der Pflege und Erziehung z.B. auch die Veranlassung ärztlicher Maßnahmen einschließlich der Impfungen des Kindes.

In die Sterilisation eines Kindes können die Eltern nicht einwilligen, ebenso wenig das Kind selbst, vgl. § 1631c BGB. Wegen der Bedeutung dieser Frage ist dies im Gesetz ausdrücklich geregelt und die Sterilisation Minderjähriger grundsätzlich und ausnahmslos verboten.

4.1.3 Die Aufsichtspflicht der Eltern

§ 1631 Abs. 1 BGB nennt im Rahmen der Personensorge auch die Pflicht und das Recht der Eltern, das Kind zu beaufsichtigen. Die Aufsicht der Eltern über das Kind soll sowohl dem Schutz des Kindes dienen, andererseits aber auch Dritte vor Schaden durch das Kind schützen.

Der Umfang der Beaufsichtigung bestimmt sich letztlich nach dem Alter und der Verständigkeit des Kindes. Soweit die Aufsicht den Schutz des Kindes selbst vor Schaden angeht, haben die Eltern dafür Sorge zu tragen, dass das Kind sich

z. B. nicht durch gefährliche Spielsachen oder Gift, Feuer selbst schädigt. In diesem Zusammenhang obliegt es den Eltern seit langjährig gefestigter höchstrichterlicher Rechtsprechung auch, sich im weitesten Sinne darum zu kümmern, wie das Kind seine Freizeit gestaltet. Auch haben die Eltern die Pflicht, sich im Rahmen ihrer Aufsicht darum zu kümmern, ihre Kinder ganz allgemein auf den Straßenverkehr vorzubereiten. Darüber hinaus obliegt ihnen bei *konkretem* Anlass auch eine *konkrete* Beaufsichtigung. Insgesamt gesehen wird die Intensität der elterlichen Aufsicht von der Rechtsprechung sehr differenziert beurteilt.

Im Hinblick auf die elterliche Aufsichtspflicht bei einem geistig retardierten Kind stellt die Rechtsprechung jedenfalls dann erhöhte Anforderungen, wenn das Kind schwere Verhaltensstörungen mit ausgeprägter Aggressionsbereitschaft aufweist.

Ganz allgemein zum Umfang der elterlichen Aufsichtspflicht bei jüngeren Kindern sowie zu den Anforderungen an die allgemeine Aufklärungspflicht über Gefahren von Feuer hat der Bundesgerichtshof folgendes ausgeführt:

„Das Maß der gebotenen Aufsicht über Minderjährige bestimmt sich nach Alter, Eigenart und Charakter, wobei sich die Grenze der erforderlichen und zumutbaren Maßnahmen danach richtet, was verständige Eltern nach vernünftigen Anforderungen in der konkreten Situation tun müssen, um derartige Schädigungen Dritter, wie sie in Frage stehen, durch ihr Kind zu verhindern. (...) Insbesondere hängt es von den Eigenheiten des Kindes und seinem Erziehungsstand ab, in welchem Umfang allgemeine Belehrungen und Verbote ausreichen oder deren Beachtung überwacht werden muss. Dabei ist zu berücksichtigen, dass der Erziehungserfolg und das Maß der anzuwendenden Aufsicht in einer Wechselbeziehung stehen: Je geringer der Erziehungserfolg, umso intensiver muss die Aufsicht und Überwachung sein. Nach dem Vortrag der Beklagten war M. bis zu diesem Vorfall normal entwickelt und nicht durch besondere Unarten, insbesondere im Umgang mit Streichhölzern, aufgefallen. Deshalb ist auf die Anforderungen an die Aufsicht über einen normal entwickelten achteinhalbjährigen Jungen in ländlicher Gegend abzustellen. In diesem Alter verbietet sich aber nicht nur, wie das Berufungsgericht meint, eine Überwachung ‚auf Schritt und Tritt', sondern auch eine regelmäßige Kontrolle in kurzen, etwa halbstündigen Zeitabständen, wie sie beispielsweise bei einem Kleinkind erforderlich sind. Grundsätzlich muss Kindern im Alter von acht bis neun Jahren, wenn sie normal entwickelt sind, das Spielen im Freien ohne Aufsicht auch in einem räumlichen Bereich gestattet sein, der den Eltern ein sofortiges Eingreifen nicht ermöglicht. Zum Spiel der Kinder gehört auch, Neuland zu entdecken und zu ‚erobern'. Dies braucht ihnen, wenn damit nicht besondere Gefahren für das Kind oder für andere verbunden sind, nicht allgemein untersagt zu werden. Vielmehr muss bei Kindern dieser Altersstufe, die in der Regel auch den Schulweg allein zurücklegen, im allgemeinen genügen, dass die Eltern sich über das Tun und Treiben in großen Zügen einen Überblick verschaffen, sofern nicht konkreter Anlass zu besonderer Vorsorge besteht. Andernfalls würde jede vernünftige Entwicklung des Kindes, insbesondere der Lernprozess im Umgang mit der Gefahr, gehemmt. (...) Eine allgemeine Pflicht der Eltern, Kinder dieses Alters jeweils nach der Rückkehr von einer Unternehmung zu befragen, was sie im Einzelnen gemacht haben, besteht nicht.

Eine solche Anforderung an die Sorgfaltspflicht würde den notwendigen Entwicklungsprozess zur Selbstständigkeit stören und auch der Lebenswirklichkeit nicht entsprechen. (...) Schließlich kann den Beklagten (Eltern, der Verf.) auch nicht unterstellt werden, sie wären ihrer Aufsichtspflicht auch ‚im allgemeinen' nicht nachgekommen. Zwar sind die Anforderungen an die Aufklärungspflicht der Kinder über die Gefahren eines Brandes, insbesondere also im Umgang mit Streichhölzern, streng. Die – nicht seltene – Verursachung eines Brandes durch spielende Kinder gehört nicht primär zum von der Allgemeinheit zu tragenden Lebensrisiko. Vielmehr soll das Risiko, das von Kindern für Dritte ausgeht, nach dem Grundgedanken des § 832 BGB in erster Linie von den Eltern getragen werden, denen es eher zuzurechnen ist als dem unbeteiligten Dritten, und die als Erziehungspflichtige auch die Möglichkeit haben, dem Kind die notwendigen Erkenntnisse über die Gefährlichkeit eines Feuers, gerade innerhalb eines Gebäudes, zu vermitteln. Von welcher Art und Weise ihres Vorgehens sie sich hierfür den besten pädagogischen Erfolg versprechen, ist weitgehend ihrer Entscheidung vorbehalten. (...)" (vgl. BGH, Urteil vom 10.07.1984, AZ: ZR 273/82 – NJW 1984, 2574 ff.).

Zu den Anforderungen an die Aufsichtspflicht über einen fast volljährigen Sohn hat der Bundesgerichtshof entschieden:

„Es steht außer Streit, dass der damals minderjährige Sohn des Beklagten die schwere Augenverletzung des Klägers verschuldet hat und für die Folgen einstehen muss. Der beklagte Vater ist nur dann von der Ersatzpflicht, die ihn als aufsichtspflichtigen Vater nach § 832 BGB trifft, durch Führung des Entlastungsbeweises des § 832 S. 2 BGB befreit, wenn er entweder seiner Aufsichtspflicht genügt hat oder wenn der Schaden bei gehöriger Aufsichtsführung entstanden sein würde. (...) Das Berufungsgericht überspannt die Anforderungen, die an die Aufsichtpflicht des Vaters eines 17 3/4 Jahre alten Jungen zu stellen sind, wenn es von ihm verlangt, er habe den abendlichen Besuch von Gaststätten schlechthin unterbinden müssen. Allerdings ist bei Minderjährigen, die zu üblen Streichen oder Straftaten neigen, eine erhöhte Aufsichtspflicht geboten. Auch bei älteren Kindern muss die Aufsicht umso intensiver sein, je geringer der bisherige Erziehungserfolg ist. Ist der zu Beaufsichtigende gar bereits straffällig geworden, so muss sich die Aufsichtspflicht insbesondere darauf erstrecken, was er in seiner Freizeit tut und mit welchen Freunden und Kreisen er verkehrt. Andererseits sind der Überwachung, vor allem bei älteren Jugendlichen, naturgemäß Grenzen gesetzt; beispielsweise braucht ein 13 1/2 jähriger Gymnasiast, insbesondere auch beim Spiel mit gleichaltrigen Kameraden, nicht mehr ständig beaufsichtigt zu werden. Es wäre lebensfremd, vom Vater eines fast 18jährigen Sohnes zu verlangen, er könne diesem generell verbieten, in seiner Freizeit Gaststätten oder Partys zu besuchen. (...) Der Aufsichtspflichtige kann und muss sich darum bemühen, auch bei einem nahezu 18jährigen Jugendlichen einen gewissen Einfluss auf dessen Lebensführung zu behalten und muss ihm unter Umständen abraten, den Umgang mit Menschen zu pflegen, die ihn in schlechter Weise beeinflussen oder gar zur Begehung von Straftaten verführen oder zu Schlägereien anreizen. Vor allem muss er, wenn besondere Umstände dies gebieten (wie beim Besitz von Waffen, Wurfpfeilen, Feuerwerkskörper oder bei einer Neigung zu Schlägereien) dessen Freizeitgestaltung überwachen, und wird sich auch darum kümmern müssen, ob die Umstände eines bestimmten Treffpunktes die bezeichneten Gefahren aller Voraussicht nach mit sich bringen. Welche Maßnahmen er im einzelnen zur Behebung derartiger Gefahren in zumutbarer Weise zu treffen hat, lässt sich nur an Hand der Umstände des einzelnen Falles beurteilen. Allerdings wird zu beachten sein, dass bei der Beurteilung dessen, was nach den Anforderungen des § 832 BGB als der Aufsichtspflicht ‚genügend' erscheint, in Abwägung mit dem insgesamt angestrebten Erziehungsziel, dem Jugendlichen zur Entwicklung seiner Persönlichkeit zu verhelfen und ihn in selbstständiges verantwortungsbewusstes Handeln einzuüben, gesehen werden muss, wie es nunmehr in §§ 1626 Abs. 2, 1631 BGB (...) seinen gesetzlichen Niederschlag gefunden hat. So kann es unter Umständen angezeigt sein, um nicht den Kontakt zum Jugendlichen und die Einflussmöglichkeiten auf ihn zu verlieren, keine allzu große Strenge walten zu lassen und nicht auf strikte Einhaltung elterlicher Weisungen oder Empfehlungen zu bestehen. Auch kann die vorauszusehende Erfolglosigkeit einer Maßnahme deren Anordnung untunlich machen. Insgesamt wird der Richter bei der Haftbarmachung den Eltern oder sonstigen Erziehungsberechtigten aus § 832 BGB diesen einen gewissen Freiraum vertretbarer pädagogischer Maßnahmen lassen müssen. Daran ändert auch der Umstand nichts, dass das Gesetz dem Erziehungsberechtigten den Entlastungsbeweis auferlegt hat. In Anbetracht dieser Rechtsgrundsätze durfte das Berufungsgericht dem Beklagten nicht zum Vorwurf machen, seinem Sohn den Besuch der Gaststätte A. nicht untersagt und ihm nicht die dafür erforderlichen Geldmittel schlechthin entzogen zu haben. Da von jenem Lokal als solchem keine besondere Gefährdung für den Jungen, auch keine nachteilige Beeinflussung durch andere Stammgäste ausging, bestand für den Beklagten kein zureichender Anlass, seinem Sohn gerade den Besuch dieses Lokals zu verbieten. Ebenso wenig gab der vorherige Vorfall ihm schon Grund, etwa vorsorglich ein allgemeines Besuchsverbot für alle Gaststätten auszusprechen. Eine solche Maßnahme wäre über das Ziel zumutbarer, nämlich möglicher und auch durchführbarer Anordnungen hinausgegangen" (vgl. Bundesgerichtshof, Urteil vom 27.11.1979, AZ: VI ZR 98/78, NJW 1980, 1044 ff.).

4.1.4 Aufenthaltsbestimmung

Das Recht, im Rahmen der Personensorge den Aufenthalt zu bestimmen, umfasst die Festlegung des Wohnortes des Kindes, z. B. bei Großeltern, im Schulinternat, bzw. bei einem Ferienaufenthalt, aber auch in einer geschlossenen Einrichtung oder Klinik.

4.2 Vermögenssorge

Neben der Personensorge obliegt den Eltern gem. § 1626 Abs. 1 S. 2 BGB auch die Vermögenssorge. Sie umfasst alle notwendigen tatsächlichen und rechtlichen Maßnahmen, um das gesamte Kindesvermögen zu verwalten. Zweck der Verwaltung muss es sein, das Kindesvermögen zu erhalten, das Kindesvermögen also zu schützen und Schulden zu vermeiden. Die Einzelheiten der Vermögenssorge sind in den §§ 1638 bis 1649 BGB geregelt, der Schutz des Kindesvermögens bzw. die hierauf gerichteten Maßnahmen in §§ 1666 Abs. 2 bzw. 1667 BGB. Wegen der mangelnden praktischen Bedeutung bedarf es hierzu keiner vertiefenden Ausführungen. Erwähnenswert ist allenfalls, dass die dem Kind im Rahmen des Taschengeldes überlassenen Mittel verwaltungsfrei sind, vgl. § 110 BGB. Voraussetzung ist insoweit allerdings, dass die Eltern dem Kind die Mittel entsprechend überlassen haben. Haben die Eltern ferner der Eröffnung und Verfügung eines Lohnkontos durch das Kind zugestimmt, sind auch Verfügungen über dessen Guthaben verwaltungsfrei. Zum Kindesvermögen gehören im Übrigen z. B. auch Renten sowie entsprechende Einkünfte hieraus.

5 Die gesetzliche Vertretung

Die elterliche Sorge umfasst ferner die Vertretung des Kindes, wobei die Eltern das Kind prinzipiell gemeinschaftlich vertreten, vgl. § 1629 Abs. 1 S. 2 1. HS BGB.

5.1 Überblick

Die elterliche Vertretungsmacht bezieht sich auf alle Rechtsgeschäfte, also z. B. den Abschluss eines Arztvertrags, die Einwilligung in ärztliche Maßnahmen usw. Übt ein Elternteil die elterliche Sorge allein aus, vertritt er auch das Kind allein, ebenso, wenn ihm gem. § 1628 BGB des Alleinentscheidungsrecht vom Gericht übertragen worden ist, § 1629 Abs. 1 S. 3 BGB. Ist (z. B. von einer dritten Person) eine Willenserklärung gegenüber dem Kind abzugeben, genügt (zur ausreichenden Vertretung) die Abgabe der Willenserklärung gegenüber einem Elternteil, vgl. § 1629 Abs. 1 S. 1 BGB.

5.2 Notvertretungsrecht

Für den Notfall, also z. B. bei Krankheit, Urlaub oder Unfall, hat jeder Elternteil ein sog. Notvertretungsrecht, vgl. § 1629 Abs. 1 S. 4 BGB. Danach ist er berechtigt, alle Rechtshandlungen vorzunehmen, die zum Wohl des Kindes notwendig sind. Der andere Elternteil ist dabei unverzüglich zu benachrichtigen. Das Gesetz spricht hier von einer Handlungsbefugnis bei Gefahr in Verzug. Gefahr im Verzug im Sinne des Gesetzes liegt z. B. vor, wenn die Mitwirkung des anderen Elternteils, also insbesondere die Zustimmung des anderen Elternteils, nicht eingeholt werden kann, ohne dass der Zweck der Maßnahme (z. B. Operation) gefährdet würde. Voraussetzung für ein solches Notvertretungsrecht ist also der Umstand, dass dem Kind durch ein Nichthandeln des Elternteils gesundheitliche oder wirtschaftliche Nachteile von erheblichem Ausmaß drohen. War die Notwendigkeit der Maßnahme jedoch vorher absehbar, kann ein Notvertretungsrecht nicht bejaht werden.

5.3 Ausschluss der Vertretung

Unter bestimmten Voraussetzungen können die Eltern das Kind jedoch nicht vertreten. Dies gilt z.B. in den Fällen, in denen auch ein Vormund von der Vertretung des Kindes ausgeschlossen wäre, vgl. § 1629 Abs. 2 S. 1 i.V.m. § 1795 BGB. Man spricht hier von einem Ausschluss des Vertretungsrechts kraft Gesetzes. Gem. § 1795 BGB scheidet eine wirksame Vertretung in vier Fällen wegen der Gefahr von Interessenkollisionen aus:

- Bei einem Rechtsgeschäft des Kindes mit einem Verwandten der Eltern in gerader Linie, es sei denn, das Geschäft beschränkt sich auf die Erfüllung einer Verpflichtung, vgl. § 1795 Abs. 1 Nr. 1 BGB.
- Bei einem Rechtsgeschäft über eine dingliche oder durch Bürgschaft gesicherte Forderung des Kindes gegen die Eltern, vgl. § 1795 Abs. 1 Nr. 2 BGB.
- In einem Rechtsstreit des Kindes mit einem Verwandten der Eltern in gerader Linie oder über einen Gegenstand des § 1795 Abs. 1 Nr. 2 BGB.
- Bei einem sog. In-sich-Geschäft gem. § 181 BGB, vgl. hierzu insgesamt 1795 BGB. Dieses Verbot (dass Eltern einerseits als Vertragspartner und andererseits als Vertreter des Kindes mit diesem als Vertragspartner ein Rechtsgeschäft abschließen) gilt lediglich dann nicht, wenn das Rechtsgeschäft dem Kind lediglich einen rechtlichen Vorteil bringt.

5.4 Entzug des elterlichen Vertretungsrechts

Für einzelne Angelegenheiten kann das Gericht den Eltern die Vertretungsvollmacht gem. § 1629 Abs. 2 S. 3 i.V.m. § 1796 BGB entziehen. Voraussetzung ist, dass ein erheblicher Interessengegensatz besteht. Die vollständige Entziehung der Vertretungsmacht kommt nur unter den Voraussetzungen des § 1666 BGB (also bei Kindeswohlgefährdung) in Betracht.

5.5 Genehmigungsbedürftige Rechtsgeschäfte

Bestimmte Rechtsgeschäfte, die die Eltern *für das Kind* vornehmen wollen, bedürfen der Genehmigung des Familiengerichts, vgl. § 1643 Abs. 1 i.V.m. § 1821 i.V.m. § 1822 Nr. 1, 3, 5, 8 bis 11 BGB. Hierbei handelt es sich um Rechtsgeschäfte, in denen auch der Vormund der Genehmigung (durch das Familiengericht) bedarf, vgl. § 1643 Abs. 1 BGB. Gem. § 1821 BGB handelt es sich um folgende Rechtsgeschäfte:

- Die Verfügung über ein Grundstück oder ein Recht an einem Grundstück.
- Die Verfügung über einen Anspruch auf Übereignung eines Grundstücks.
- Die Verfügung über Übertragung eines Rechts an einem Grundstück oder auf Befreiung von einem Grundstücksrecht.
- Die Verfügung über ein eingetragenes Schiff oder Schiffsbauwerk oder über einen Anspruch auf Übereignung.
- Die Verpflichtung zu einer der vorgenannten Verfügungen.

- Die vertragliche Verpflichtung zum entgeltlichen Erwerb eines Grundstücks, eines eingetragenen Schiffs oder Rechts an einem Grundstück.

Bei den in § 1822 BGB genannten „sonstigen Geschäften“, zu denen der Vormund einer Genehmigung (des Vormundschaftsgerichts) bedarf, handelt es sich um Rechtsgeschäfte, die das Vermögen des Kindes gefährden können. Hierzu zählen:

- Die Verpflichtung zur Verfügung über das ganze Vermögen, eine Erbschaft, einen künftigen Erbteil oder Pflichtteil sowie die Verfügung über einen Erbteil.
- Der entgeltliche Erwerb oder die Veräußerung eines Erwerbsgeschäfts sowie der Gesellschaftsvertrag zum Betrieb eines Erwerbsgeschäfts.
- Miet-, Pacht- oder ähnlicher Nutzungsvertrag auf länger als ein Jahr nach Volljährigkeit des Kindes.
- Aufnahme von Geld auf den Kredit des Kindes.
- Ausstellung einer Schuldverschreibung auf den Inhaber oder zur Eingehung einer Verbindlichkeit aus einem Wechsel oder ähnliche Papiere.
- Bürgschaft und Übernahme fremder Verbindlichkeiten sowie
- Erteilung von Prokura.

Zudem sind gem. § 1643 Abs. 2 S. 1 BGB die Ausschlagung einer Erbschaft oder eines Vermächtnisses und der Verzicht auf den Pflichtteil genehmigungsbedürftig.

6 Das Recht zur Bestimmung des Umgangs des Kindes mit Dritten

6.1 Einleitung

Zu den weiteren vom Gesetz ausdrücklich genannten Inhalten der Personensorge gehört auch die Bestimmung des Umgangs des Kindes, vgl. § 1632 Abs. 2 BGB. Diese Vorschrift regelt ganz allgemein den Umgang des Kindes mit Dritten. Inwieweit hierzu auch der Umgang zu einem Elternteil gehört, hängt allein davon ab, ob die elterliche Sorge (und damit auch die Personensorge und das darin enthaltene Umgangsbestimmungsrecht) beiden Elternteilen gemeinsam oder einem Elternteil allein zusteht: Hat ein Elternteil das alleinige Sorgerecht, bestimmt er allein den Umgang des Kindes zu dem anderen Elternteil (als „Drittem“ i. S. v. § 1632 Abs. 2 BGB) – allerdings nur in dem Umfang und unter den Voraussetzungen sowie nach Maßgabe des § 1684 BGB, und (selbstverständlich) unter Beachtung des Kindeswohls.

§ 1632 BGB (Herausgabe des Kindes; Bestimmung des Umgangs; Verbleibensanordnung bei Familienpflege)

(1) Die Personensorge umfasst das Recht, die Herausgabe des Kindes von jedem zu verlangen, der es den Eltern oder einem Elternteil widerrechtlich vorenthält.

(2) Die Personensorge umfasst ferner das Recht, den Umgang des Kindes auch mit Wirkung für und gegen Dritte zu bestimmen.
(3) Über Streitigkeiten, die eine Angelegenheit nach Abs. 1 oder 2 betreffen, entscheidet das Familiengericht auf Antrag eines Elternteils.
(4) Lebt das Kind seit längerer Zeit in Familienpflege und wollen die Eltern das Kind von der Pflegeperson wegnehmen, so kann das Familiengericht von Amts wegen oder auf Antrag der Pflegeperson anordnen, dass das Kind bei der Pflegeperson verbleibt, wenn und solange das Kindeswohl durch die Wegnahme gefährdet würde.

Die Umgangsrechte und -pflichten *zwischen den Eltern* (bei deren Trennung oder Scheidung) und ihren Kindern sind im einzelnen neben der Regelung des § 1684 BGB auch in § 1626 Abs. 3 S. 1 BGB vom Grundsatz her hervorgehoben, um den Eltern die Bedeutung des Umgangs für das Kind sichtbar vor Augen zu führen und sie frühzeitig zu veranlassen, den verbreiteten Umgangsboykott abzulehnen (vgl. hierzu später). Soweit es um den Umgang des Kindes *mit anderen Personen* geht, zu denen das Kind Bindungen besitzt, wird der Umgang ebenfalls als kindeswohldienlich angesehen, sofern die Aufrechterhaltung der Bindungen zwischen den anderen Personen und dem Kind für die Entwicklung des Kindes förderlich ist, vgl. § 1626 Abs. 3 S. 2 BGB.

Die Regelung des § 1632 Abs. 2 BGB bezieht sich i. Ü. auf Bezugspersonen wie Großeltern und Geschwister, darüber hinaus auch ganz allgemein auf Verwandte, Nachbarn, Lehrer und Freunde.

In diesem Zusammenhang ist nochmals festzustellen, dass das Aufenthalts- und Umgangsbestimmungsrecht des § 1631 Abs. 1 BGB i.V.m. § 1632 Abs. 2 BGB ganz grundsätzlich unter dem – schon wiederholt genannten – Aspekt des Kindeswohls auszuüben ist.

I. Ü. ist das elterliche Umgangsbestimmungsrecht durch gesetzlich geregelte Umgangsrechte bestimmter Personen (Elterteil, Großeltern) eingeschränkt, vgl. §§ 1684, 1685 BGB.

6.2 Die elterliche Umgangsbestimmung im Einzelnen

Soweit § 1632 Abs. 2 BGB bei der elterlichen Umgangsbestimmung von „Dritten" spricht, sind hier diejenigen Personen gemeint, zu denen das Kind üblicherweise Kontakt aufnimmt, wozu neben dem persönlichen Umgang nach allgemeiner Auffassung auch telefonische und briefliche Kontakte gehören. Grundsätzlich hat die Person, die mit dem Kind Umgang pflegt, die Umgangsbestimmungen des/der Personensorgeberechtigten (in der Regel also beider Elternteile) zu respektieren und jedwede Störung zu unterlassen.

Zu den Umgangsbestimmungen gehören sowohl Umgangsverbote sowie Umgangsgebote bzw. Umgangserlaubnisse, also z. B. die Erlaubnis zur Teilnahme am Musikunterricht bzw. Anmeldung zum Sportunterricht (Schwimm- oder Tennisunterricht, Fußballtraining oder ähnliches). Welcher Umgang letztlich von den Eltern zu fördern ist bzw. welcher Umgang für das Kind im Sinne einer sozialen Öffnung notwendig ist, ergibt sich im Wesentlichen aus der bereits zitierten Bestimmung des § 1626 Abs. 2 BGB, nach der die Eltern bei der Pflege und Erziehung die wachsende Fähigkeit und das wachsende Bedürfnis des Kindes zu selbstständigem verantwortungsbewusstem Handeln zu berücksichtigen haben. Entscheidend dürfte mithin sein, ob und inwieweit die Eltern ihre Entscheidung sachlich begründen können und inwieweit sie sinnvoll und mit vernünftigen Gründen den Kontaktwunsch des Kindes begrenzen.

Selbstverständlich zulässig sind Umgangsverbote für den Jugendlichen, sofern er hiermit z. B. aus dem Drogenmilieu ferngehalten werden soll bzw. wenn das Kind sich in einem Umfeld aufhält, in dem es zu irgendwelchen Straftaten kommt. Auch können Umgangsverbote zu solchen Personen nahe liegen, die den Versuch unternehmen, das Kind oder den Jugendlichen dem Einfluss der Eltern zu entziehen, um damit den Erziehungsvorgaben der Eltern entgegen zu wirken (Sekten). Jedenfalls darf das Umgangsbestimmungsrecht nicht missbräuchlich ausgeübt werden und das elterliche Verhalten keine Kindeswohlgefährdung nach § 1666 Abs. 1 BGB darstellen.

6.3 Der Kreis der Umgangsberechtigten

Zu einem besonderen Kreis Umgangsberechtigter gehören die Personen, zu denen das Kind Bindungen besitzt, deren Aufrechterhaltung für die Entwicklung des Kindes förderlich ist, vgl. § 1626 Abs. 3 S. 2 BGB. Hierzu zählen z. B. Verwandte, Nachbarn, Lehrer oder Freunde. Solche Kontakte sollen aufrecht erhalten bleiben und die Kinder nicht ohne weiteres oder gar leichtfertig an solchen Kontakten gehindert werden.

Der Personenkreis des § 1626 Abs. 3 S. 2 BGB umfasst zudem auch die Personen, denen ein eigenes Umgangsrecht zugestanden wird, vgl. § 1685 BGB. Insoweit haben Großeltern und Geschwister ein eigenes Recht auf Umgang mit dem Kind, wenn dieser Umgang dem Wohl des Kindes dient, vgl. § 1685 Abs. 1 BGB.

§ 1685 BGB (Umgang des Kindes mit anderen Bezugspersonen)

(1) Großeltern und Geschwister haben ein Recht auf Umgang mit dem Kind, wenn dieser dem Wohl des Kindes dient.

(2) Gleiches gilt für enge Bezugspersonen des Kindes, wenn diese für das Kind tatsächliche Verantwortung tragen oder getragen haben (sozial-familiäre Beziehung). Eine Übernahme tatsächlicher Verantwortung ist in der Regel anzunehmen, wenn die Person mit dem Kind längere Zeit in häuslicher Gemeinschaft zusammen gelebt hat.

(3) § 1684 Abs. 2 bis 4 gilt entsprechend. Eine Umgangspflegschaft nach § 1684 Abs. 3 S. 3 bis 5 kann das Familiengericht nur anordnen, wenn die Voraussetzungen des § 1666 Abs. 1 erfüllt sind.

In Verbindung mit der Regelung des § 1626 Abs. 3 S. 2 BGB ist mithin die Feststellung erforderlich, dass der Kontakt zwischen diesen Personen und dem Kind für die Entwicklung des Kindes förderlich ist und damit dem Kindeswohl im weitesten Sinne dienlich ist. In diesem Fall haben Eltern das Umgangsrecht zu dulden.

Im Verhältnis zu den Großeltern ergibt sich jedoch nicht allein aus dem Verwandtschaftsverhältnis, dass der Umgang des Kindes mit seinen Großeltern seinem Wohl dient. Nur wenn zwischen Kind und Großeltern bereits eine Bindung besteht, spricht eine (durchaus) widerlegbare Vermutung dafür, dass deren Aufrechterhaltung der Entwicklung des Kindes förderlich sein wird. Besteht eine solche Bindung hingegen nicht, kommt es entscheidend darauf an, ob die Anordnung von Umgangskontakten sich positiv auf die Entwicklung des Kindes auswirken könnte, was zu verneinen sein kann, wenn ein Spannungsverhältnis zwischen Eltern und Großeltern besteht (Oberlandesgericht Naumburg, FamRZ 2005, 2011).

§ 1685 Abs. 2 BGB wurde durch die Kindschaftsrechtsreform 1998 neu gefasst und dabei das Umgangsrecht auf Bezugspersonen, die dem Kind üblicherweise besonders nahe stehen, begrenzt, um eine allzu starke Ausweitung von Umgangsstreitigkeiten zu verhindern. Diese (ursprüngliche, zwischenzeitlich geänderte) Bestimmung wurde jedoch vom Bundesverfassungsgericht für verfassungswidrig erklärt.

In der fraglichen Entscheidung hatte das Bundesverfassungsgericht das Umgangsrecht des sog. biologischen Vaters unter bestimmten Voraussetzungen geprüft und bejaht.

Dabei ging es um folgenden Sachverhalt: Der Beschwerdeführer stand nach einer Blutgruppenuntersuchung aus dem Jahre 1990 zweifelsfrei als der leibliche Vater eines 1989 geborenen Kindes fest, mit dessen verheirateter Mutter er – auch nach der Geburt des Kindes – eine Beziehung hatte und das Kind eine zeitlang betreute. Da das Kind in eine bestehende Ehe hineingeboren wurde, war der Beschwerdeführer zwar dessen leiblicher, nicht aber rechtlicher Vater (sog. biologischer Vater). Mit der Kindschaftsrechtsreform hatte der Gesetzgeber das gesamte Umgangsrecht neu ausgestaltet und in § 1685 BGB auch anderen Bezugspersonen für das Kind als den rechtlichen Eltern ein Umgangsrecht mit dem Kind eingeräumt, *nicht* aber dem biologischen Vater.

Das Bundesverfassungsgericht hat hierzu ausgeführt:

> *„Der leibliche, aber nicht rechtliche Vater eines Kindes ist nicht Träger des Elternrechts aus Art. 6 Abs. 2 S. 1 GG und kann darauf kein Recht auf Umgang mit dem Kind stützen. Auch er bildet aber mit seinem Kind eine Familie, die unter dem Schutz des Art. 6 Abs. 1 GG steht, wenn zwischen ihm und dem Kind eine soziale Beziehung besteht, die darauf beruht, dass er zumindest eine zeitlang tatsächlich Verantwortung für das Kind getragen hat. Art. 6 Abs. 1 GG schützt den leiblichen Vater wie das Kind in ihrem Interesse am Erhalt dieser sozial-familiären Beziehung und damit am Umgang miteinander. Es verstößt gegen Art. 6 Abs. 1 GG, den so mit seinem Kind verbundenen leiblichen Vater vom Umgang mit ihm auch dann*

auszuschließen, wenn dieser dem Wohl des Kindes dient. Zwar vermittelt weder Art. 6 Abs. 2 S. 1 GG noch Art. 6 Abs. 1 GG dem leiblichen, aber nicht rechtlichen Vater einen Anspruch auf Fortsetzung seines verantwortlichen Handelns gegenüber dem Kind. Auch bei Wegfall dieser Möglichkeit bleibt aber die zwischen dem biologischen Vater und seinem Kind entstandene personelle Verbundenheit bestehen, die zudem noch getragen wird durch die verwandtschaftliche Verbindung zwischen Vater und Kind. Das Interesse des bisher familiär mit dem Kind verbunden biologischen Vaters, ebenso wie das Interesse seines Kindes am Erhalt dieser Beziehung zueinander wird in Nachwirkung des Schutzes, den zuvor deren familiäre Verantwortungsgemeinschaft erfahren hat, von Art. 6 Abs. 1 GG geschützt. Aus diesem nachwirkenden Schutz folgt ein Recht des biologischen Vaters auf Umgang mit seinem Kind jedenfalls dann, wenn dieser dem Wohl des Kindes dient." (Bundesverfassungsgericht, Beschluss vom 9. April 2003, Pressemitteilung-Nr. 31/2003 vom 29. April 2003).

Demzufolge wurde § 1685 Abs. 2 BGB mit Wirkung vom 30.04.2004 neu gefasst. Nunmehr sind alle engen Bezugspersonen des Kindes umgangsberechtigt, sofern sie für das Kind tatsächlich Verantwortung tragen oder getragen haben. Diesen Sachverhalt bezeichnet das Gesetz ausdrücklich als „sozial-familiäre Beziehung". Umgangsberechtigt sind mithin Stiefelternteile, Lebenspartner i. S. d. Lebenspartnerschaftsgesetzes, Pflegeeltern und insbesondere auch ein Lebensgefährte einer nichtehelichen Gemeinschaft. Wann eine „Übernahme tatsächlicher Verantwortung" i. S. d. Gesetzes vorliegt, definiert § 1685 Abs. 2 S. 2 BGB. Danach ist eine solche „in der Regel" anzunehmen, wenn die Person mit dem Kind längere Zeit in häuslicher Gemeinschaft zusammengelebt hat.

Ob der Kontakt zwischen der einen Bezugsperson und dem Kind zwischenzeitlich unterbrochen worden ist, weil der andere Elternteil den Umgang untersagt hat, ist für die Umgangsberechtigung ohne Bedeutung. Der Bundesgerichtshof hat hierzu ausdrücklich entschieden, dass es ausreichend ist, dass die den Umgang begehrende Person für das Kind in der Vergangenheit tatsächlich Verantwortung getragen hat, dass sie damit eine sozial-familiäre Beziehung zu dem Kind begründet hat, und dass sie deshalb für das Kind – jedenfalls in der Vergangenheit – eine enge Bezugsperson war (Bundesgerichtshof, FamRZ 2005, 705).

(Zum Umgangsrecht des Kindes mit seinen Eltern bei Trennung und Scheidung vgl. Kapitel 2.)

7 Der Anspruch auf Herausgabe des Kindes

Gemäß § 1632 Abs. 1 BGB umfasst die Personensorge auch das Recht, die Herausgabe des Kindes von jedem zu verlangen, der es den Eltern oder einem Elternteil widerrechtlich vorenthält. Inhaber des Herausgabeanspruchs sind die Eltern oder der (alleinsorgeberechtigte) Elternteil. Ist ein Elternteil also allein zur Personensorge berechtigt, steht ihm der Herausgabeanspruch *gegen den anderen Elternteil* zu. Voraussetzung des Herausgabeanspruchs ist die Feststellung, dass das Kind den Eltern oder dem berechtigten Elternteil widerrechtlich vorenthalten wird. Dies ist der Fall, wenn es keinen rechtfertigenden Grund dafür gibt, dass das Kind sich bei der anderen Person aufhält. Ein solcher rechtfertigender Grund kann z.B. aber darauf beruhen, dass das Kind sich auf Grund öffentlich-rechtlicher Vorschriften (z.B. Heimunterbringung) bei einer anderen Person aufhält.

Gibt die dritte Person das Kind nicht an die Eltern oder den Elternteil heraus, entscheidet das Familiengericht bei entsprechenden Streitigkeiten auf Antrag eines Elternteils, vgl. § 1632 Abs. 3 BGB.

Eine Besonderheit gilt, wenn das Kind seit längerer Zeit in Familienpflege lebt und die Eltern das Kind von der Pflegeperson wegnehmen wollen, vgl. § 1632 Abs. 4 BGB. In diesem Fall kann das Familiengericht von Amts wegen oder auf Antrag der Pflegeperson anordnen, dass das Kind bei der Pflegeperson verbleibt, wenn und solange das Kindeswohl durch die Wegnahme gefährdet würde. Diese Regelung dient ausdrücklich dem Schutz des Pflegekindes, um sicherzustellen, dass ein Kind, das in der Pflegefamilie seinen neuen Lebensmittelpunkt gefunden hat, nicht durch eine plötzliche Entscheidung der Eltern, von denen es sich möglicherweise entfremdet hat, aus der Pflegefamilie genommen wird. Maßgeblich für den Verbleib des Kindes ist ausschließlich das Kindeswohl.

Allerdings muss die Familienpflege bereits seit „längerer Zeit" bestehen. Was im Sinne der Vorschrift als „längere Zeit" anzusehen ist, ist aus der Sicht des Kindes zu beurteilen. Maßgeblich ist hier der Umstand, inwieweit sich das Kind in der Pflegefamilie eingelebt hat. Weiterhin ist von entscheidender Bedeutung, wie das Kind selbst auf die Herausnahme aus der Pflegefamilie reagiert bzw. welchen Willen das Kind selbst zur Herausnahme bzw. zum Verbleib äußert.

Bei der Verbleibensanordnung muss das Gericht prüfen, ob und inwieweit das Kindeswohl durch die Wegnahme gefährdet wird. Eine Gefährdung in diesem Sinne ist zu bejahen, wenn ohne das Eingreifen des Familiengerichts das Wohl des Kindes, also das körperliche, geistige oder seelische Wohl des Kindes konkret gefährdet ist. Dabei ist nach der Rechtsprechung darauf abzustellen, ob eine gegenwärtige Gefahr in einem solchen Maße vorhanden ist, dass sich bei der weiteren Entwicklung des Kindes eine erhebliche Schädigung mit ziemlicher Sicherheit voraussehen lässt. In aller Regel ist hier auf den Einzelfall abzustellen und insbesondere auch die Kindesinteressen mit dem Elternrecht der leiblichen Eltern abzuwägen. Hierbei sind auch der Hintergrund der Familienpflege und ihre Dauer zu prüfen. Maßgebliche Bedeutung hat i.Ü. der Umstand der Entfremdung zwischen Kind und Eltern.

8 Elterliche Sorge im Rahmen der Ausbildungs- und Berufswahl des Kindes

Das Gesetz enthält wenige weitere konkrete Vorstellungen und Erwartungshaltungen an die Eltern, wie die Erziehung wahrzunehmen ist. Wegen der großen Bedeutung von Ausbildung und Beruf haben die Eltern in diesen Angelegenheiten auf Eignung und Neigung des Kindes Rücksicht zu nehmen. Sofern Zweifel bestehen, soll der Rat eines Lehrers oder einer anderen geeigneten Person eingeholt werden, vgl. § 1631a BGB. Ausbildungs- und Berufswahl sind insofern in der elterlichen Verantwortung bei der Erziehung besonders hervorgehoben. Die Eltern haben daher die konkrete Verpflichtung, das Kind im Rahmen seiner Möglichkeiten und Talente zu fördern. „Rücksichtnahme" der Eltern im Sinne dieser Bestimmung bedeutet, dass die Eltern sich mit den persönlichen Talenten und Fertigkeiten ihres Kindes gedanklich auseinandersetzen müssen. Für den Fall bestehender Meinungsverschiedenheiten zwischen Eltern und Kind, aber auch bei Zweifeln der Eltern selbst, soll der Rat eines Lehrers oder anderer geeigneter Personen, so z.B. des Berufsberaters, des Arztes, des Sport- oder Musiklehrers eingeholt werden. Dies gilt insbesondere bei Zweifeln über die unterschiedliche Einschätzung bestehender Talente bzw. bei ganz allgemeiner Uneinigkeit der Beteiligten.

9 Zum elterlichen Erziehungsstil im Rahmen der elterlichen Sorge

§ 1626 Abs. 2 BGB befasst sich im Einzelnen mit dem sog. Erziehungsstil: Hiernach haben die Eltern bei der Pflege und Erziehung die wachsende Fähigkeit und das wachsende Bedürfnis des Kindes zu selbstständigem verantwortungsbewusstem Handeln zu berücksichtigen. Sie besprechen mit dem Kind, soweit es nach dessen Entwicklungsstand angezeigt ist, Fragen der elterlichen Sorge und streben ein Einvernehmen an. Durch diese Regelung soll das Heranwachsen des Kindes zur Selbstständigkeit unterstützt und gefördert werden.

Nach allgemeiner Auffassung enthält § 1626 Abs. 2 BGB kein allgemeines Mitentscheidungsrecht des Kindes, sondern verlangt von den Eltern vielmehr eine „partnerschaftliche" Erziehung, um die wachsende Fähigkeit des Kindes und sein Bedürfnis zu selbstständigem verantwortungsbewusstem Handeln zu fördern.

Für einen autoritären Erziehungsstil ist mithin nach dem Gesetz kein Raum. Nach dem Sinn und Zweck der Bestimmung soll das Kind nicht als Erziehungsobjekt behandelt werden, sondern vielmehr der Kindeswille berücksichtigt und in die elterliche Entscheidung sinnvoll eingebunden werden. Ist ein Einvernehmen zwischen Eltern und Kind nicht möglich, müssen die Eltern die beabsichtigte Entscheidung im Sinne des Kindeswohls allein treffen.

10 Das Recht des Kindes auf gewaltfreie Erziehung

Das Recht des Kindes auf gewaltfreie Erziehung gem. § 1631 Abs. 2 BGB geht über den zuvor erörterten Erziehungsstil hinaus.

Körperliche Bestrafungen, seelische Verletzungen und andere entwürdigende Maßnahmen sind unzulässig. Die Vorschrift des § 1631 Abs. 2 BGB ist durch das Gesetz zur Ächtung der Gewalt in der Erziehung neu gefasst worden. Mit der Neuregelung zielte der Gesetzgeber in erster Linie auf eine Bewusstseinsänderung in der Bevölkerung ab. Mit den geächteten körperlichen Bestrafungen sind vor allem Prügel, sonstige Schläge, aber auch Einsperren des Kindes o.Ä. gemeint.

Unter seelischen Verletzungen versteht man sprachliche Äußerungen der Nichtachtung/Missachtung oder einer Verachtung schlechthin, die sämtlich unzulässig sind. Schließlich sind auch entwürdigende Maßnahmen verboten, d. h. solche, durch die das Kind durch konkrete tatsächliche Verhaltensweisen lächerlich oder verächtlich gemacht wird und die auf die Verletzung der Selbstachtung bzw. das Ehrgefühl des Kindes abzielen. Die entwürdigende Maßnahme kann nicht nur in tatsächlichem Verhalten, wie z. B. Wegnahme der Kleidung, liegen, sondern auch in der Wahl der Begleitumstände, wie z. B. Verweigerung von Gesprächskontakten bzw. Einschließen im Dunkeln.

Auch wenn der Gesetzgeber keine konkreten Sanktionen bei der Verletzung des Prinzips der gewaltfreien Erziehung vorgesehen hat und es ihm vielmehr auf eine „Appellfunktion“ der Vorschrift ankam, so müssen Eltern dennoch mit konkreten Reaktionen rechnen: Bei entsprechendem Verhalten der Eltern kommt zum einen eine Strafverfolgung wegen Körperverletzung gem. §§ 223 ff. StGB in Betracht, zudem können insbesondere auch Maßnahmen wegen Kindeswohlgefährdung gem. §§ 1666, 1666a BGB angezeigt sein. Dies im Einzelfall zu veranlassen ist Aufgabe des Jugendamts bzw. des Familiengerichts.

Ungeachtet des Rechts des Kindes auf gewaltfreie Erziehung und der Mahnung an die Eltern, bei der Pflege und Erziehung des Kindes dessen wachsende Fähigkeit und dessen wachsendes Bedürfnis zu selbstständigem verantwortungsbewusstem Handeln zu berücksichtigen, lässt das Gesetz den großen Bereich der positiven Erziehungsmaßnahmen ungenannt. Hier kommen vornehmlich Anerkennung, Belohnung, Lob und eigene Vorbildwirkung elterlichen Verhaltens in Betracht, darüber hinaus Anteilnahme an den Interessen des Kindes. Elterliche Erziehungsmittel mit Bestrafungscharakter sind hingegen Taschengeldentzug, Ausgehverbot, Umgangsverbot, Verweise, missbilligender Tadel oder Verweis. Dass Eltern auch eigene Erziehungsweisungen unmittelbar durchsetzen können (z. B. Verbot des Gebrauchs von Streichhölzern einerseits und Wegnahme von Streichhölzern andererseits), sei als selbstverständlich am Rande erwähnt.

11 Unterstützung der Eltern durch das Familiengericht

Benötigen Eltern bei der Ausübung der Personensorge Unterstützung, so können sie hierzu das Familiengericht anrufen. Die Unterstützung der Eltern kommt allerdings nur in „geeigneten“ Fällen in Betracht, so dass das Gericht letztlich selbst entscheidet, welche Maßnahmen es für zweckmäßig und geboten hält. Das Gericht schaltet in aller Regel das Jugendamt ein und hört dieses zu den eventuell geeigneten Maßnahmen an, vgl. § 1631 Abs. 3 BGB. Diese Regelung ist in der Praxis weithin unbekannt und findet an sich zu wenig Beachtung.

12 Die geschlossene Unterbringung eines Kindes

Eine besondere Maßnahme des Aufenthaltsbestimmungsrechts der Eltern, vgl. § 1631 Abs. 1 BGB, ist die geschlossene Unterbringung des Kindes. Diese ist nur mit Genehmigung des Familiengerichts zulässig, vgl. § 1631b BGB. Die Eltern können die Unterbringung des Kindes auch ohne Genehmigung des Familiengerichts betreiben, sofern durch die Einholung der Genehmigung und dem damit verbundenen Zeitaufschub eine Gefahr verbunden ist. In diesem Fall ist die Genehmigung unverzüglich nachzuholen, vgl. § 1631b S. 2 BGB. Ist die Unterbringung des Kindes aus Kindeswohlgründen nicht mehr erforderlich, muss das Gericht seine Genehmigung „zurück nehmen“, also eine ausdrückliche Entscheidung über das Auslaufen der Genehmigung treffen, vgl. § 1631b S. 3 BGB (zum Wortlaut von § 1631b BGB siehe Kapitel IV, S. 48).

Die Unterbringung ist *nur genehmigungsfähig*, wenn sie zum Wohle des Kindes erforderlich ist. Dies ist der Fall, wenn mit der Unterbringung eine erheblich Selbst- oder Fremdgefährdung abgewendet und der Gefahr nicht auf andere Weise, auch nicht durch öffentliche Hilfen begegnet werden kann, § 1631b S. 2 BGB. Hier kommt z. B. die Unterstützung der Eltern durch entsprechende Hilfeangebote nach dem SGB VIII in Betracht.

Hintergrund der gesetzlichen Regelung ist, dass die mit Freiheitsentziehung verbundene Unterbringung für das Kind eine besonders einschneidende Maßnahme ist, die von den Eltern nicht ohne gerichtliche Kontrolle möglich sein soll. Da das Gericht grundsätzlich eine Stellungnahme des Jugendamts über die Notwendigkeit der geschlossenen Unterbringung des Kindes einzuholen hat, wird zugleich die Frage aufgeworfen, ob nicht eventuell durch freiwillige Hilfen zur Erziehung dem etwaigen Erziehungsproblem begegnet werden kann.

Voraussetzung für ein gerichtliches Tätigwerden gem. § 1631b BGB ist grundsätzlich, dass die Unterbringung des Kindes mit *Freiheitsentziehung*, also eine Unterbringung z. B. in einem geschlossenen Heim oder einer geschlossenen Anstalt, erfolgt. Grundsätzlich überprüft das Familiengericht in bestimmten Zeitabständen, ob es weiterhin einer Genehmigung der geschlossenen Unterbringung bedarf. Eine lediglich mit *Freiheitsbeschränkung* verbundene Unterbringung bedarf keiner familiengerichtlichen Genehmigung. Als bloße Freiheitsbeschränkung in diesem Sinne sind anzusehen: Altersbedingt übliche Ausgangsbeschränkungen des Kindes, aus erzieherischen Gründen angeordnete Hausarbeitsstunden oder z. B. sog. „Stubenarrest“.

13 Elternrechte bei Eheschließung des Minderjährigen

Gehen minderjährige „Kinder“ eine Ehe ein, so beschränkt sich die Personensorge auf die Vertretung in den persönlichen Angelegenheiten, vgl. § 1633 BGB. Die Eheschließung eines Minderjährigen kann in Betracht kommen, wenn das Familiengericht von der grundsätzlich erst mit Eintritt der Volljährigkeit bestehenden Ehemündigkeit eine Befreiung erteilt hat, vgl. § 1303 Abs. 2 BGB. Dies ist dann möglich, wenn der Minderjährige das 16. Lebensjahr vollendet hat und sein künftiger Ehegatte volljährig ist.

In solchen Fällen wird die elterliche Sorge nicht gänzlich aufgehoben, sondern lediglich eingeschränkt. Insoweit behalten die Eltern die Verpflichtung zur Vermögenssorge für den Minderjährigen. Die tatsächliche Personensorge einschließlich des Erziehungsrechts entfällt mit der Eheschließung. Das Personensorgerecht ist lediglich auf die Vertretung in persönlichen Angelegenheiten beschränkt, also z. B. bei operativen Eingriffen, Impfungen usw. Im Hinblick auf das elterliche Recht zur Erziehung, Beaufsichtigung und Aufenthaltsbestimmung gilt der Minderjährige durch die Eheschließung als volljährig.

14 Haftung der Eltern

Die Frage, wie Eltern im Verhältnis zu ihren Kindern haften, regelt § 1664 BGB. Danach haben die Eltern bei der Ausübung der elterlichen Sorge dem Kind gegenüber nur für die Sorgfalt einzustehen, die sie in eigenen Angelegenheiten anzuwenden pflegen. Hierbei handelt es sich im Wesentlichen um einen sog. Haftungsmaßstab, der Eltern in Ausübung ihres Handelns im Ergebnis nur bei Vorsatz und grober Fahrlässigkeit haften lässt.

15 Die Auswirkungen der elterlichen Sorge auf Schule, Religion und Ausbildung des Kindes

15.1 Sorgerecht und Schulrecht

Wie schon ausgeführt geht das elterliche Erziehungsrecht, das wiederum mit einer Erziehungspflicht der Eltern korrespondiert, einem staatlichen Erziehungsrecht vor; der Staat hat insoweit nur eine unterstützende, ergänzende, allerdings auch überwachende Funktion.

Für die Schule hat der Staat jedoch einen *eigenen* Erziehungsauftrag (vgl. Art. 7 GG) bestimmt, wodurch das elterliche Erziehungsrecht *beschränkt* ist.

Das Schulrecht umfasst u. a. die Schulpflicht, Eltern- und Lehrerrechte. Zwischen dem Elternrecht aus Art. 6 Abs. 2 GG und dem staatlichen Erziehungsauftrag aus Art. 7 Abs. 1 GG können sich Konflikte ergeben, deren Handhabung der Gesetzgeber in den Schulgesetzen der Länder regelt.

Die Organisation des Schulwesens, die (inhaltliche und didaktische) Ausrichtung des Lernens, die Gestaltung der Lernziele und die Beurteilung des Schülers sind staatliche Angelegenheiten, den Eltern verbleibt insoweit aber ein Recht auf Information über strittige Unterrichtsinhalte (z. B. Sexualkunde) sowie über die Leistungen ihres Kindes.

Außerdem haben Eltern und Kinder ein Recht darauf, dass der Unterricht dem Toleranzgebot entspricht, also Indoktrination vermieden wird. Hierzu hat das Bundesverfassungsgericht aus Anlass seiner Entscheidung über die Berechtigung einer Lehrerin, in Schule und Unterricht ein Kopftuch zu tragen, wie folgt Stellung bezogen: „Das unvermeidliche Spannungsverhältnis zwischen positiver Glaubensfreiheit eines Lehrers einerseits und der staatlichen Pflicht zu weltanschaulich-religiöser Neutralität, dem Erziehungsrecht der Eltern sowie der negativen Glaubensfreiheit der Schüler andererseits unter Berücksichtigung des Toleranzgebots hat der demokratische Landesgesetzgeber zu lösen, der im öffentlichen Willensbildungsprozess eine für alle zumutbare Regelung zu suchen hat. Dabei können die einzelnen Länder zu verschiedenen Regelungen kommen. Bei dem zu findenden Mittelweg dürfen auch Schultraditionen, konfessionelle Zusammensetzung der Bevölkerung und ihre mehr oder weniger starke religiöse Verwurzelung berücksichtigt werden. Diese Grundsätze gelten auch, wenn Lehrern unter Beschränkung ihres individuellen Grundrechts der Glaubensfreiheit für ihr Auftreten und ihr Verhalten in der Schule mit Rücksicht auf die Wahrung der weltanschaulich-religiösen Neutralität des Staates Pflichten auferlegt werden sollen" (vgl. Pressemitteilung Nr. 71/2003 vom 24.09.2003 zum Urteil des Bundesverfassungsgerichts vom 24.09.2003, AZ 2 BvR 1436/02, http://www.Bundesverfassungsgericht.de).

Die Schulpflicht ist in Deutschland durch Schulgesetze der einzelnen Bundesländer geregelt. Maßgebend hierfür ist das Schulverhältnis, d.h. die Rechtsbeziehungen zwischen Schulträger, Schüler und Erziehungsberechtigten, sowie die Schulordnungen und Schulverfassungsgesetze. Letztere enthalten Bestimmungen für die einzelnen Schulgattungen, insbesondere über Aufnahme und Ausscheiden aus der Schule, Schulbesuch, Unterrichtsstoff, Unterrichtsbetrieb sowie Versetzung, Zeugniserteilung, Prüfungen, Zusammenarbeit mit Lehrern und Schülermitverwaltung. Privatschulen regeln das Schulverhältnis nach den Grundsätzen des bürgerlichen Rechts.

Zum Recht der elterlichen Sorge, das den Eltern eine subjektive Rechtsstellung – u.a. gegenüber dem Staat – gewährt, zählen auch elterliche Pflichten. Zu diesen „Grundpflichten" der Eltern gehört insbesondere ihre Pflicht zur Erziehung der Kinder gem. Art. 6 Abs. 2 GG, und in diesem Zusammenhang *insbesondere* auch, dass die Eltern sicherstellen, dass ihr Kind seiner Schulpflicht nachkommt.

Melden Eltern daher ihr Kind von der Schule ab oder schreiten sie bei häufigem Schulversäumnis ihres Kindes nicht entschieden ein oder sorgen sie ganz allgemein nicht für einen regelmäßigen Schulbesuch, liegt eine Kindeswohlgefährdung i.S.v. § 1666 Abs. 1 BGB nahe, die ein Eingreifen des Familiengerichts zwingend notwendig macht.

So ist in der Rechtsprechung anerkannt, dass eine (zumindest den teilweisen Entzug des Sorgerechts rechtfertigende) Gefährdung des Kindeswohls vorliegt, wenn die Kindeseltern nicht in gebotenem Maße ihre Kinder zur Teilnahme an der allgemeinen Schulausbildung anhalten können. Weder das in Art. 6 Abs. 2 S. 1 GG verankerte Recht der Eltern auf freie Erziehung ihres Kindes noch die in Art. 4 Abs. 1 und Abs. 2 GG verankerte Glaubens- und Gewissensfreiheit bzw. das Recht auf ungestörte Religionsausübung können einen Anspruch der Eltern auf Befreiung ihrer Kinder von der allgemeinen Schulpflicht und damit zugleich verbundener Genehmigung von Heimunterricht begründen. Daran haben sich auch Eltern zu orientieren, die einer bestimmten Glaubensgemeinschaft angehören (vgl. Oberlandesgericht Brandenburg, FamRZ 2006, 358).

Ferner rechtfertigt das Oberlandesgericht Koblenz den Erlass einer einstweiligen Anordnung zur Entziehung von Teilen des elterlichen Sorgerechts wegen „Schulschwänzens". In dieser Entscheidung heißt es: „(...) Bei der nach § 1666a BGB vorzunehmenden Abwägung der Vor- und Nachteile einer familiengerichtlichen Maßnahme ist insbesondere auch die Auswirkung auf die Entwicklung der Eltern-Kind-Beziehung zu berücksichtigen. Die vorzunehmende Abwägung führt vorliegend jedoch dazu, dass, zumindest z.Zt., keine andere Maßnahme ersichtlich ist, um der Gefährdung des Kindeswohls zu begegnen. In der letzten Zeit sind die Kinder dem Schulunterricht nahezu gänzlich fern geblieben. Trotz aller Versuche des Jugendamts haben die Eltern die angebotenen Hilfen nicht wahrgenommen. Sie haben vielmehr immer andere Ausflüchte gesucht, um die Fehlzeiten zu entschuldigen. In der Vergangenheit waren dies zumeist Krankheiten, nunmehr sind dies angebliche Übergriffe von albanischen und irakischen Kindern. Weder die Schule noch das Jugendamt haben nachhaltige Erkenntnisse von solchen Bedrohungen. Dieses Verhalten der Eltern belegt, dass diese z.Zt. nicht in der Lage sind, dafür Sorge zu tragen, dass die Kinder regelmäßig die Schule besuchen. Eine vom Jugendamt angebotene stationäre Familienhilfe wurde strikt abgelehnt. (...) Nachdem alle vom Jugendamt vorgeschlagenen Maßnahmen seitens der Eltern abgelehnt worden sind, verbleibt z.Zt. keine mildere Maßnahme als der Entzug der Personensorge in dem aus dem Tenor ersichtlichen Umfang" (vgl. Oberlandesgericht Koblenz, FamRZ 2006, 57).

Das Bundesverfassungsgericht hatte sich schließlich mit der Frage zu befassen, ob die strafrechtliche Verfolgung von Verstößen gegen die allgemeine Schulpflicht aus religiösen Gründen verfassungsrechtlich zu beanstanden sei. Das Bundesverfassungsgericht hat dies verneint. Die Verpflichtung der Eltern, ihre Kinder an dem Unterricht einer nach dem Schulgesetz anerkannten Schule teilnehmen zu lassen, stelle eine zulässige Beschränkung des elterlichen Erziehungsrechts dar. Die allgemeine Schulpflicht diene als geeignetes und erforderliches Instrument dem legitimen Ziel der Durchsetzung des staatlichen Erziehungsauftrags. Die Allgemeinheit habe ein berechtigtes Interesse daran, der Entstehung von religiös- oder weltanschaulich motivierten „Parallelgesellschaften" entgegenzuwirken und Minderheiten zu integrieren (Bundesverfassungsgericht, FamRZ 2006, 1094ff.).

15.2 Sorgerecht und Religionsausübung des Kindes

Gem. Art. 7 Abs. 2 GG haben die Erziehungsberechtigten das Recht, über die Teilnahme des Kindes am Religionsunterricht zu bestimmen. Nach dem Gesetz über die religiöse Kindererziehung vom 15.07.1921 entscheiden die Eltern gemeinsam. Können sie sich nicht einigen, überträgt das Familiengericht nach Anrufung eines Elternteils einem der Elternteile die Entscheidung, vgl. § 1628 BGB. Damit kann kein Elternteil allein und einseitig bestimmen, dass das Kind in einem anderen Bekenntnis erzogen werden soll, als demjenigen, dem beide Eltern zur Zeit der Eheschließung angehörten oder in dem das Kind bisher erzogen worden ist.

Vom 12. Lebensjahr an bedarf ein Bekenntniswechsel der Zustimmung des Kindes, ab 14 Jahren tritt bereits die volle religiöse Mündigkeit des Minderjährigen ein, das Kind bestimmt ab diesem Zeitpunkt sein religiöses Bekenntnis mithin selbst.

Der Religionsunterricht ist an den öffentlichen Schulen, mit Ausnahme der bekenntnisfreien Schulen, ordentliches Lehrfach. Dieser Unterricht wird in Übereinstimmung mit den Grundsätzen der Religionsgemeinschaften erteilt.

Auch die An- und Abmeldung zum Religionsunterricht unterliegt nach dem Gesetz über die religiöse Kindererziehung dem gleichen Entscheidungsrecht von Eltern und Kind wie die Zugehörigkeit zu einem Bekenntnis. Damit ist Kindern nach Vollendung des 14. Lebensjahres der selbstständige Austritt aus der Kirche möglich (sogenannte volle religiöse Mündigkeit).

Die Form des Kirchenaustritts ist durch Landesgesetz geregelt.

Für den Übertritt von einer Religionsgemeinschaft zu einer anderen, man spricht hier von sog. Konversion, ist eine Form nicht vorgeschrieben. Ein solcher Übertritt wird vom Staat auch ohne Erklärung einer Behörde anerkannt.

Gut zu wissen – gut zu merken

Das elterliche Sorgerecht ist verfassungsrechtlich geschützt. Seine gesamte gesetzliche Ausgestaltung orientiert sich an seiner verfassungsrechtlichen Bedeutung. Andererseits haben Eltern aber gleichermaßen die Pflicht, für das Wohlergehen ihres Kindes Sorge zu tragen und es vor Gefahren zu schützen. Die elterlichen Rechte und Pflichten werden u.a. durch die gesetzlichen Regelungen über die Personensorge, die Vermögenssorge, die gesetzliche Vertretung und den Erziehungsstil näher bestimmt.

Weiterführende Literatur

Palandt, O. (2012): Bürgerliches Gesetzbuch. Kommentar. 71. Auflage. München: C.H. Beck.

Kunkel, P.-C. (Hg.) (2011): Sozialgesetzbuch VIII. Kinder- und Jugendhilfe. Lehr- und Praxiskommentar. 4. Auflage 2011. Wiesbaden: Nomos.

VI Sorgerecht und Umgangsrecht bei Trennung und Scheidung

Was Sie in diesem Kapitel lernen können

Bei Trennung und Scheidung stellen sorgerechtliche und umgangsrechtliche Probleme einen großen Teil der Arbeit von Jugendamt und Familiengericht dar. Ohne die Kenntnis der einschlägigen gesetzlichen Bestimmungen zu Umgang und Sorgerecht – namentlich der gesetzlich vorgesehenen Regelungsmöglichkeiten und der gesetzlichen Grundannahmen, z. B. zum gemeinsamen Sorgerecht – sind Bewertung und Lösung der entsprechenden Konflikte nicht denkbar.

In diesem Kapitel werden daher die rechtlichen Voraussetzungen und gesetzlichen Vorgaben für die Arbeit an den geschilderten Problemlagen und -lösungen dargestellt.

1 Sorgerecht bei Trennung und Scheidung

Grundsätzlich bleibt die gemeinsame elterliche Sorge im Falle von Trennung und Scheidung bestehen, solange nicht ein Elternteil eine anderweitige Regelung anstrebt. Für die Ausübung der gemeinsamen Sorge kommt es auch nicht darauf an, ob die Eltern tatsächlich zusammen leben. Weiter ist nicht erforderlich, dass beide Elternteile jeweils ledig sind oder bleiben, um die gemeinsame Sorge (für ihr gemeinsames Kind) auszuüben oder aufrecht zu erhalten.

Für alle Fälle der Auflösung der gemeinsamen Sorge, sei im Zusammenhang mit der Ehescheidung, sei es bei der Beendigung einer nichtehelichen Lebensgemeinschaft, gilt die einheitliche Regelung des § 1671 BGB, mit der auf Antrag eines Elternteils in einem gerichtlichen Sorgerechtsverfahren über die Übertragung der Alleinsorge entschieden wird.

§ 1671 BGB (Getrenntleben bei gemeinsamer elterlicher Sorge)

(1) Leben Eltern, denen die elterliche Sorge gemeinsam zusteht, nicht nur vorübergehend getrennt, so kann jeder Elternteil beantragen, dass ihm das Familiengericht die elterliche Sorge oder einen Teil der elterlichen Sorge allein überträgt.

(2) Dem Antrag ist stattzugeben, soweit

1. der andere Elterteil zustimmt, es sei denn, das Kind das 14. Lebensjahr vollendet hat und der Übertragung widerspricht, oder
2. zu erwarten ist, dass die Aufhebung der gemeinsamen Sorge und die Übertragung auf den Antragsteller dem Wohl des Kindes am besten entspricht.

(3) Dem Antrag ist nicht stattzugeben, soweit die elterliche Sorge aufgrund anderer Vorschriften abweichend geregelt werden muss.

Die Vorschrift unterscheidet bewusst nicht zwischen „Trennung“ und „Scheidung“, der Begriff der „Scheidung“ kommt in der gesetzlichen Bestimmung konsequenterweise nicht (mehr) vor. Maßgebende Voraussetzung für eine Sorgerechtsregelung zwischen Eltern, die die gemeinsame Sorge ausgeübt haben, ist ausschließlich die Tatsache ihrer „nicht nur vorübergehenden Trennung“ sowie ferner allein die Frage, ob ein Elternteil nach der Trennung die elterliche Sorge im Ganzen oder teilweise allein ausüben möchte. Unerheblich ist, wie die gemeinsame Sorge begründet wurde.

Die weitere Sorgerechtsbestimmung des § 1672 BGB betrifft Sonderfälle von Sorgerechtsentscheidungen im Falle der „nicht nur vorübergehenden Trennung“ von nicht miteinander verheirateten Eltern bzgl. eines gemeinsamen Kindes, für das die Mutter die elterliche Sorge allein ausübt. Die Regelung ist in der gerichtlichen Praxis letztlich von relativ geringer Bedeutung. Hier geht es einerseits um die Übertragung der alleinigen Sorge auf den Vater (§ 1672 Abs. 1 BGB) bzw. andererseits um die (Wieder-)Herstellung der gemeinsamen elterlichen Sorge, falls der Vater zuvor (durch gerichtliche Entscheidung) das alleinige Sorgerecht erhalten hatte (§ 1672 Abs. 2 BGB). Die Anwendung dieser Bestimmung setzt voraus, dass die Mutter das alleinige Sorgerecht gem. § 1626a Abs. 2 BGB inne hat bzw. hatte und sie der Übertragung des Sorgerechts ausdrücklich zustimmt. Gemeint sind damit die Fälle der Übertragung der Alleinsorge von der Mutter auf den Vater sowie die (Wieder-)Begründung der gemeinsamen Sorge, nachdem zuvor eine Übertragung des Sorgerechts nach § 1672 Abs. 1 BGB stattgefunden hat.

Die Bestimmung des § 1672 Abs. 1 BGB – sowie die weitere in diesem Zusammenhang bedeutsame Bestimmung des § 1626a Abs. 1 Nr. 1 BGB (Sorgeerklärungen nicht miteinander verheirateter Eltern) sind allerdings vom Bundesverfassungsgericht für verfassungswidrig erklärt worden. Dieses hat entschieden, dass es das Elternrecht des Vaters eines nichtehelichen Kindes aus Art. 6 Abs. 2 GG verletze, dass er ohne Zustimmung der Mutter generell von der Sorgetragung für sein Kind ausgeschlossen sei und nicht gerichtlich überprüfen lassen könne, ob es aus Gründen des Kindeswohls angezeigt sei, ihm zusammen mit der Mutter die Sorge für sein Kind einzuräumen oder ihm anstelle der Mutter die Alleinsorge für das Kind zu übertragen. Bis zur gesetzlichen Neuregelung, die bei Drucklegung dieses Buches nicht absehbar ist,

- ist daher § 1626a BGB mit der Maßgabe anzuwenden, dass das Familiengericht den Eltern auf Antrag eines Elternteils die elterliche Sorge oder einen Teil der elterlichen Sorge gemeinsam überträgt, soweit zu erwarten ist, dass dies dem Kindeswohl entspricht, sowie,
- § 1672 BGB mit der Maßgabe anzuwenden ist, dass das Familiengericht dem Vater auf Antrag eines Elternteils die elterliche Sorge oder einen Teil der elterlichen Sorge überträgt, soweit eine gemeinsame elterliche Sorge nicht in Betracht kommt und zu erwarten ist, dass dies dem Kindeswohl am besten entspricht (vgl. Bundesverfassungsgericht, Beschluss vom 21. 07. 2010, FamRZ 2010, 1403 ff.).

Alle familiengerichtlichen Regelungen in diesem Sachzusammenhang sind „unter Berücksichtigung der tatsächlichen Gegebenheiten und Möglichkeiten, sowie der berechtigten Interessen der Beteiligten" zu treffen, mithin immer unter der Voraussetzung, was „dem Wohl des Kindes am besten entspricht", vgl. § 1697a BGB.

§ 1697a BGB (Kindeswohlprinzip)

Soweit nichts anderes bestimmt ist, trifft das Gericht in Verfahren über die in diesem Titel geregelten Angelegenheiten diejenige Entscheidung, die unter Berücksichtigung der tatsächlichen Gegebenheiten und Möglichkeiten sowie der berechtigten Interessen der Beteiligten dem Wohl des Kindes am besten entspricht.

Das Familiengericht kann die elterliche Sorge nicht nur im Ganzen, sondern auch nur einen Teil des Sorgerechts, also unter Beibehaltung der gemeinsamen Sorge im Übrigen, auf einen Elternteil allein übertragen. Welche Teile dies im Einzelnen sind, hängt von dem zu entscheidenden Sachverhalt und dem Antrag des fraglichen Elternteils ab. Für die gerichtliche Entscheidung sind folgende Fallkonstellationen zu unterscheiden:

- Stimmt der andere Elternteil (also der nicht antragstellende Elternteil) dem Antrag zu, ist dem Antrag stattzugeben, vgl. § 1671 Abs. 2 Nr. 1 BGB, wenn nicht ein Kind widerspricht, welches das 14. Lebensjahr vollendet hat. Die elterliche Willensübereinstimmung über die Alleinsorge für den antragstellenden Elternteil ist also für das Familiengericht bindend, es sei denn, es liegt ein Fall der Kindeswohlgefährdung i. S. v. §§ 1671 Abs. 3 i. V. m. 1666 BGB vor.
- Widerspricht bei der zuvor erörterten Konstellation ein Kind, welches das 14. Lebensjahr vollendet hat, ist die gerichtliche Entscheidungsbindung aufgehoben. Dann und im Übrigen ist eine Sorgerechtsübertragung gem. § 1671 Abs. 2 Nr. 2 BGB unter der Voraussetzung vorzunehmen, dass „zu erwarten ist", dass die Aufhebung der gemeinsamen Sorge und die Übertragung auf den antragstellenden Elternteil dem Wohl des Kindes „am besten entspricht". Kann diese – doppelte – Feststellung nicht getroffen werden, bleibt es bei der gemeinsamen elterlichen Sorge. Das gleiche gilt, wenn ein „weniger sorgetauglicher" Elternteil einen Sorgerechtsantrag stellt, dem nicht entsprochen werden kann.

Soweit das über 14 Jahre alte Kind der Übertragung des Sorgerechts zur alleinigen Ausübung auf den antragstellenden Elternteil widerspricht, hat das Kind insoweit kein Vetorecht. Das Kind kann hiermit lediglich verhindern, dass der Vorschlag der Eltern vom Gericht (ohne die weitere Sachprüfung i. S. v. § 1671 Abs. 2 Nr. 2 BGB) bindend übernommen wird.

Kommt es bei dem Antrag auf Übertragung der Alleinsorge wegen mangelnder Zustimmung des anderen Elternteils bzw. wegen entsprechender ablehnender Haltung des Kindes zu einer gerichtlichen Entscheidung, ist zu prüfen, „ob zu erwarten ist, dass die Aufhebung der gemeinsamen Sorge und die Übertragung auf den Antragsteller dem Wohl des Kindes am besten entspricht", vgl. § 1671 Abs. 2 Nr. 2 BGB.

Insoweit kann z. B. für die Aufhebung der gemeinsamen Sorge die Tatsache andauernder elterlicher Konflikte sprechen oder aber die Gewaltanwendung eines Elternteils gegenüber dem anderen Elternteil, was als wichtiges Indiz gegen die Fortsetzung der gemeinsamen Sorge angesehen wird. Steht fest, dass die Aufhebung der gemeinsamen Sorge dem Wohl des Kindes „am besten entspricht", kommt eine Übertragung auf den antragstellenden Elternteil demnach nur dann in Betracht, wenn die Übertragung der Alleinsorge auf ihn aus Gründen des Kindeswohls eindeutig gerechtfertigt ist.

Nach Auffassung des Bundesgerichtshofs ist es zwar in erster Linie Sache der Eltern, darüber zu entscheiden, ob sie die gemeinsame Sorge nach ihrer Trennung beibehalten wollen oder nicht. Daraus sei jedoch nicht der Schluss zu ziehen, dass der gemeinsamen Sorge ein Vorrang vor der Alleinsorge eines Elternteils eingeräumt werden sollte. Ebenso wenig bestehe eine gesetzliche Vermutung dafür, dass die gemeinsame elterliche Sorge im Zweifel die für das Kind beste Form der Wahrnehmung elterlicher Verantwortung sei. Einer solchen Regelung stände bereits entgegen, dass sich elterliche Gemeinsamkeit in der Realität nicht verordnen lasse. Wenn sich die Eltern bei Fortbestehen der gemeinsamen Sorge fortwährend über die das Kind betreffenden Angelegenheiten stritten, könne dies zu Belastungen führen, die mit dem Wohl des Kindes nicht vereinbar seien. In solchen Fällen, in denen die gemeinsame Sorge praktisch nicht „funktioniere" und es den Eltern nicht gelinge, zu Entscheidungen im Interesse des Kindes zu gelangen, sei der Alleinsorge eines Elternteils der Vorzug zu geben. Die alleinige elterliche Sorge könne danach schon deshalb nicht als „Ausnahmeregelung" behandelt werden, weil sie diejenige Sorgerechtsform sei, die – bei Uneinigkeit der Eltern – nach dem Maßstab des Kindeswohles gerichtlich bestimmt werde (vgl. Bundesgerichtshof FuR 2000, 88 ff.).

Eine gemeinsame elterliche Sorge scheidet auch dann aus, wenn die Beziehung der Eltern zueinander eine solche nicht mehr zulässt. Hierzu hat das Bundesverfassungsgericht ausgeführt, dass die gemeinsame Ausübung der Elternverantwortung nämlich eine tragfähige soziale Beziehung zwischen den Eltern voraussetze und ein Mindestmaß an Übereinstimmung zwischen ihnen erfordere und sich am Kindeswohl auszurichten habe. Dabei sei zu prüfen, ob unter den bestehenden Gegebenheiten eine Verständigung der Eltern über wichtige Sorgerechtsfragen überhaupt noch in einer Art und Weise möglich sei, die auch bei einem Dissens der Eltern eine dem Kindeswohl dienliche Entscheidung gewährleisten würde. Gehe jede Begegnung der Kindesmutter mit dem Kindesvater bei der Kindesmutter mit einer starken Angst vor erneuten Gewalttätigkeiten einher, sei die Beziehung der Eltern für eine gemeinsame Sorgetragung nicht mehr tragfähig. Bei rechtskräftiger Verurteilung des Kindesvaters wegen massiver Gewalttätigkeiten gegen die Kindesmutter, die zudem bei dieser zu erheblichen psychischen Problemen führten, komme deshalb mangels Vorliegen einer tragfähigen sozialen Beziehung zwischen den Eltern ein gemeinsames Sorgerecht nicht mehr in Betracht (Bundesverfassungsgericht FamRZ 2004, 344 ff.).

1.1 Was bedeutet die gemeinsame elterliche Sorge inhaltlich?

Um dem Kind die gemeinsame elterliche Verantwortung trotz Trennung oder Scheidung der Eltern zu erhalten, war es erforderlich, eine rechtliche Konstruktion zu schaffen, die die gemeinsame Sorge auch im Fall des Getrenntlebens der Eltern praktikabel gestaltet. Der Gesetzgeber hat daher die sorgerechtlichen Befugnisse getrenntlebender Eltern mit § 1687 BGB völlig neu geregelt. Bei dieser Bestimmung ist von maßgeblicher Bedeutung, bei welchem Elternteil sich das Kind tatsächlich aufhält.

§ 1687 BGB (Ausübung der gemeinsamen Sorge bei Getrenntleben)

(1) Leben Eltern, denen die elterliche Sorge gemeinsam zusteht, nicht nur vorübergehend getrennt, so ist bei Entscheidungen in Angelegenheiten, deren Regelung für das Kind von erheblicher Bedeutung ist, ihr gegenseitiges Einvernehmen erforderlich. Der Elternteil, bei dem sich das Kind mit Einwilligung des anderen Elternteils oder aufgrund einer gerichtlichen Entscheidung gewöhnlich aufhält, hat die Befugnis zur alleinigen Entscheidung in Angelegenheiten des täglichen Lebens. Entscheidungen in Angelegenheiten des täglichen Lebens sind in der Regel solche, die häufig vorkommen und die keine schwer abzuändernden Auswirkungen auf die Entwicklung des Kindes haben. Solange sich das Kind mit Einwilligung dieses Elternteils oder aufgrund einer gerichtlichen Entscheidung bei dem anderen Elternteil aufhält, hat dieser die Befugnis zur alleinigen Entscheidung in Angelegenheiten der tatsächlichen Betreuung. §1629 Abs. 1 S. 4 und §1684 Abs. 2 S. 1 gelten entsprechend.
(2) Das Familiengericht kann die Befugnisse nach Abs. 1 S. 2 und 4 einschränken oder ausschließen, wenn dies zum Wohl des Kindes erforderlich ist.

Nach dem Gesetz wird mithin unter verschiedenen Sorgerechtsangelegenheiten unterschieden:

- *Angelegenheiten von „erheblicher Bedeutung“*

Entscheidungen über Angelegenheiten, deren Regelung für das Kind von „erheblicher Bedeutung“ sind, treffen die Sorgerechtsinhaber gemeinsam. Sofern also eine gemeinsame Sorge besteht, ist ein Einvernehmen der Eltern erforderlich, vgl. § 1687 Abs. 1 S. 1 BGB. Bei dieser Entscheidung ist es gleichgültig, bei welchem Elternteil sich das Kind tatsächlich befindet.

Angelegenheiten von „erheblicher Bedeutung“, also wichtige Angelegenheiten, sind z. B. Entscheidungen über eine Krankenhausbehandlung bzw. medizinische Eingriffe überhaupt oder solche über einen Auslandsaufenthalt (z. B. längerer Ferienaufenthalt des Kindes im Ausland), über die Bestimmung des Wohnsitzes, wichtige Fragen in der Schule bzw. Ausbildungsfragen.

Wie schon an anderer Stelle erwähnt, haben die Eltern die Pflicht, in gegenseitigem Einvernehmen gemeinsam zu entscheiden, also die Fragen der elterlichen Sorge miteinander, aber auch mit dem Kind, zu besprechen und Einvernehmen anzustreben, vgl. § 1626 Abs. 2 S. 3 BGB. Hierzu gehört ferner, die elterliche

Sorge „in gegenseitigem Einvernehmen zum Wohle des Kindes auszuüben", wobei sie zudem – bei Meinungsverschiedenheiten – „versuchen müssen, sich zu einigen", vgl. § 1627 BGB.

Können sich die Eltern dennoch nicht einigen, überträgt das Familiengericht gem. § 1628 BGB einem Elternteil die Entscheidung für den betreffenden Streitpunkt allein.

- *Angelegenheiten des „täglichen Lebens"*

Entscheidungen in Angelegenheiten des „täglichen Lebens" trifft der Elternteil, bei dem sich das Kind gewöhnlich aufhält, vgl. § 1687 Abs. 1 S. 2 BGB. Was den gewöhnlichen Aufenthalt angeht, so ist dieser gem. § 1687 Abs. 1 S. 2 BGB bei dem Elternteil anzunehmen, bei dem sich das Kind mit Einwilligung des anderen Elternteils oder aufgrund einer gerichtlichen Entscheidung aufhält.

Angelegenheiten des „täglichen Lebens" definiert das Gesetz als solche, die „häufig vorkommen und die keine schwer abzuändernden Auswirkungen auf die Entwicklung des Kindes haben", vgl. § 1687 Abs. 1 S. 3 BGB.

Hierzu zählen z. B.: Angelegenheiten im normalen Ablauf des Schullebens, Teilnahme an üblichen Sportarten in der Freizeit, Entscheidungen im Rahmen der gewöhnlichen medizinischen/ärztlichen Versorgung. Der Kreis der Angelegenheiten des „täglichen Lebens" ist unüberschaubar umfassend.

- *Angelegenheiten der „tatsächlichen Betreuung"*

Befindet sich das Kind aufgrund einer gegenseitigen Absprache der Eltern oder aufgrund einer gerichtlichen Umgangsregelung bei dem anderen Elternteil, trifft dieser die „Entscheidungen in Angelegenheiten der tatsächlichen Betreuung" allein, vgl. § 1687 Abs. 1 S. 4 BGB, und zwar solange sich das Kind bei ihm – mit Einwilligung des Elternteils des gewöhnlichen Aufenthaltsortes des Kindes – besuchsweise aufhält.

Unter „tatsächlicher Betreuung" versteht man diejenigen Maßnahmen, die z. B. mit der Versorgung des Kindes während des Besuches erforderlich werden.

- *Notvertretungsrecht*

Jeder Elternteil, bei dem sich das Kind gewöhnlich oder besuchsweise aufhält, hat darüber hinaus bei „Gefahr im Verzug" ein sog. Notvertretungsrecht, vgl. §§ 1687 Abs. 1 S. 5 i. V. m. 1629 Abs. 1 S. 4 BGB. Gemeint sind unaufschiebbare Rechtshandlungen, die zum Wohle des Kindes dringend notwendig sind. Diese Rechtshandlungen darf jeder Elternteil allein vornehmen, muss allerdings den anderen Elternteil unverzüglich darüber unterrichten. Gemeint sind hier z. B. unaufschiebbare ärztliche Behandlungen.

Einen Sonderfall stellt die *Geltendmachung von Kindesunterhalt* dar.

- Steht die elterliche Sorge für ein Kind den Eltern gemeinsam zu, so kann der Elternteil, in dessen Obhut sich das Kind befindet, *Unterhaltsansprüche des Kindes* gegen den anderen Elternteil geltend machen, vgl. § 1629 Abs. 2 S. 2 BGB. Das Gesetz meint hier die Fälle, in denen die Eltern geschieden sind und die gemeinsame Sorge beibehalten wurde bzw. die Eltern nicht miteinander verheiratet waren und aufgrund von Sorgeerklärungen die gemeinsame Sorge

ausüben. Damit hat derjenige Elternteil, in dessen Obhut sich das Kind befindet, für die Geltendmachung des Kindesunterhalts das *Alleinvertretungsrecht.* Der vertretungsberechtigte Elternteil handelt also *im Namen des Kindes.*
- Sind die Eltern des Kindes hingegen noch miteinander verheiratet, leben sie aber getrennt oder ist eine Ehesache zwischen ihnen anhängig, kann ein Elternteil Unterhaltsansprüche gegen den anderen Elternteil *nur in eigenem Namen* geltend machen, vgl. § 1629 Abs. 3 S. 1 BGB. Es handelt sich hier um eine sog. gesetzliche Einziehungsermächtigung bzw. Prozessstandschaft. Auch für diesen Fall ist (ungeschriebene) Voraussetzung, dass derjenige Elternteil den Kindesunterhalt – wenn auch in eigenem Namen – geltend macht, in dessen Obhut sich das Kind befindet. Gemeint sind natürlich nur Unterhaltsansprüche bzgl. gemeinschaftlicher Kinder. Die Berechtigung zur Geltendmachung des Unterhaltsanspruches erlischt in diesem Fall, sobald Leistungen nach dem Unterhaltsvorschussgesetz erbracht werden. Schließlich ist Voraussetzung die Minderjährigkeit des gemeinschaftlichen Kindes. Dieses muss, wird es volljährig, den Prozess in eigenem Namen fortführen.

In allen Fällen der Ausübung der gemeinsamen Sorge bei Getrenntleben gilt – wie beim Umgangsrecht –, dass die Eltern in Bezug auf das Sorgerecht und die sorgerechtlichen Maßnahmen alles zu unterlassen haben, was das Verhältnis des Kindes zum jeweils anderen Elternteil stört oder die Erziehung erschwert, vgl. § 1687 Abs. 1 S. 5 i.V.m. § 1684 Abs. 2 S. 1 BGB. Auf diese Verpflichtung hinzuweisen ist Aufgabe der Jugendhilfe, die gem. § 17 Abs. 2 SGB VIII Eltern Rat und Unterstützung geben soll, ehe es zur Aufhebung der gemeinsamen elterlichen Sorge wegen bestehender Probleme im Zusammenhang mit der Ausübung der gemeinsamen Sorge kommt. Häufig sind nämlich Eltern (ohne entsprechende Beratung) aus eigener Kraft nicht fähig, die gemeinsame Sorge weiterhin zum Wohle ihrer Kinder hin auch tatsächlich auszuüben.

§ 17 Abs. 2 SGB VIII (Beratung in Fragen der Trennung und Scheidung)

Im Fall der Trennung und Scheidung sind Eltern unter angemessener Beteiligung des betroffenen Kindes oder Jugendlichen bei der Entwicklung eines einvernehmlichen Konzepts für die Wahrnehmung der elterlichen Sorge und der elterlichen Verantwortung zu unterstützen; dieses Konzept kann auch als Grundlage für einen Vergleich oder eine gerichtliche Entscheidung im familiengerichtlichen Verfahren dienen.

Aber auch in den Fällen, in denen keine gemeinsame Sorge, sondern das Alleinsorgerecht eines Elternteils besteht, sieht das Gesetz ausdrücklich bestimmte sorgerechtliche Befugnisse zum Wohle des gemeinsamen Kindes vor:

- *Entscheidungsbefugnis des nicht sorgeberechtigten Elternteils*
  § 1687a BGB räumt jedem Elternteil, der nicht Inhaber der elterlichen Sorge ist und bei dem sich das Kind mit Einwilligung des anderen (also alleinsorgeberechtigten) Elternteils oder eines sonstigen Inhabers der Sorge oder aufgrund einer gerichtlichen Entscheidung aufhält, ein Notvertretungsrecht für das Kind

bzw. Entscheidungen in Angelegenheiten der tatsächlichen Betreuung ein, vgl. §§ 1687a i.V.m. 1687 Abs. 1 S. 4 und 5 sowie Abs. 2 BGB entsprechend.

- *Sorgerechtliche Befugnisse des Stiefelternteils*

Gem. § 1687b BGB hat der Stiefelternteil in gewissem Umfang sorgerechtliche Befugnisse, die allerdings „im Einvernehmen mit dem alleinsorgeberechtigten Elternteil" auszuüben sind. Der Stiefelternteil kann seine Mitentscheidungsbefugnis damit nicht gegen den Willen des alleinsorgeberechtigten Elternteils ausüben. Dieses eingeschränkte Sorgerecht – auch Mitentscheidungs- oder Mitwirkungsbefugnis genannt –, bezieht sich lediglich auf Angelegenheiten des täglichen Lebens sowie auf das Notvertretungsrecht, vgl. §§ 1687b Abs. 1 und Abs. 2 BGB. Damit ist der Stiefelternteil berechtigt, bei Gefahr in Verzug, also z.B. Unfall, Krankheit oder Verletzung des Kindes, die zum Wohl des Kindes notwendigen Entscheidungen allein zu treffen. Allerdings ist der sorgeberechtigte Elternteil unverzüglich zu benachrichtigen.

1.2 Welche Aspekte sind bei der Übertragung der alleinigen Sorge von Bedeutung?

Letztlich ist die Entscheidung über einen Antrag auf Übertragung der alleinigen elterlichen Sorge dann problematisch, wenn der andere Elternteil der Übertragung nicht zustimmt. Dass die Übertragung der alleinigen Sorge am Widerspruch des 14 Jahre alten Kindes scheitert, kommt in der familiengerichtlichen Praxis äußerst selten vor.

Da die Übertragung auf den Antragsteller dem Wohl des Kindes am besten entsprechen muss, ist dies festzustellen und letztlich auch überzeugend zu begründen.

Hierbei geht es insbesondere um folgende Gesichtspunkte:

- *Kindeswohl*

Dieser Begriff wird allgemein mit einer Reihe von Kriterien ausgefüllt, die das Gericht im Einzelnen prüft. Dabei handelt es sich um den Willen des Kindes, also die Frage, welche Vorstellung das Kind selbst von der sorgerechtlichen Regelung hat, die Bindung des Kindes zum jeweiligen Elternteil, die Erziehungsfähigkeit der Eltern und auch ihre Bereitschaft zur Erziehung, die bessere Förderung der kindlichen Entwicklung sowie die Sicherstellung der Kontinuität der Erziehung.

Im Einzelnen:

- *Erziehungsfähigkeit der Eltern*

Diese Frage befasst sich mit der Prüfung, ob der fragliche Elternteil zur Erziehung geeignet ist oder nicht. Dabei ist zunächst davon auszugehen, dass jeder Elternteil für sich genommen als erziehungsfähig anzusehen ist und lediglich bestimmte Gesichtspunkte seine Erziehungsfähigkeit in Frage stellen. Hierzu zählen z.B. mangelnde Bereitschaft zur Betreuung und Versorgung des Kindes, übermäßiger Alkoholkonsum, psychische Erkrankung, häufige Straffälligkeit, Neigung zur Vernachlässigung des Kindes, Drogenabhängigkeit.

- *Kontinuitätsprinzip und Förderungsprinzip*

Bei der Frage, welcher Elternteil das Kind besser fördern (Förderungsprinzip) bzw. wer die Gleichmäßigkeit und Stetigkeit der Erziehung (Kontinuitätsprinzip) zu Gunsten des Kindes aufrecht erhalten kann, lässt sich aus bestehenden Fakten am Besten ableiten. Hat sich bereits in der Vergangenheit, insbesondere während der Zeit der Trennung, ein Elternteil als die verlässlichere Person erwiesen, so dürfte auch dieser Elternteil nach dem Förderungsprinzip am ehesten in Betracht kommen. Schließlich ergibt sich aus dem Kontinuitätsprinzip, dass ein Kind nicht ohne zwingenden Grund aus seiner gewohnten Umgebung herausgenommen werden soll, ebenso wenig wie eine verlässliche Bezugsperson nicht gegen eine andere neue Bezugsperson ausgewechselt werden soll.

- *Bindungen des Kindes*

Die Bindungen des Kindes zu einem Elternteil haben einen besonderen und entscheidenden Wert. Die Bindungen zu dem jeweiligen Elternteil zu ergründen, insbesondere festzustellen, zu welchem Elternteil das Kind stärkere oder gar unverzichtbare Bindungen aufweist, ist eine schwierige Aufgabe, die häufig nur durch eine familiepsychologische Begutachtung eines Sachverständigen zutreffend ermittelt werden kann. Neben den Bindungen des Kindes an seine Eltern sind aber auch Bindungen bzw. Beziehungen zu Großelternteilen insbesondere auch zu Geschwistern von Bedeutung.

- *Wille des Kindes*

Der Wille des Kindes bekommt mit zunehmendem Alter ein stärkeres Gewicht. Maßgeblicher Zeitpunkt ist dabei die Vollendung des 14. Lebensjahres, wie insbesondere die Bestimmung des § 1671 Abs. 2 Nr. 1 BGB (Widerspruch bei einvernehmlicher Sorgerechtsreglung der Eltern) zeigt. Aber auch schon jüngere Kinder äußern häufig konkrete und nachvollziehbare Wünsche, aus denen eine willensmäßige Entscheidung abzulesen ist.

2 Umgangsrecht bei Trennung und Scheidung

Im Rahmen der Kindschaftsrechtsreform 1998 hat der Gesetzgeber klargestellt, dass der Umgang mit beiden Elternteilen in der Regel zum Wohl des Kindes gehört, vgl. § 1626 Abs. 3 S. 1 BGB. In diesem Zusammenhang wurde gesetzlich festgelegt, dass das Kind ein Recht auf Umgang mit beiden Elternteilen hat und darüber hinaus jeder Elternteil zum Umgang mit dem Kind verpflichtet und berechtigt ist, vgl. § 1684 Abs. 1 BGB.

§ 1684 BGB (Umgang des Kindes mit den Eltern)

(1) Das Kind hat das Recht auf Umgang mit jedem Elternteil; jeder Elternteil ist zum Umgang mit dem Kind verpflichtet und berechtigt.
(2) Die Eltern haben alles zu unterlassen, was das Verhältnis des Kindes zum jeweils anderen Elternteil beeinträchtigt oder die Erziehung erschwert. Entsprechendes gilt, wenn sich das Kind in der Obhut einer anderen Person befindet.

(3) Das Familiengericht kann über den Umfang des Umgangsrechts entscheiden und seine Ausübung, auch gegenüber Dritten, näher regeln. Es kann die Beteiligten durch Anordnung zur Erfüllung der in Abs. 2 geregelten Pflicht anhalten. Wird die Pflicht nach Abs. 2 dauerhaft oder wiederholt erheblich verletzt, kann das Familiengericht auch eine Pflegschaft für die Durchführung des Umgangs anordnen (Umgangspflegschaft). Die Umgangspflegschaft umfasst das Recht, die Herausgabe des Kindes zur Durchführung des Umgangs zu verlangen und für die Dauer des Umgangs dessen Aufenthalt zu bestimmen. Die Anordnung ist zu befristen. (...).
(4) Das Familiengericht kann das Umgangsrecht oder den Vollzug früherer Entscheidung über das Umgangsrecht einschränken oder ausschließen, soweit dies zum Wohl des Kindes erforderlich ist. Eine Entscheidung, die das Umgangsrecht oder seinen Vollzug für längere Zeit oder auf Dauer einschränkt oder ausschließt, kann nur ergehen, wenn andernfalls das Wohl des Kindes gefährdet wäre. Das Familiengericht kann insbesondere anordnen, dass der Umgang nur stattfinden darf, wenn ein mitwirkungsbereiter Dritter anwesend ist. Dritter kann auch ein Träger der Jugendhilfe oder ein Verein sein; dieser bestimmt dann jeweils, welche Einzelperson die Aufgabe wahrnimmt.

Das Wohl des Kindes steht bei der Ausübung und Ausgestaltung des Umgangsrechts als zentraler Maßstab und oberste Richtschnur an erster Stelle und hat im Streitfall grundsätzlich Vorrang vor den Elterninteressen. Hintergrund ist die Überlegung, dass

- es für das Kind von besonderer Bedeutung ist, dass das Kind durch ungestörten persönlichen Umgang mit dem Elternteil, bei dem es nicht in Obhut ist, Gelegenheit erhält, sich ein eigenständiges, auf persönlichen Erfahrungen beruhendes Bild von diesem und dessen Ansichten zu machen (vgl. Oberlandesgericht Köln, FamRZ 1998, 1463),
- anerkannt ist, dass es für eine gedeihliche seelische Entwicklung eines Kindes und die psychische Verarbeitung einer Familienauflösung in aller Regel wichtig ist, nicht nur einen sorgenden (und sorgeberechtigten) Elternteil als Bindungspartner zu haben, sondern auch den anderen Elternteil nicht faktisch zu verlieren und die Beziehung zu ihm so gut wie möglich aufrecht zu erhalten (vgl. Oberlandesgericht Hamm, FamRZ 2000, 45 sowie Oberlandesgericht Bamberg, FamRZ 2000, 46 ff.),
- die Frage nach der Herkunft und nach der Person des leiblichen Elternteils große Bedeutung für die Identifikation und Selbstfindung des Kindes spätestens im jugendlichen Alter erlangt,
- es grundsätzlich einem Kind ermöglicht werden muss, den von ihm getrenntlebenden Elternteil genau kennen zu lernen, um seine eigene Persönlichkeit zu begreifen (ähnlich Kammergericht, FamRZ 2003, 948 ff.).

Der Anspruch des Kindes auf Umgang mit seinen Eltern ist einklagbar und vollstreckbar. Das Kind bedarf hierzu jedoch eines gesetzlichen Vertreters (z.B. alleinsorgeberechtigter Elternteil).

Das Bundesverfassungsgericht hat hierzu in seiner Entscheidung vom 01.04.2008 (vgl. BVerfG 1 BvR 1620/09, FamRZ 2008, 845 ff.) über die zwangsweise Durchsetzung der Umgangspflicht eines umgangsunwilligen Elternteils u. a. festgelegt, dass

- die gem. Art. 6 Abs. 2 S. 1 GG gegebene elterliche Pflicht zur Pflege und Erziehung ihres Kindes nicht allein dem Staat gegenüber, sondern auch ihrem Kind gegenüber besteht. Mit dieser elterlichen Pflicht korrespondiere das Recht des Kindes auf Pflege und Erziehung durch seine Eltern aus Art. 6 Abs. 2 S. 1 GG. Recht und Pflicht seien vom Gesetzgeber auszugestalten,
- der sich aus der Verpflichtung zum Umgang ergebende Eingriff in das Persönlichkeit der Eltern wegen ihrer Verantwortung für ihr Kind und dessen Recht auf Pflege und Erziehung durch seine Eltern gerechtfertigt ist, wenn dies dem Kindeswohl diene,
- ein Umgang mit dem Kind, der nur mit Zwangsmitteln gegen seinen umgangsunwilligen Elternteil durchgesetzt werden kann, in der Regel jedoch nicht dem Kindeswohl dient. Der durch die Zwangsmittelandrohung bewirkte Eingriff in das Grundrecht des Elternteils auf Schutz der Persönlichkeit sei insoweit nicht gerechtfertigt, es sei denn, es gebe im Einzelfall hinreichende Anhaltspunkte, die darauf schließen ließen, dass ein erzwungener Umgang dem Kindeswohl dienen werde,
- die in § 1684 BGB gesetzlich statuierte Pflicht eines Elternteils zum Umgang mit seinem Kind eine zulässige Konkretisierung der den Eltern grundrechtlich zugewiesenen Verantwortung für ihr Kind ist. Da ein Umgang zwischen Eltern und Kind dem Wohl des Kindes und seiner Entwicklung grundsätzlich zugute komme, habe der Gesetzgeber in § 1684 BGB die Eltern zum Umgang mit ihrem Kind verpflichtet und damit angemahnt, dass sie ihre Verantwortung gegenüber dem Kind nachkommen;
- bei einer Abwägung der Interessen (nämlich des Interesses des Kindes an einem gedeihlichen Umgang mit seinen beiden Elternteilen und dem Interesse eines Elternteils, mit dem Kind nicht in persönlichen Kontakt treten zu wollen), dem kindlichen Anliegen gegenüber dem elterlichen Wunsch ein erheblich größeres Gewicht beizumessen ist,
- die zwangsweise Durchsetzung des Umgangs (bei der von dem Elternteil nicht nur bloße Anwesenheit, sondern eine emotionale Zuwendung zum Kind erwartet wird) verbunden mit einer ablehnenden Haltung des Elternteils zum Kind, nicht ohne Auswirkungen auf das Kind bleiben kann. Das Kind gerate in eine Situation, in der es nicht die mit dem Umgang bezweckte elterliche Zuwendung erfahre, sondern spüren müsse, wie es als Person abgelehnt werde, und dies nicht von irgendjemandem, sondern gerade von seinem Elternteil. Dies berge die große Gefahr, dass das Selbstwertgefühl des Kindes Schaden nehme;
- je älter und je gefestigter ein Kind in seiner Persönlichkeitsentwicklung ist, um so eher davon auszugehen sein wird, dass eine zwangsweise Durchsetzung seines eigenen, ausdrücklich geäußerten Wunsches, den Kontakt mit seinem Elternteil zu erhalten, seinem Wohl dienlich ist. In einem solchen Fall sei es einem Elternteil zumutbar, zu einem Umgang mit seinem Kind notfalls auch mit

Zwangsmitteln angehalten zu werden (vgl. Bundesverfassungsgericht FamRZ 2008, 845 ff.).

Letztlich hat der „gesetzlich verbriefte" Umgangsanspruch in erster Linie eine sog. Appellfunktion in Bezug auf den umgangsverpflichteten Elternteil.

In diesem Zusammenhang hatte das Oberlandesgericht München darüber zu befinden, ob ein betagter Vater zu Übernachtungen seines dreizehn Jahre alten Kindes bei ihm verpflichtet werden kann, wenn berechtigte Bedürfnisse (gesundheitliche Einschränkungen des Vaters) dem entsprechenden Wunsch des Kindes entgegenstehen. Hier hat das OLG München u.a. ausgeführt, dass der umgangsberechtigte Vater auch zum Umgang verpflichtet sei. Deshalb sei schon nach dem Wortlaut der Vorschrift des § 1684 BGB Umgang auch gegen den Willen des zum Umgang verpflichteten Elternteils anzuordnen und notfalls mit Zwangsmitteln durchzusetzen. Es müsse aber auch auf berechtigte Bedürfnisse und etwaige Einschränkungen auf Seiten des Umgangsberechtigten Rücksicht genommen werden. Ebenso wie in der intakten Beziehung einer Familie nicht der Wunsch eines Kindes die alleinige Richtschnur für die das Kind betreffenden Entscheidungen sein könne, seien auch bei nicht zusammenlebenden Eltern die Belange aller Beteiligten zu beachten. Habe der umgangsberechtigte Elternteil nachvollziehbare Gründe, die gegen die von Mutter und/oder Kind gewünschte Art, Häufigkeit oder Ausgestaltung des Umgangsrechts sprechen, seien diese zu respektieren. Stünden insbesondere berufliche oder persönliche Gründe des Umgangsberechtigten einem besonders häufigen oder intensiven Umgangskontakt entgegen, könne ein solcher nicht erzwungen werden. Die gesundheitlichen Probleme (u.a. Depression, zu deren Behandlung regelmäßig Psychopharmaka und Schlafmittel eingenommen werden), seien durch Vorlage entsprechender Atteste belegt und ernst zu nehmen. (...) Angesichts des vorgerückten Alters des Vaters, der nach seinen Angaben kein weiteres Kind habe und noch nie mit einer Familie in häuslicher Gemeinschaft gelebt habe, könne es im Streitfall nur im wohlverstandenen Interesse der Tochter liegen, die Entscheidung dem Vater zu überlassen, ob er die Tochter bei sich übernachten lassen wolle oder nicht (vgl. Oberlandesgericht München, FamRZ 2005, 2010).

Folgende allgemeine Grundsätze haben sich beim Umgangsrecht bei Trennung und Scheidung herausgebildet. Dabei geht es auch um die Frage, wann Eltern von ihrem Umgangsrecht ausgeschlossen werden dürfen:

- Für den Fall einer mit Transportunfähigkeit einhergehenden Erkrankung des Kindes an mehreren aufeinanderfolgenden Umgangswochenenden kann familiengerichtlich festgestellt werden, dass der Vater berechtigt sein soll, das Kind in Abwesenheit der Mutter an seinem aktuellen Aufenthaltsort (mithin ggf. in der Wohnung der Mutter) zu besuchen (vgl. Bundesverfassungsgericht FamRZ 2005, 429).
- Ist infolge des Umzuges der Mutter mit dem Kind eine größere Entfernung zwischen den Wohnsitzen der Eltern eingetreten und bestehen bei dem umgangsberechtigten Vater beengte finanzielle Verhältnisse, kann es angemessen sein, dass die Mutter das Kind jeweils bei dem Vater auf ihre Kosten wieder abholt (vgl. Oberlandesgericht Dresden, FamRZ 2005, 927).

- Ein genereller Ausschluss des Umgangs während der Ferienzeiten ohne entsprechende gerichtliche Begründung verstößt gegen das Elternrecht aus Art. 6 Abs. 2 S. 1 GG (Bundesverfassungsgericht, FamRZ 2005, 871ff.).
- Das Elternrecht des nicht sorgeberechtigten Elternteils ist verletzt, wenn das Gericht eine Regelung des Umgangsrechts ablehnt, ohne dass ersichtlich ist, wann eine erneute Prüfung des Umgangsrechts erfolgen wird (Bundesverfassungsgericht, FamRZ 2005, S. 1815ff.).
- Bevor das Gericht seine Entscheidung zum elterlichen Umgangsrecht (befristeter Umgangsausschluss) auf den geäußerten Willen des (achteinhalb Jahre alten) Kindes stützt, hat es zu prüfen, inwiefern der Wille des Kindes mit seinem Wohl in Einklang steht. Entsprechend dem Grundsatz der Verhältnismäßigkeit des Eingriffs hat das Gericht auch zu prüfen, ob ein begleiteter Umgang in Betracht kommt, zumal wenn sich ein solcher in der Vergangenheit schon einmal bewährt hat (Bundesverfassungsgericht, FamRZ 2005, 1057ff.).
- Eine Entscheidung, die das Umgangsrecht eines Elternteils für längere Zeit oder auf Dauer einschränkt oder ausschließt, kann nur ausnahmsweise ergehen, wenn nämlich andernfalls das Wohl des Kindes gefährdet wäre. Sie darf nur angeordnet werden, um eine konkrete, gegenwärtig bestehende Gefährdung der körperlichen oder geistig-seelischen Entwicklung des Kindes abzuwenden. Zudem ist Voraussetzung, dass keine anderen – milderen – Mittel zum Schutze des Kindes verfügbar sind, um der konkreten Gefährdung zu begegnen (Oberlandesgericht Köln, FamRZ 2005, 2011).
- Bei der Prüfung, ob eine Gefährdung des Kindeswohls gegeben ist, die zum Ausschluss des Umgangsrechts herangezogen werden soll, hat auch der Wille des Kindes Berücksichtigung zu finden. Das Persönlichkeitsrecht des Kindes erfordert es, dass sein Wille im Rahmen seines wohlverstandenen Interesses zur Geltung kommt. Bei der Berücksichtigung des Kindeswillens gilt es, die Individualität des Kindes und die Beachtlichkeit seines Willens auch im Hinblick auf sein Alter sowie die aus dem Elternrecht fließenden Belange des kontaktsuchenden Elternteils gegeneinander abzuwägen (Oberlandesgericht Köln, FamRZ 2005, 2011).
- Beachtenswerte Gründe für einen ablehnenden Kindeswillen, mit seinem Vater Kontakt aufzunehmen, können dann vorliegen, wenn der Vater gegenüber der Mutter in erheblichem Maße gewalttätig geworden ist und aus seinem gegenwärtigen Verhalten gegenüber der Mutter das Kind befürchten muss, dass sich solche Gewalttätigkeiten wiederholen und ggf. auch ihm gegenüber angewandt werden (Oberlandesgericht Köln, FamRZ 2005, 2011).
- Eine erhebliche Kindeswohlgefährdung kann dann gegeben sein, wenn sich herausstellt, dass der um Umgang mit seinem Kind nachsuchende Vater unter einer erheblichen Persönlichkeitsstörung leidet, die seine Gewalttätigkeit auch für die Zukunft befürchten lässt und sich der Vater trotz eingehender Belehrung nicht behandlungswillig zeigt (Oberlandesgericht Köln, FamRZ 2005, 2011).
- Der sorgeberechtigte Elternteil, der durch seinen Umzug eine erhebliche räumliche Distanz der Kinder zum Umgangsberechtigten geschaffen hat, hat die Pflicht, sich an dem zeitlichen und organisatorischen Aufwand bei der Aus-

übung des Umgangsrechts zu beteiligen (Oberlandesgericht Schleswig, FamRZ 2006, 881, sowie Bundesverfassungsgericht, FamRZ 2002, 809).

- Eine Einschränkung oder ein Ausschluss des Umgangsrechts ist nur veranlasst, wenn nach den Umständen des Einzelfalls der Schutz des Kindes dies erfordert, um eine Gefährdung seiner seelischen oder körperlichen Entwicklung abzuwehren (Bundesverfassungsgericht, FamRZ 2006, 1005 ff.).
- Die Ablehnung des Umgangsrechts kann nicht allein darauf gestützt werden, dass ein Vater wegen fehlender Beziehung zu seinem Kleinkind diesem „fremd" ist (Bundesverfassungsgericht, FamRZ 2006, 1005 ff.).
- Die bloße Ablehnung der Regelung des Umgangsrechts greift unverhältnismäßig in das Elternrecht des Umgangselternteils ein, wenn aus der Entscheidung nicht erkennbar ist, wann eine erneute Prüfung des Umgangsrechts begehrt werden kann (Bundesverfassungsgericht, FamRZ 2006, 1005 ff.).
- Es ist grundsätzlich Aufgabe des sorgeberechtigten Elternteils, das Kind behutsam und positiv auf die Umgangskontakte mit dem anderen Elternteil vorzubereiten (Oberlandesgericht Bamberg, FamRZ 1995, 428).

3 Umgangspflegschaft

Mit dem zum 01.09.2009 in Kraft getretenen Gesetz zur Reform des Verfahrens in Familiensachen und in den Angelegenheiten der freiwilligen Gerichtsbarkeit hat der Gesetzgeber das Rechtsinstitut der Umgangspflegschaft eingeführt. Diese Umgangspflegschaft konnte bereits nach früherem Recht als Ergänzungspflegschaft i.S.v. § 1909 BGB eingerichtet werden, wenn das elterliche Fehlverhalten im Rahmen der Umgangsproblematik ein kindeswohlgefährdendes Ausmaß annahm, so dass eine Maßnahme i.S.v. § 1666 Abs. 1 BGB (z.B. Entzug des Aufenthaltsbestimmungsrechts im Zusammenhang mit der Durchsetzung der Umgangsregelung) erforderlich wurde. Diese Ergänzungspflegschaft wurde üblicherweise als „Umgangspflegschaft" bezeichnet. Da das FGG-Reformgesetz u.a. insbesondere zum Ziel hatte, Umgangsstreitigkeiten zu minimieren bzw. Umgangsstreitigkeiten im Sinne des Kindeswohls zu verkürzen und berechtigte Umgangswünsche der Kinder schneller umzusetzen, führte der Gesetzgeber nunmehr ausdrücklich die Umgangspflegschaft ein.

Beispiel:
Nadine, 12 Jahre alt, lebt bei ihrer Mutter. Die Eltern haben sich nach einem kurzen, aber heftigen Umgangsstreit darauf geeinigt, dass der Vater Nadine alle drei Wochen samstags von 11:00 Uhr bis 18:00 Uhr zu sich nehmen kann. Als der Vater Nadine abholen will, verweigert die Mutter die Mitnahme, weil Nadine krank sei (Halsschmerzen). Dies wiederholt sich mehrfach. Der Vater leitet bei Gericht ein Vermittlungsverfahren ein (§ 165 FamFG). Im Vermittlungsverfahren kommt es zu keiner Einigung, so dass das Vermittlungsverfahren im Ergebnis scheitert. Das Gericht ordnet nunmehr eine Umgangspflegschaft ein. Es bestellt die Sozialarbeiterin S., die auch Verfahrensbeistandschaften für das Gericht wahrnimmt, als Umgangspflegerin.

Voraussetzung der gerichtlich angeordneten Umgangspflegschaft ist zunächst, dass ein Elternteil seine Wohlverhaltenspflicht gem. § 1684 Abs. 2 BGB „dauerhaft oder wiederholt erheblich verletzt" (zum Wortlaut von § 1684 BGB siehe oben S. 88).

Gemäß § 1684 Abs. 2 S. 1 BGB haben die Eltern nämlich alles zu unterlassen, was das Verhältnis des Kindes zum jeweils anderen Elternteil beeinträchtigt oder die Erziehung erschwert. Diese wechselseitige Loyalitätspflicht der Eltern beinhaltet die Verpflichtung, alles zu unterlassen, was die Beziehung des Kindes zum jeweils anderen Elternteil belastet und behindert. Ferner ist es zu unterlassen, durch negative Einflüsse Umgang, Erziehung oder überhaupt das andere Eltern-Kind-Verhältnis zu untergraben oder allgemein zu stören. Die Loyalitätspflicht verpflichtet die Eltern ferner auch dazu, das Kind positiv z.B. auf den Umgang vorzubereiten, um Loyalitätskonflikte von vornherein zu minimieren bzw. gar nicht erst entstehen zu lassen.

Werden die genannten Wohlverhaltenspflichten *dauerhaft oder wiederholt erheblich verletzt*, besteht nunmehr die ausdrückliche gesetzliche Möglichkeit der Einrichtung einer Umgangspflegschaft.

Zur ihrem Aufgabenbereich gehört die Durchführung des Umgangs, wie sich aus dem Gesetz selbst ergibt. Hierzu zählen das Recht, die Herausgabe des Kindes zur Durchführung des Umgangs zu verlangen, aber auch für die Dauer des Umgangs den Aufenthalt des Kindes zu bestimmen. Der Umgangspfleger kann deshalb aus eigenem Recht auf den Umgang hinwirken, ihn gestalten und all das umsetzen, was zur Ausführung des Umgangs notwendig ist. Der Umgangspfleger wird den Umgang im Einzelnen mit den Beteiligten gesprächsweise vorbereiten, das Kind bei dem sorgeberechtigten Elternteil abholen und es an den umgangsberechtigten Elternteil übergeben, wie auch bei der Rückgabe des Kindes an den betreuenden Elternteil zugegen sein sowie die konkrete Ausgestaltung des Umgangs bestimmen.

Wenn der Umgangspfleger durch seine Anwesenheit und durch seine Berichtspflicht gegenüber dem Gericht auch einen gewissen Druck auf die Verwirklichung des Umgangs ausüben kann, hat er dennoch außer dieser Einflussnahme auf die Eltern *keine weiteren Möglichkeiten des unmittelbaren Zwangs*. Mit anderen Worten: Dem Umgangspfleger stehen für die Durchsetzung des Umgangs keine weiteren zusätzlichen Möglichkeiten zur Verfügung, wie dem umgangsberechtigten Elternteil selbst. Die Anordnung der Umgangspflegschaft wird vom Gericht grundsätzlich befristet, vgl. § 1684 Abs. 3 S. 5 BGB.

Soweit es um den Umgang mit „sonstigen Bezugspersonen" geht, also z.B. des Enkelkindes zu seinen Großeltern oder den Umgang von Geschwistern untereinander, vgl. § 1685 Abs. 3 S. 2 BGB, so ist hier Voraussetzung, dass das „gestörte Umgangsverhältnis" zwischen dem Kind und der „sonstigen Bezugsperson" das Ausmaß einer Kindeswohlgefährdung im Sinne von § 1666 Abs. 1 BGB erfüllen muss (zum Wortlaut von § 1685 BGB Kap. V, S. 69). Nur dann kommt in diesem Falle die Anordnung einer Umgangspflegschaft in Betracht. Die Regelung ist in der Praxis weniger von Bedeutung.

Mit anderen Worten: Es bedarf in einem solchen Fall der gerichtlichen Feststellung, dass das Unterbleiben der Umgangskontakte zwischen dem Kind und der „sonstigen Bezugsperson" für das Kind eine Gefährdung seines körperlichen, geistigen oder seelischen Wohls (§ 1666 BGB) darstellt.

4 Zum Auskunftsrecht

§ 1686 BGB (Auskunft über die persönlichen Verhältnisse des Kindes)

Jeder Elternteil kann vom anderen Elternteil bei berechtigtem Interesse Auskunft über die persönlichen Verhältnisse des Kindes verlangen, soweit dies dem Wohl des Kindes nicht widerspricht. Über Streitigkeiten entscheidet das Familiengericht.

Das Recht auf Auskunft steht jedem Elternteil zu, und zwar unabhängig davon, ob das Umgangsrecht mit dem Kind eingeschränkt oder ausgeschlossen ist oder ob der Umgang durchgeführt wird. Häufig wird in der Praxis aber über Auskunftsrechte dann gestritten, wenn der Umgang eingeschränkt oder ausgeschlossen ist.

Das Auskunftsrecht dient dazu, dem Elternteil, der nicht mit dem Kind in häuslicher Gemeinschaft lebt, zu ermöglichen, sich von der Entwicklung des Kindes und seinem Wohlergehen laufend überzeugen zu können. Es erlangt dort besondere Bedeutung, wo ein regelmäßiger Besuchskontakt nicht stattfindet, insbesondere wegen großer räumlicher Entfernung ausfällt.

Damit hat jeder Elternteil gegenüber dem anderen Elternteil ein grundsätzliches Recht auf jedwede Information über maßgebliche, das Kind betreffende Angelegenheiten. Das Auskunftsrecht des § 1686 BGB sieht eine Auskunft im Einzelnen nur vor, wenn

- ein berechtigtes Interesse an der Auskunft besteht
- keine Kindeswohlinteressen entgegenstehen
- eine auf die persönlichen Verhältnisse des Kindes beschränkte Auskunft verlangt wird.

Ein berechtigtes Interesse, vom anderen Elternteil Auskunft zu verlangen, kann nicht deshalb verneint werden, weil sich der auskunftsbegehrende Elterteil vorher längere Zeit nicht um das Kind gekümmert hat (Oberlandesgericht Köln, FamRZ 2005, 1276).

Gut zu wissen – gut zu merken

Bei Trennung und Scheidung verbleibt es bei der gemeinsamen elterlichen Sorge für das gemeinsame Kind. Deshalb ist die Ausübung des gemeinsamen Sorgerechts im Einzelnen gesetzlich geregelt. Beantragt ein Elternteil – gegen den Willen des anderen Elternteils – das Sorgerecht für sich allein, entscheidet das Familiengericht unter bestimmten Kindeswohlaspekten über die Übertragung des Sorgerechts. Ebenso entscheidet das Familiengericht über den Umgang des Kindes zu dem Elternteil, von dem es nicht betreut wird, sofern die Eltern keine einvernehmliche kindeswohlorientierte Lösung über das Umgangsrecht des Kindes finden.

Weiterführende Literatur

Röchling, W. (Hg.) (2009): Handbuch Anwalt des Kindes. Verfahrensbeistandschaft und Umgangspflegschaft für Kinder und Jugendliche. 2. Auflage. Baden-Baden: Nomos.
Weinreich, G./Klein, M. (2010): Fachanwaltskommentar Familienrecht. 4. Auflage. Neuwied: Luchterhand.

VII Die Rechte des Kindes

Was Sie in diesem Kapitel lernen können

Der verfassungsrechtlich gewährleistete Schutz von Kindern und Jugendlichen kommt im Gesetz aus unterschiedlichem Anlass und in verschiedenen Formen zum Ausdruck. So werden Kindern und Jugendlichen u. a. in vielfältiger Weise Beteiligungsrechte, Anhörungsrechte, Antragsrechte oder verfahrensrechtliche Garantien gewährt.

In diesem Kapitel sind die unterschiedlichen Rechte dargestellt, deren Kenntnis in der familienrechtlichen, aber auch jugendhilferechtlichen Praxis von maßgeblicher Bedeutung sind.

1 Kinder und ihre verfassungsrechtliche Stellung

Kinder sind nach der Verfassung – wie auch nach ständiger höchstrichterlicher Rechtsprechung – Träger eigener Rechte einschließlich der Grundrechte. Die Subjektstellung des Kindes wird verstärkt durch die UN-Kinderrechtskonvention vom 20. 11. 1989. In den einzelnen Artikeln dieser Konvention sind Rechte des Kindes geregelt. Bei der Ausübung dieser Rechte werden die Kinder durch ihre Eltern vertreten. Kinderrechte und Elternrechte sind daher keine Gegensätze. Vielmehr wird das Elternrecht nur dann im Sinne der Verfassung wahrgenommen, wenn es die Rechte der Kinder berücksichtigt.

Das Elternrecht wird deshalb auch als „fremdnütziges" Grundrecht bezeichnet. Aus dem Begriff der Elternverantwortung folgt, dass die elterlichen Entscheidungen in dem Maße hinter eigene Entscheidungen des Kindes zurücktreten müssen, in dem das Kind selbstverantwortlich handeln kann. § 1626 Abs. 2 BGB regelt daher ausdrücklich, dass die Eltern bei der Pflege und Erziehung die wachsende Fähigkeit und das wachsende Bedürfnis des Kindes zu selbstständigem verantwortungsbewusstem Handeln berücksichtigen müssen (zum Wortlaut von § 1626 BGB siehe Kap. V, S. 54).

2 Zur Religionsmündigkeit

Ab dem 12. Lebensjahr kann das Kind nicht mehr gegen seinen Willen in einem anderen (als dem bisherigen) Bekenntnis erzogen werden (§ 5 RelKErzG). Dies gilt auch, wenn die Eltern aus der Kirche austreten. Ebenso können die Eltern das Kind nicht eigenmächtig vom Religionsunterricht abmelden. Wollen die Eltern gegen den Willen des Kindes einen Bekenntniswechsel erzwingen, stellt dies sogar ggf. einen Missbrauch der elterlichen Sorge dar, auf den das Familiengericht reagieren muss. Ab Vollendung des 14. Lebensjahres erlangt das Kind in allen Fragen der religiösen Erziehung die volle Religionsmündigkeit. Mit anderen

Worten: Während das Kind mit zwölf Jahren das Recht hat, dem Wechsel des Bekenntnisses zu widersprechen, erlangt es mit 14 Jahren das Recht zur eigenständigen Entscheidung über sein Bekenntnis (siehe auch Kap. V, S. 78).

3 Die sog. Sozialrechtsmündigkeit

Eine weitere Teilmündigkeit des Kindes besteht auf dem Gebiet des Sozialrechts. Ab dem 15. Lebensjahr kann das Kind Sozialleistungen selbst beantragen und entgegennehmen (§ 36 Abs. 1 SGB I), beispielsweise Sozialhilfe. Der Leistungsträger muss die Eltern dann aber über die Antragstellung unterrichten. Die Eltern können durch schriftliche Erklärung die Handlungsfähigkeit ihres Kindes beschränken. Dann verbleibt es allenfalls bei der Anregung an den Leistungsträger, Leistungen zu prüfen und Eltern oder Kinder jedenfalls zu beraten.

Auf dem Gebiet der Jugendhilfe geht das Antragsrecht des Kindes jedenfalls so weit, wie das Kind selbst anspruchsberechtigt für Leistungen der Jugendhilfe ist. Dies ist aber nur für einige wenige Leistungen der Fall, nämlich z. B. für den Anspruch auf einen Kindergartenplatz oder den Anspruch auf Eingliederungshilfe für seelisch behinderte Kinder. Für alle anderen Leistungen sind *nur die Eltern selbst leistungsberechtigt*. Auch solche Leistungen kann das Kind jedoch beim Jugendamt *anregen*.

4 Die Beteiligung des Kindes an Entscheidungen des Jugendamts (Überblick)

Im Verfahren des Jugendamts hat das Kind ein umfassendes Beteiligungsrecht. Gemäß § 8 Abs. 1 SGB VIII muss das Jugendamt das Kind an allen Entscheidungen beteiligen, die das Kind betreffen (Wortlaut des § 8 SGB VIII in Kap. I, S. 19). Das Beteiligungsrecht des Kindes ergibt sich auch aus Art. 12 der UN-Kinderrechtskonvention. Die Beteiligung ist unabhängig vom Alter des Kindes. Lediglich die Art und Weise der Beteiligung hängt von seiner Einsichtsfähigkeit ab. Inhaltlich bedeutet dies, dass das Kind Gelegenheit zur Äußerung hat. Ob das Kind sich äußern will, bleibt ihm selbst überlassen. Eine spezielle Pflicht zur Beteiligung des Kindes regelt § 36 SGB VIII für den Fall, dass das Jugendamt eine Hilfe zur Erziehung oder eine Eingliederungshilfe für seelisch behinderte Kinder leistet.

§ 36 Abs. 1 SGB VIII (Mitwirkung, Hilfeplan)

Der Personensorgeberechtigte und das Kind oder der Jugendliche sind vor der Entscheidung über die Inanspruchnahme einer Hilfe und vor einer notwendigen Änderung von Art und Umfang der Hilfe zu beraten und auf die möglichen Folgen für die Entwicklung des Kindes oder des Jugendlichen hinzuweisen. Vor und während einer langfristig zu leistenden Hilfe außerhalb der eigenen Familie ist zu prüfen, ob die Annahme als Kind in Betracht kommt. Ist Hilfe außerhalb der eigenen Familie erforderlich, so sind die in S. 1 genannten Personen bei der Auswahl der Einrichtung oder Pflegestelle zu beteiligen. Der Wahl und den Wünschen ist zu entsprechen, sofern sie nicht mit unverhältnismäßigen Mehrkosten verbunden sind. Wünschen die in S. 1 genannten Personen die Erbringung einer in §78a genannten Leistung in einer Einrichtung, mit deren Träger keine Vereinbarungen nach §78b bestehen, so soll der Wahl nur entsprochen werden, wenn die Erbringung der Leistung in dieser Einrichtung nach Maßgabe des Hilfeplans nach Abs. 2 geboten ist.

Die Beteiligung des Kindes beim Hilfeplanverfahren bedeutet, dass es vor Inanspruchnahme der Hilfe beraten werden bzw. bei der Auswahl eines Heimes oder einer Pflegestelle beteiligt werden muss und bei der Aufstellung des Hilfeplans mitwirken kann.

§ 8 Abs. 2 SGB VIII garantiert dem Kind/Jugendlichen zudem das Recht, sich in allen Fragen der Erziehung und Entwicklung an das Jugendamt zu wenden.

Ein besonderes Beratungsrecht hat das Kind gem. § 8 Abs. 3 SGB VIII in Not- und Konfliktsituationen. In einem Not- und Konfliktfall kann sich das Kind nämlich unabhängig von seinem Alter und ohne Kenntnis der Eltern vom Jugendamt oder einem freien Träger beraten lassen, wenn und solange die Beratung aufgrund der Not- und Konfliktsituation erforderlich ist. Diese Beratung kann ohne Einschaltung der Eltern stattfinden, solange durch eine Mitteilung an die Eltern der Beratungszweck vereitelt werden würde.

Beispiel:
Die Eltern von Sabrina (14 Jahre) sind Alkoholiker. Im Zusammenhang mit dem Alkoholismus der Eltern kommt es ihr gegenüber immer wieder zu unkontrollierten Wut- und Gewaltausbrüchen. Nach dem Rausch beschwichtigen die Eltern und entschuldigen sich bei ihr. Sabrina will das nicht grundsätzlich gestörte Verhältnis zu ihren Eltern nicht weiter belasten, leidet aber insbesondere während der Rauschattacken ihrer Eltern sehr darunter. Sie wendet sich zunächst ohne Wissen der Eltern an das Jugendamt, um gemeinsam Lösungen zu überlegen.

Durch eine solche Beratung (ohne Kenntnis der Eltern) soll sichergestellt werden, dass dem Kind z.B. verboten wird, das Angebot anzunehmen. Die Jugendämter haben deshalb zur Lösung solcher Konfliktsituationen Kinder- und Jugendnotdienste oder ein Sorgentelefon eingerichtet.

Der Kinderschutzbund bietet eine Not- und Konfliktberatung in allen größeren Städten an. Bundesweit und kostenlos kann das Kinder- und Jugendtelefon angerufen werden unter der Nummer 08 00/1 11 03 33 („Nummer gegen Kummer“ – kostenlos und anonym).

5 Die Altersstufen des Kindes und ihre rechtlichen Auswirkungen

Mit wechselndem bzw. zunehmendem Alter des Kindes ergeben sich – je nach Rechtsgebiet – unterschiedliche rechtliche Konsequenzen:

- Geburt = Rechtsfähigkeit, vgl. § 1 BGB (hierunter versteht man die Fähigkeit, Träger von Rechten und Pflichten zu sein)
- Vollendung des 7. Lebensjahres = beschränkte Geschäftsfähigkeit, vgl. § 106 BGB (z. B. das Recht, mit seinem Taschengeld einen Kaufvertrag abzuschließen); beschränkte Deliktsfähigkeit, vgl. § 828 Abs. 2 BGB (keine Verantwortlichkeit für Schäden, wenn nicht die zur Erkenntnis der Verantwortlichkeit erforderliche Einsicht besteht);
- Vollendung des 14. Lebensjahres =
  a) Strafmündigkeit, vgl. § 1 Abs. 2 JGG,
  b) volle Religionsmündigkeit, vgl. § 5 RelKErzG,
  c) Verfahrensfähigkeit unter der Voraussetzung, dass der Minderjährige in einem Verfahren, das seine Person betrifft, ein ihm nach Bürgerlichem Recht zustehendes Recht geltend macht, vgl. § 9 Abs. 1 Nr. 3 FamFG
  d) Widerspruchsmöglichkeit des Kindes bei Übertragung der alleinigen Sorge auf einen Elternteil, vgl. § 1671 Abs. 2 Nr. 1 BGB,
  e) Prinzipielle Anhörungsverpflichtung des Kindes im familiengerichtlichen Verfahren, vgl. § 159 Abs. 1 FamFG,
  f) Beschwerderecht gegen gerichtliche Entscheidungen, § 60 FamFG
- Vollendung des 15. Lebensjahres = Handlungsfähigkeit für Sozialleistungen, vgl. § 36 SGB I (Möglichkeit, bestimmte Sozialleistungen zu beantragen)
- Vollendung des 18. Lebensjahres = Volljährigkeit, § 2 BGB (unbeschränkte Geschäftsfähigkeit).

6 Anhörungsrechte von Kindern und Jugendlichen im gerichtlichen Verfahren

§ 159 FamFG (Persönliche Anhörung des Kindes)

(1) Das Gericht hat das Kind persönlich anzuhören, wenn es das 14. Lebensjahr vollendet hat. Betrifft das Verfahren ausschließlich das Vermögen des Kindes, kann von einer persönlichen Anhörung abgesehen werden, wenn eine solche nach der Angelegenheit nicht angezeigt ist.
(2) Hat das Kind das 14. Lebensjahr noch nicht vollendet, ist es persönlich anzuhören, wenn die Neigungen, Bindungen oder der Wille des Kindes für die Entscheidung von Bedeutung sind oder wenn eine persönliche Anhörung aus sonstigen Gründen angezeigt ist.
(3) Von einer persönlichen Anhörung nach Abs. 1 oder Abs. 2 darf das Gericht aus schwerwiegenden Gründen absehen. Unterbleibt eine Anhörung allein wegen Gefahr im Verzug, ist sie unverzüglich nachzuholen.

(4) Das Kind soll über den Gegenstand, Ablauf und möglichen Ausgang des Verfahrens in einer geeigneten und seinem Alter entsprechenden Weise informiert werden, soweit nicht Nachteile für seine Entwicklung, Erziehung oder Gesundheit zu befürchten sind. Ihm ist Gelegenheit zur Äußerung zu geben. Hat das Gericht dem Kind nach §158 einen Verfahrensbeistand bestellt, soll die persönliche Anhörung in dessen Anwesenheit stattfinden. Im Übrigen steht die Gestaltung der persönlichen Anhörung im Ermessen des Gerichts.

Nach dieser Regelung ist in einem Verfahren, das die Personen- oder Vermögenssorge betrifft, das 14 Jahre alte Kind vom Gericht grundsätzlich persönlich anzuhören. Bei dem noch nicht 14 Jahre alte Kind kommt es darauf an, ob die Neigungen, Bindungen oder der Wille des Kindes für die Entscheidung von Bedeutung sind oder ob es zur Feststellung des Sachverhaltes angezeigt erscheint, dass sich das Gericht von dem Kind einen unmittelbaren Eindruck verschafft. In vermögensrechtlichen Angelegenheiten soll das Kind persönlich angehört werden, wenn dies nach Art der Angelegenheit sinnvoll ist.

Die Anhörung dient dazu, das Kind, soweit nicht Nachteile für seine Entwicklung oder Erziehung zu befürchten sind, über den Gegenstand und möglichen Ausgang des Verfahrens in geeigneter Weise zu unterrichten, wobei ihm Gelegenheit zur Äußerung zu geben ist. Von der Anhörung darf das Gericht *nur aus schwerwiegenden Gründen* absehen, also z.B. dann, wenn das Kind mit der Anhörung der naheliegenden Gefahr einer gesundheitlichen (psychischen) Erkrankung ausgesetzt würde. Insbesondere kann auf eine Anhörung des Kindes nicht etwa deshalb verzichtet werden, weil die Eltern übereinstimmend darum bitten, von einer gerichtlichen Anhörung abzusehen, was in der Praxis häufiger vorkommt.

Die gerichtliche Anhörung verfolgt das Ziel, von dem Kind einen persönlichen Eindruck zu gewinnen und möglichst Willen und Wünsche des Kindes sowie seine Neigungen und Bindungen kennen zu lernen. Auf Persönlichkeit und Alter des Kindes nimmt das Gericht selbstverständlich Rücksicht. Im Einzelfall ist die Anhörung unter Berücksichtigung des Alters des Kindes, seines Entwicklungsstandes und vor allem seiner (z.B. möglicherweise durch die Auseinandersetzung zwischen den Eltern besonders angespannten) seelischen Verfassung so zu gestalten, dass sie möglichst zuverlässige Grundlagen für eine am Kindeswohl orientierte Entscheidung schafft. Welche der vorhandenen verfahrensmäßigen Möglichkeiten das Gericht wählt, bleibt dem Gericht nach pflichtgemäßem Ermessen vorbehalten. Das Gericht entscheidet insoweit auch, ob das Kind ein Mal oder mehrmals, Geschwister einzeln oder zusammen, bei Gericht oder in der vertrauten familiären Umgebung, in An- oder Abwesenheit der Eltern bzw. mit deren Verfahrensbevollmächtigten angehört wird und ob ggf. ein Psychologe/in als Sachverständiger hinzugezogen wird. Die Anhörung des Kindes findet jedoch regelmäßig in Anwesenheit seines Verfahrensbeistandes („Anwalt des Kindes“) statt, sofern ein solcher bestellt ist (vgl. hierzu Kap. XV).

Die gerichtliche Anhörung des Kindes in Abwesenheit der Eltern und ihrer Verfahrensbevollmächtigten ist die Regel, weil das Kind bei wahrheitsgemäßen Angaben in Loyalitätskonflikte zu den Eltern geraten kann und die Anwesenheit der Eltern seine Unbefangenheit beeinträchtigt. Eltern und ihre Verfahrensbevollmächtigten haben deshalb grundsätzlich *kein Recht*, bei der Anhörung des Kindes anwesend zu sein, wenngleich ihnen auch das Ergebnis der Anhörung später bekannt gegeben wird.

Die Entscheidung darüber, welche Form der Kindesanhörung geeignet und erfolgversprechend erscheint, bestimmt sich nach den Umständen des einzelnen Falles. Die Entscheidung ist allein Angelegenheit des zuständigen Familiengerichts und der verfassungsrechtlichen Nachprüfung grundsätzlich entzogen. Grundsätzlich wird davon ausgegangen werden, dass die in Familiensachen tätigen Richterinnen und Richter durch Aus- und Weiterbildung mit den Grundzügen der Pädagogik und der Psychologie vertraut gemacht sind und deshalb befähigt sind, die Kinder und Jugendlichen selbst anzuhören.

Die *persönliche mündliche Anhörung* des Kindes durch das Gericht – eine nur schriftliche Anhörung wird grundsätzlich als nicht genügend erachtet – ist deshalb unverzichtbar, weil insbesondere Kinder und Jugendliche häufig schriftlich nicht gewandt genug sind, um ihre Argumente einzubringen, die für die Entscheidung von Bedeutung sind. Deshalb ist es zur Verwirklichung des Anhörungszwecks unumgänglich, dass das Kind oder der Jugendliche dem Gericht seinen Standpunkt mündlich unterbreiten kann und das Gericht die für die sachgerechte rechtliche Behandlung erforderlichen zusätzlichen Fragen formulieren kann.

Damit dient die persönliche Anhörung des Kindes/Jugendlichen nicht nur der Sicherstellung des rechtlichen Gehörs, sondern insbesondere auch der Sachaufklärung und der Gewinnung eines persönlichen Eindrucks.

7 Beschwerderecht des Kindes gegen gerichtliche Entscheidungen

Ungeachtet der Wahrnehmung des Beschwerderechts für ein Kind durch dessen gesetzlichen Vertreter bzw. Sorgerechtsinhaber steht dem Minderjährigen selbst wie auch dem unter Vormundschaft/Pflegschaft stehenden Mündel gem. § 60 FamFG ein Beschwerderecht zu.

§ 60 FamFG (Beschwerderecht Minderjähriger)

Ein Kind, für das die elterliche Sorge besteht, oder ein unter Vormundschaft stehender Mündel kann in allen seine Person betreffenden Angelegenheiten ohne Mitwirkung seines gesetzlichen Vertreters das Beschwerderecht ausüben. Das Gleiche gilt in sonstigen Angelegenheiten, in denen das Kind oder der Mündel vor einer Entscheidung des Gerichts gehört werden soll. Dies gilt nicht für Personen, die geschäftsunfähig sind oder bei Erlass der Entscheidung das 14. Lebensjahr nicht vollendet haben.

Damit kann der beschränkt geschäftsfähige Minderjährige/Mündel, der das 14. Lebensjahr vollendet hat, das Beschwerderecht selbstständig ausüben, es sei denn, er ist geschäftsunfähig, vgl. § 104 Nr. 2 BGB.

§ 104 BGB (Geschäftsunfähigkeit)

Geschäftsunfähig ist:

1. wer nicht das siebente Lebensjahr vollendet hat,
2. wer sich in einem die freie Willensbestimmung ausschließenden Zustand krankhafter Störung der Geistestätigkeit befindet, sofern nicht der Zustand seiner Natur nach ein vorübergehender ist.

Bei der Geschäftsunfähigkeit (sog. natürliche Geschäftsunfähigkeit) ist entscheidend, dass die krankhafte Störung nur dann angenommen wird, wenn es sich um einen *Dauerzustand* handelt. Eine krankhafte Störung *vorübergehender Natur* reicht insoweit für die Annahme der Geschäftsunfähigkeit i. S. v. § 104 Nr. 2 nicht aus. Welche Grundlage die krankhafte Störung der Geistestätigkeit hat, ist letztlich unbedeutend.

Für Fälle der vorübergehenden Störung der Geistestätigkeit gilt gem. § 105 Abs. 2 BGB, dass eine solche Willenserklärung, die im Zustand der Bewusstlosigkeit oder vorübergehender Störung der Geistestätigkeit abgegeben wird, nichtig ist.

In sachlicher Hinsicht kommt die Beschwerde für ein Kind dann in Betracht, wenn es mittelbar oder unmittelbar bei der gerichtlichen Entscheidung um Angelegenheiten geht, die seine Person betreffen. Gemeint sind hier nicht nur Angelegenheiten, die die „Sorge für die Person" betreffen, wie z. B. Übertragung des das Kind betreffenden Sorgerechts auf einen Elternteil allein, sondern alle Angelegenheiten, die mit der Person des Kindes zusammen hängen, so z. B. eine Entscheidung über eine gerichtliche Umgangsregelung oder eine Verbleibensanordnung oder eine gerichtliche sorgerechtliche Anordnung bzw. Entscheidung im Rahmen von § 1666 BGB oder eine das Kind als Mündel betreffende Maßnahme/Entscheidung eines Vormunds. Darüber hinaus hat das Kind auch ein selbstständiges Beschwerderecht in sonstigen Angelegenheiten, in denen es vor einer Entscheidung des Familiengerichts angehört werden soll, also z. B. auch in vermögensrechtlichen Angelegenheiten, vgl. § 60 S. 2 FamFG.

Für das Beschwerderecht des Kindes ist es ohne Bedeutung, ob es angehört worden ist oder ob die Entscheidung mit den Äußerungen des Kindes während der Anhörung in Einklang steht. Deshalb können auch nachträgliche Meinungsänderungen des über 14 Jahre alten Kindes dieses zur Einlegung der Beschwerde berechtigen.

§ 60 FamFG regelt *nur die Verfahrensfähigkeit für das Beschwerdeverfahren*, also die Verfahrensfähigkeit für die Einlegung des Rechtsmittels. Darüber hinaus sind also auch die übrigen Zulässigkeitsvoraussetzungen für die Beschwerde zu prüfen,

- wie z. B. die grundsätzliche Beschwerdeberechtigung (Statthaftigkeit) gem. § 58 Abs. 1 FamFG,
- die persönliche Beschwerdeberechtigung wegen Rechtsbeeinträchtigung, gem. § 59 FamFG.

Mit dem Beschwerderecht ergibt sich zugleich auch das Recht, einen Bevollmächtigten zu bestellen, Verfahrenskostenhilfe zu beantragen oder die Beschwerde zurück zu nehmen.

Kosten des gerichtlichen Beschwerdeverfahrens können einem minderjährigen Beteiligten in einem seine Person betreffenden Verfahren jedoch grundsätzlich nicht auferlegt werden, vgl. § 81 Abs. 3 FamFG.

Bei der zivilrechtlichen freiheitsentziehenden Unterbringung Minderjähriger im Rahmen von § 1631b BGB wie auch der Anordnung der freiheitsentziehenden Unterbringung eines Minderjährigen nach den Landesgesetzen über die Unterbringung psychisch Kranker ist die Verfahrensfähigkeit gem. § 167 Abs. 3 FamFG nur von der Vollendung des 14. Lebensjahres abhängig, der Minderjährige ist hier also *ohne Rücksicht auf seine Geschäftsfähigkeit* (immer) verfahrensfähig.

Gemäß § 164 FamFG ist jede Entscheidung, gegen die das Kind das Beschwerderecht ausüben kann, dem Kind selbst bekannt zu machen. Eine Bekanntmachung an den gesetzlichen Vertreter des Kindes genügt nicht. Insoweit ist das Kind auch auf sein Beschwerderecht ausreichend hinzuweisen. Eine Begründung der bekannt zu machenden Entscheidung soll nach § 164 S. 2 FamFG entfallen, wenn Nachteile für die Entwicklung des Kindes, seine Erziehung oder Gesundheit zu befürchten sind.

Gut zu wissen – gut zu merken

Materielle und verfahrensrechtliche Beteiligungsrechte von Kindern und Jugendlichen sind Ausdruck ihrer verfassungsrechtlichen Stellung als Träger eigener Grundrechte. Insbesondere im Jugendhilferecht, im Familienrecht und im entsprechenden Verfahrensrecht sind deshalb konkrete Beteiligungs-, Anhörungs- und Mitwirkungsrechte formuliert, die von den beteiligten Behörden zu beachten und zu wahren sind.

Weiterführende Literatur

Bork, R./Jacoby, F./Schwab, D. (2009): FamFG: Kommentar zum Gesetz über das Verfahren in Familiensachen und in den Angelegenheiten der freiwilligen Gerichtsbarkeit. Bielefeld: Gieseking.

VIII Adoptionsrecht

Was Sie in diesem Kapitel lernen können

Die Adoption – in der Gesetzessprache durchweg als „Annahme als Kind" bezeichnet – genießt seit vielen Jahren ein hohes und unumstrittenes gesellschaftliches Ansehen. Dessen ungeachtet sind Hintergründe, Voraussetzungen und Folgen einer Adoption – wie auch das Adoptionsverfahren selbst – weithin unbekannt, obwohl die „Annahme als Kind" familienrechtlich und jugendhilferechtlich eine wichtige Bedeutung hat. In diesem Kapitel werden Sie mit den Grundzügen der Adoption und ihren Konsequenzen vertraut gemacht.

1 Die Annahme eines Kindes durch ein Ehepaar bzw. die Annahme eines Kindes eines Ehegatten durch den anderen Ehegatten

Nimmt ein Ehepaar ein fremdes Kind gemeinschaftlich an, vgl. § 1741 Abs. 2 S. 2 BGB, erlangt dieses Kind die rechtliche Stellung eines gemeinschaftlichen Kindes der Ehegatten, vgl. § 1754 Abs. 1 BGB. Die elterliche Sorge für ein solches Kind steht in diesem Falle den Eltern gemeinsam zu, vgl. § 1754 Abs. 3 1. HS BGB.

§ 1741 BGB (Zulässigkeit der Annahme)

(1) Die Annahme als Kind ist zulässig, wenn sie dem Wohl des Kindes dient und zu erwarten ist, dass zwischen dem Annehmenden und dem Kind ein Eltern-Kind-Verhältnis entsteht. Wer an einer gesetzes- oder sittenwidrigen Vermittlung oder Verbringung eines Kindes zum Zwecke der Annahme mitgewirkt oder einen Dritten hiermit beauftragt oder hierfür belohnt hat, soll ein Kind nur dann annehmen, wenn dies zum Wohl des Kindes erforderlich ist.
(2) Wer nicht verheiratet ist, kann ein Kind nur allein annehmen. Ein Ehepaar kann ein Kind nur gemeinschaftlich annehmen. Ein Ehegatte kann ein Kind seines Ehegatten allein annehmen. Er kann ein Kind auch dann allein annehmen, wenn der andere Ehegatte das Kind nicht annehmen kann, weil er geschäftsunfähig ist oder das 21. Lebensjahr noch nicht vollendet.

§ 1754 BGB (Wirkung der Annahme)

(1) Nimmt ein Ehepaar ein Kind an oder nimmt ein Ehegatte ein Kind des anderen Ehegatten an, so erlangt das Kind die rechtliche Stellung eines gemeinschaftlichen Kindes der Ehegatten.
(2) In den anderen Fällen erlangt das Kind die rechtliche Stellung des Kindes des Annehmenden.

Den wohl häufigsten Fall der Annahme eines Kindes stellt die Stiefkindadoption, also die Annahme eines Kindes des anderen Ehegatten durch den Ehegatten, dar. Nimmt der Ehegatte das Kind seines Ehegatten an, vgl. § 1741 Abs. 2 S. 3 BGB, erlangt dieses Kind die rechtliche Stellung eines gemeinschaftlichen Kindes beider Ehegatten, vgl. § 1754 Abs. 1 BGB, so dass die elterliche Sorge nunmehr beiden Eltern gemeinsam zusteht, vgl. § 1754 Abs. 3 BGB. Bei einem solchen Kind kann es sich auch um ein angenommenes Kind des Ehegatten handeln, vgl. § 1742 BGB.

Grundsätzlich ist das Stiefkind, also das Kind, das der andere – vormals geschiedene, verwitwete oder ledige – Ehegatte mit in die – neue – Ehe gebracht hat, nämlich nicht mit seinem Stiefelternteil verwandt, sondern nur verschwägert, vgl. § 1590 Abs. 1 S. 1 BGB, solange dieses Kind nicht durch den Ehegatten (Stiefelternteil) als Kind angenommen worden ist. Deshalb sind z. B. auch die sorgerechtlichen Befugnisse zwischen Stiefelternteil und Stiefkind durch § 1687b BGB gesondert geregelt.

§ 1687b BGB (Sorgerechtliche Befugnisse des Ehegatten)

(1) Der Ehegatte eines allein sorgeberechtigten Elternteils, der nicht Elternteil des Kindes ist, hat im Einvernehmen mit dem sorgeberechtigten Elternteil die Befugnis zur Mitentscheidung in Angelegenheiten des täglichen Lebens des Kindes. §1629 Abs. 2 S. 1 gilt entsprechend.

(2) Bei Gefahr im Verzug ist der Ehegatte dazu berechtigt, alle Rechtshandlungen vorzunehmen, die zum Wohl des Kindes notwendig sind; der sorgeberechtigte Elternteil ist unverzüglich zu unterrichten.

(3) Das Familiengericht kann die Befugnisse nach Abs. 1 einschränken oder ausschließen, wenn dies zum Wohl des Kindes erforderlich ist.

(4) Die Befugnisse nach Abs. 1 bestehen nicht, wenn die Ehegatten nicht nur vorübergehend getrennt leben.

Allerdings ist die Regelung auf Ehepartner allein sorgeberechtigter Elternteile beschränkt.

Durch die Annahme des – ehelichen, nichtehelichen oder angenommenen – Kindes des anderen Ehegatten erlangt dieses Kind die rechtliche Stellung des *gemeinschaftlichen* Kindes beider Ehegatten.

2 Die Annahme eines Kindes durch eine alleinstehende Person

Auch Alleinstehende, also Unverheiratete, können ein Kind annehmen, vgl. § 1741 Abs. 2 S. 1 BGB (Grundsatz der Einzeladoption). Da die Herstellung eines Eltern-Kind-Verhältnisses am ehesten durch eine Integration des angenommenen Kindes bei einem Ehepaar zu erwarten ist, stellt die gemeinschaftliche Annahme eines Kindes durch ein Ehepaar auch den Regelfall dar. Dies beruht auf der allgemeinen Vorstellung, dass es für die Entwicklung eines Kindes von überragender Bedeutung ist, wenn es in einer Familie heranwächst und ihm günstige Bedingungen für sein Aufwachsen durch (möglichst!) harmonische Lebensbedingungen in einem Familienverband ermöglicht werden. Das Kind erlangt bei der Annahme durch eine alleinstehende Person die rechtliche Stellung eines Kindes des Annehmenden mit der Konsequenz, dass dem Annehmenden die elterliche Sorge allein zusteht, vgl. § 1754 Abs. 2 und 3 BGB.

3 Voraussetzungen einer Annahme

Die Annahme eines Kindes kommt grundsätzlich nur dann in Betracht, wenn die Annahme dem Kindeswohl dient und zugleich zu erwarten ist, dass zwischen dem Kind und dem Annehmenden ein Eltern-Kind-Verhältnis entsteht, vgl. § 1741 Abs. 1 S. 1 BGB.

Der Begriff „Kindeswohl" wird bekanntlich in den unterschiedlichsten gesetzlichen Bestimmungen erwähnt und gibt in allen Entscheidungsprozessen, die ein Kind betreffen, die maßgebliche Entscheidungsmaxime wieder, vgl. § 1697a BGB. Im Zusammenhang mit dem Adoptionsrecht und insbesondere im Rahmen der gesetzlichen Voraussetzungen für die Annahme eines Minderjährigen als Kind, bedeutet der Begriff „Kindeswohl", dass sich durch die Annahme des Kindes dessen persönliche Situation in allen ihren maßgeblichen Bereichen zumindest verbessern muss. Hierzu gehört insbesondere, dass (die annehmenden) Eltern in der Lage sind, dem Kind Liebe, Fürsorge und Geborgenheit zu bieten und zu vermitteln. Darüber hinaus müssen die neuen Lebensbedingungen für das anzunehmende Kind geeignet sein, ihm ein Zuhause, und zwar möglichst ein dauerhaftes Zuhause, zu geben, damit eine positive Persönlichkeitsentwicklung sicher gestellt ist. Diese Kindeswohlprinzipien gelten für alle Formen der Minderjährigenadoption.

Weitere Bedingung für die Annahme ist die begründete Erwartung, dass zwischen dem Annehmenden und dem Kind ein „Eltern-Kind-Verhältnis" entsteht. Gemeint ist das Entstehen einer *sozialen* Elternschaft, die in ihren Bindungen zwischen Annehmendem und Kind und in ihren Auswirkungen der *leiblichen Eltern-Kind-Beziehung* entspricht – also mit der Bereitschaft zur Betreuung, Fürsorge und Erziehung des Kindes. Nur wenn die Herstellung solcher Familienbande ernsthaft und konkret erwartet werden kann, kommt eine Adoption nach dem Gesetz in Betracht.

Da es sich in der Regel um eine Prognose handelt, ob die Herstellung des Eltern-Kind-Verhältnisses unter den gegebenen Umständen gelingt, soll die Annahme in der Regel erst ausgesprochen werden, wenn der Annehmende das Kind eine angemessene Zeit in Pflege gehabt hat. Dies wird als Adoptionspflege oder auch Familienpflege bezeichnet, vgl. § 1744 BGB. Damit ist der Annahme für den Regelfall eine Pflegezeit vorgeschaltet, durch die (unter Einsatz praktischer Erfahrungen) die Beurteilung, ob ein Eltern-Kind-Verhältnis entstehen wird, zuverlässiger ist.

§ 1744 BGB (Probezeit)
Die Annahme soll in der Regel erst ausgesprochen werden, wenn der Annehmende das Kind eine angemessene Zeit in Pflege gehabt hat.

Die Vorschriften des Bürgerlichen Gesetzbuches über die Annahme eines Kindes sehen keinen Altersunterschied und auch kein Höchstalter des Annehmenden vor. Da es bei der Annahme als Kind um die Herstellung eines Eltern-Kind-Verhältnisses geht, wird in der Regel auch ein Altersunterschied wie von Eltern zu ihren leiblichen Kindern gegeben sein.

Darüber hinaus sind in diesem Zusammenhang insbesondere die Interessen anderer Kinder bzw. die Interessen des Anzunehmenden gegenüber den anderen Kindern zu prüfen, vgl. § 1745 S. 1 BGB. Damit ist eine Gesamtwertung bei der Interessenabwägung *sämtlicher* Kinder vorgesehen.

Weitere Kriterien und insbesondere Anhaltspunkte für persönliche Kriterien des Annehmenden ergeben sich insbesondere aus den entsprechenden Grundsätzen der Landesjugendämter.

Nimmt ein Ehepaar ein Kind gemeinschaftlich an, muss einer der Ehegatten das 25., der weitere Ehegatte das 21. Lebensjahr vollendet haben. Das Gesetz sieht von diesen Alterserfordernissen keine Möglichkeit der Befreiung vor. Selbstverständlich kann der Annahmeantrag nur von einem Geschäftsfähigen gestellt werden. Nimmt ein Ehegatte das Kind seines Ehegatten an, vgl. § 1741 Abs. 2 S. 3 BGB, muss er zumindest das 21. Lebensjahr vollendet haben, vgl. § 1743 Abs. 1 S. 1 BGB.

In die Annahme eines Stiefkindes durch einen Ehegatten allein ist die Einwilligung des anderen Ehegatten erforderlich, vgl. § 1749 Abs. 1 S. 1 BGB.

Nichteheliche Lebensgemeinschaften können grundsätzlich nicht *zusammen* ein fremdes Kind gemeinsam annehmen. Insoweit verbleibt es bei dem Grundsatz, dass eine unverheiratete Person nur allein ein Kind annehmen kann. Dies gilt auch für die Lebenspartner einer eingetragenen Lebenspartnerschaft gem. §§ 1 ff. LPartG.

Für die Lebenspartnerschaft gilt ferner, dass im Falle der Adoption eines *fremden* Kindes durch *einen* Lebenspartner die Einwilligung des anderen Lebenspartners erforderlich ist, vgl. § 9 Abs. 6 S. 1 LPartG. Allerdings kann ein Lebenspartner das leibliche Kind seines Lebenspartners annehmen (Stiefkindadoption). In diesem Fall muss der andere (leibliche) Elternteil in die Adoption durch den Lebenspartner einwilligen, vgl. § 9 Abs. 7 S. 2 LPartG. Die Möglichkeit, ein Stiefkind anzunehmen, das zuvor vom Lebenspartner adoptiert wurde, ist gesetzlich *nicht* vorgesehen.

Zur Annahme eines Kindes sind erforderlich die Einwilligungserklärungen

- des Kindes, vgl. § 1746 BGB,
- der Eltern des Kindes, vgl. § 1747 BGB
- und ggf. die Einwilligungserklärung des anderen Ehegatten, vgl. § 1749 BGB.

§ 1746 Abs. 1 BGB (Einwilligung des Kindes)

Zur Annahme ist die Einwilligung des Kindes erforderlich. Für ein Kind, das geschäftsunfähig oder noch nicht 14 Jahre alt ist, kann nur sein gesetzlicher Vertreter die Einwilligung erteilen. Im Übrigen kann das Kind die Einwilligung nur selbst erteilen; es bedarf hierzu der Zustimmung seines gesetzlichen Vertreters. Die Einwilligung bedarf bei unterschiedlicher Staatsangehörigkeit des Annehmenden und des Kindes der Genehmigung des Familiengerichts; dies gilt nicht, wenn die Annahme deutschem Recht unterliegt.

Grundsätzlich hat ein Kind also in seine Annahme selbst einzuwilligen. Jedoch muss der gesetzliche Vertreter der Einwilligung seines Kindes *zustimmen*, vgl. § 1746 Abs. 1 S. 1 und S. 3 BGB, wenn das Kind das 14. Lebensjahr vollendet hat. Ist das Kind noch nicht 14 Jahre alt, verfügt es allerdings in der Regel noch nicht über die notwendige Einsicht für derartige Willenserklärungen: In diesem Fall kann *nur* der gesetzliche Vertreter die entsprechende Einwilligung erteilen, vgl. § 1746 Abs. 1 S. 2 BGB. Das gleiche gilt, wenn das Kind geschäftsunfähig ist.

Das Gesetz sieht die starre Altersgrenze bewusst vor, so dass es gleichgültig ist, ob ein Kind etwa schon vor Vollendung des 14. Lebensjahres über eine entsprechende Einsichts- und Entscheidungsfähigkeit verfügt. Ist mithin ein noch nicht 14 Jahre altes Kind – im Gegensatz zu seinem gesetzlichen Vertreter – mit seiner Annahme nicht einverstanden, ist dies bei der zwingend vorgesehen familiengerichtlichen Anhörung zu thematisieren und alsdann vom Familiengericht zu entscheiden, ob die Adoption dem Kindeswohl letztlich dient oder nicht.

Zur Annahme eines Kindes, gleichviel ob ehelich oder nichtehelich, ist die Einwilligung beider, also auch nicht verheirateter (leiblicher) Elternteile zwingend erforderlich, vgl. § 1747 Abs. 1 S. 1 BGB. Damit bedarf es grundsätzlich auch der Einwilligung des nichtehelichen Vaters in die Annahme seines (nichtehelichen) Kindes. Die Einwilligung als Elternteil des Adoptivkindes ist eine Folge des verfassungsrechtlich geschützten Elternrechts. Deshalb ist die Einwilligung beider Elternteile auch unabhängig davon erforderlich, ob die Eltern geschieden sind und wem ggf. das Sorgerecht übertragen wurde.

Die Einwilligung der Eltern kann erst erteilt werden, wenn das Kind acht Wochen alt ist, vgl. § 1747 Abs. 2 S. 1 BGB. Mit dieser Schutzfrist ist eine gemeinsame, alle Gesichtspunkte berücksichtigende Lösung beabsichtigt: Eltern, namentlich die Mutter, sollen einerseits vor einer unüberlegten Weggabe ihres Kindes geschützt werden. Andererseits weisen medizinische Erkenntnisse darauf hin, dass jeder bereits etwas längere Aufenthalt eines Säuglings in einem Heim zu Hospitalismusschäden führen kann und ein Kind nach Ablauf des zweiten Lebensmonats Bezugspersonen nicht mehr wechseln sollte.

Für den nichtehelichen Vater und seine Einwilligung gelten folgende Regelungen: Sofern das Gesetz (§ 1592 BGB) das Kind abstammungsrechtlich nicht einem anderen Mann (Vater) zuordnet, ist die Einwilligung des nichtehelichen Vaters erforderlich, vorausgesetzt, seine Vaterschaft steht aufgrund Anerkenntnisses bzw. aufgrund gerichtlicher Feststellung fest (§ 1592 Nr. 2 und Nr. 3 BGB).

Da das Vaterschaftsanerkenntnis und die gerichtliche Vaterschaftsfeststellung eine gewisse, das Adoptionsverfahren verzögernde Zeit in Anspruch nehmen kann, sieht das Gesetz eine sog. vorläufige Vaterschaftsvermutung vor (§ 1747 Abs. 1 S. 2 BGB). Der *vermeintliche* Vater muss in diesem Fall die Voraussetzungen seiner Vaterschaft – Beiwohnung der Mutter während der Empfängniszeit (§ 1600d Abs. 2 S. 1 BGB) – z. B. durch eidesstattliche Versicherung glaubhaft machen. Ist dies erfolgt, so „gilt" *für das Einwilligungserfordernis zur Adoption* dieser Mann als Vater (§ 1747 Abs. 1 S. 2 BGB). Die Vaterschaft wird also für das Einwilligungserfordernis (§ 1747 Abs. 1 S. 1 BGB) fingiert. Diese – für alle bekannten Rechtssysteme einzigartige – vorläufige Vaterschaftsvermutung ist auf die Begründung und Geltendmachung des Einwilligungsrechts beschränkt.

Ist der Vater allerdings nicht bekannt bzw. von der Mutter nicht benannt, besteht auch kein Einwilligungserfordernis.

Um andererseits nicht die wünschenswerte frühkindliche Adoption unangemessen zu verzögern, kann die vom (vermuteten) Vater verweigerte Einwilligung (§ 1747 Abs. 1 S. 2 BGB) unter erleichterten Bedingungen ersetzt werden (§ 1748 Abs. 4 BGB). Das Familiengericht kann insoweit die Einwilligung des (vermuteten) Vaters ersetzen, wenn das Unterbleiben der Annahme dem Kind zu einem „unverhältnismäßigen" Nachteil gereichen würde, was im Rahmen einer Abwägung der Interessen des Kindes und des Vaters festzustellen ist.

Ein unverhältnismäßiger Nachteil i. S. d. Regelung ist gegeben, wenn die vorzunehmende Abwägung zwischen den Interessen des Kindes und denen seiner Eltern zu dem Ergebnis führt, dass die Möglichkeit für das Kind, in geborgenem familiären Umfeld aufzuwachsen, gegenüber dem Recht der Eltern, die Einwilligung zu verweigern, ein nicht zu rechtfertigendes Ergebnis darstellen würde. In der Rechtsprechung wurde deshalb darauf abgestellt, ob die Adoption für das Kind einen so erheblichen Vorteil mit sich bringen würde, dass ein sich um sein Kind verständig sorgender Elternteil auf der Erhaltung des Verwandtschaftsbandes nicht bestehen würde.

Wird die notwendige elterliche Einwilligung eines Elternteils in die Annahme des Kindes verweigert, besteht unter gewissen Kindeswohlaspekten die Möglichkeit, dass das Familiengericht die Einwilligung ersetzt, vgl. § 1748 BGB.

§ 1748 BGB (Ersetzung der Einwilligung eines Elternteils)

(1) Das Familiengericht hat auf Antrag des Kindes die Einwilligung eines Elternteils zu ersetzen, wenn dieser seine Pflichten gegenüber dem Kind anhaltend gröblich verletzt hat oder durch sein Verhalten gezeigt hat, dass ihm das Kind gleichgültig ist, und wenn das Unterbleiben der Annahme dem Kind zu unverhältnismäßigem Nachteil gereichen würde. Die Einwilligung kann auch ersetzt werden, wenn die Pflichtverletzung zwar nicht anhaltend, aber besonders schwer ist und das Kind voraussichtlich dauernd nicht mehr der Obhut des Elternteils anvertraut werden kann.

(2) Wegen Gleichgültigkeit, die nicht zugleich eine anhaltende gröbliche Pflichtverletzung ist, darf die Einwilligung nicht ersetzt werden, bevor der Elternteil vom

Jugendamt über die Möglichkeit ihrer Ersetzung belehrt und nach Maßgabe des §51 Abs. 2 des Achten Buches Sozialgesetzbuch beraten worden ist und seit der Belehrung wenigstens drei Monate verstrichen sind; in der Belehrung ist auf die Frist hinzuweisen. Der Belehrung bedarf es nicht, wenn der Elternteil seinen Aufenthaltsort ohne Hinterlassung seiner neuen Anschrift gewechselt hat und der Aufenthaltsort vom Jugendamt während eines Zeitraums von drei Monaten trotz angemessener Nachforschungen nicht ermittelt werden konnte; in diesem Falle beginnt die Frist mit der ersten auf die Belehrung und Beratung oder auf die Ermittlung des Aufenthaltsortes gerichteten Handlung des Jugendamts. Die Fristen laufen frühestens fünf Monate nach der Geburt des Kindes ab.
(3) Die Einwilligung eines Elternteils kann ferner ersetzt werden, wenn er wegen einer besonders schweren psychischen Krankheit oder einer besonders schweren geistigen oder seelischen Behinderung zur Pflege und Erziehung des Kindes dauernd unfähig ist und wenn das Kind bei Unterbleiben der Annahme nicht in einer Familie aufwachsen könnte und dadurch in seiner Entwicklung schwer gefährdet wäre.
(4) In den Fällen des §1626a Abs. 2 hat das Familiengericht die Einwilligung des Vaters zu ersetzen, wenn das Unterbleiben der Annahme dem Kind zu unverhältnismäßigem Nachteil gereichen würde.

Die Ersetzung der elterlichen Einwilligung ist letztlich Ausdruck des Schutzes der Persönlichkeit des Kindes vor schwerem Missbrauch elterlicher Verantwortung bzw. bei vollständigem elterlichen Versagen bei der Wahrnehmung ihrer Verantwortung für das Kind. Die fragliche Vorschrift, § 1748 BGB, enthält damit eine tatbestandliche Ausformung des verfassungsrechtlichen Gebotes, dass Kinder gegen den Willen der Erziehungsberechtigten nur aufgrund eines Gesetzes von der Familie getrennt werden dürfen, wenn die Erziehungsberechtigten versagen oder wenn die Kinder aus anderen Gründen zu verwahrlosen drohen, vgl. Art. 6 Abs. 3 GG.

Zu den einzelnen Ersetzungstatbeständen über die Ersetzung der elterlichen Einwilligung zählen:

- anhaltende gröbliche Verletzung der elterlichen Pflichten gegenüber dem Kind
  - (ergänzende Voraussetzung) das Unterbleiben der Annahme würde dem Kind zu unverhältnismäßigem Nachteil gereichen
- gleichgültiges Verhalten gegenüber dem Kind
  - (ergänzende Voraussetzung) das Unterbleiben der Annahme würde dem Kind zu unverhältnismäßigem Nachteil gereichen sowie Belehrung und Beratung durch die Adoptionsvermittlungsstelle
- besonders schwere Pflichtverletzung der Eltern
- besonders schwere psychische Krankheit und ähnlich schwere Erkrankungen
  - (weitere Voraussetzungen) Kind könnte bei Unterbleiben der Annahme nicht in einer Familie aufwachsen und wäre dadurch in seiner Entwicklung schwer gefährdet, vgl. § 1748 Abs. 3 BGB.

Die Einwilligungserklärung des Kindes, seiner Eltern sowie des Ehegatten des Annehmenden bzw. des Ehegatten des Anzunehmenden (vgl. §§ 1746, 1747 und 1749 BGB) bedürfen der notariellen Beurkundung (§ 1750 Abs. 1 S. 2 BGB), um rechtlich bindend, mithin rechtswirksam zu sein, vgl. § 1750 BGB.

4 Weitere rechtliche Konsequenzen einer Annahme

Durch den Ausspruch der Annahme wird die Gleichstellung des angenommenen Kindes mit einem leiblichen Kind des (der) Annehmenden vollzogen. Die hiermit verbundene volle Eingliederung des Kindes in seine neue Familie unter gleichzeitiger Herauslösung aus den alten Familienbeziehungen wird als sog. Volladoption bezeichnet. In diesem Zusammenhang spricht man auch von einer (Minderjährigen-)Adoption mit „starken" Wirkungen – im Gegensatz zur (Volljährigen-) Adoption mit „schwachen" Wirkungen.

Die neu geschaffene Rechtsbeziehung zwischen Adoptivkind und Adoptiveltern stellt nicht nur die Verwandtschaft zwischen ihnen selbst, sondern auch zu den Verwandten des Annehmenden, also seinen Eltern, Geschwistern und Abkömmlingen sowie weiteren Adoptivkindern, darüber hinaus zwischen dem Annehmenden und den Abkömmlingen des anzunehmenden Kindes her, vgl. § 1754 BGB. Im Gegenzug erlischt das Verwandtschaftsverhältnis des angenommenen Kindes und seiner Abkömmlinge zu den bisherigen Verwandten, vgl. § 1755 BGB.

Mit dem völligen Erlöschen des Verwandtschaftsverhältnisses enden auch die sich hieraus ergebenden, prinzipiell mit einer Verwandtschaft verbundenen Rechte und Pflichten, vgl. § 1755 Abs. 1 S. 1 BGB. Gemeint sind hier in erster Linie die Unterhaltsrechte und Erbrechte.

Eine Ausnahme gilt für den Fall der Stiefkindadoption, vgl. § 1755 Abs. 2 BGB. Hier ist das Erlöschen des Verwandtschaftsverhältnisses entsprechend dem Sinn und Zweck einer solchen Annahme auf die Verwandtschaft zum anderen Elternteil – gemeint ist also der mit dem Annehmenden nicht verheiratete andere Elternteil des Kindes – und dessen Verwandten gewollt und beschränkt. Das Erlöschen des Verwandtschaftsverhältnisses bezieht sich auch auf den Vater oder die Mutter eines vormals ehelichen Stiefkindes, seitdem die Bestimmung des § 1755 Abs. 2 BGB alle, also eheliche wie nichteheliche Kinder des Ehegatten des Annehmenden betrifft.

Durch die Annahme erlischt ferner, ohne dass das Gesetz dies ausdrücklich hervorhebt, der Unterhaltsanspruch des Kindes gegen seine Eltern bzw. gegen die gesamten früheren Verwandten, ebenso der Unterhaltsanspruch der Eltern und Verwandten gegen das Kind. Dabei ist darauf hinzuweisen, dass die leiblichen Eltern des Kindes ab dem Zeitpunkt ihrer Einwilligung in die Annahme und mit Beginn der Adoptionspflege ohnehin nur noch nachrangig unterhaltspflichtig sind, vgl. § 1751 Abs. 4 S. 1 BGB.

Eine Ausnahme von diesem Grundsatz macht das Gesetz jedoch für bis zur Annahme bereits entstandene Ansprüche des Kindes »insbesondere auf Renten, Waisengeld u.a. entsprechende wiederkehrende Leistungen«, vgl. § 1755 Abs. 1 S. 2 BGB. Diese Sozialleistungen hat der Gesetzgeber dem Adoptivkind bewusst erhalten wollen, allerdings unter der ausdrücklichen Hervorhebung, dass dies nicht für Unterhaltsansprüche gilt, vgl. § 1755 Abs. 1 S. 2 BGB. Letztere erlöschen in jedem Falle. Sind andererseits Unterhaltsabfindungen gewährt oder vertraglich bindend vereinbart worden, bleiben diese dem Kind erhalten.

Da durch die Annahme als Kind ein neues umfassendes Verwandtschaftsverhältnis zwischen dem Annehmenden einschließlich seiner Verwandten und dem Kind begründet wird, vgl. § 1754 Abs. 1 und Abs. 2 BGB, erlischt konsequenterweise auch das gesetzliche Erbrecht zwischen dem Angenommenen und seinen bisherigen Verwandten. Eine Ausnahme gilt wiederum für den Fall der Annahme eines Kindes des anderen Ehegatten, vgl. § 1755 Abs. 2 BGB.

Darüber hinaus sieht das Gesetz für eine Adoption unter Verwandten eine weitere Ausnahme vor. Gem. § 1756 BGB erlischt, wenn die Annehmenden mit dem Kind im zweiten oder dritten Grad verwandt sind, nur das Verwandtschaftsverhältnis des Kindes und seiner Abkömmlinge zu den Eltern des Kindes sowie die sich aus ihm ergebenden Rechte und Pflichten, vgl. § 1756 Abs. 1 BGB. In diesen Fällen wird es für ausreichend erachtet, die rechtlichen Beziehungen lediglich zu den leiblichen Eltern erlöschen zu lassen, andererseits jedoch das Verwandtschaftsverhältnis im Übrigen weiterhin zu erhalten, weil kein besonderer rechtfertigender Grund dafür ersichtlich ist, auch dieses Verwandtschaftsverhältnis aufzulösen.

Schließlich enthält das Gesetz für den Fall der Annahme eines Kindes des verstorbenen Ehegatten eine weitere Sonderregelung, vgl. § 1756 Abs. 2 BGB. Nimmt ein Ehegatte das Kind seines verstorbenen Ehegatten an und hatte letzterer die elterliche Sorge für das Kind inne, so wäre kein vernünftiger Grund ersichtlich, das Verwandtschaftsverhältnis zwischen dem Kind und den Verwandten des verstorbenen Elternteils erlöschen zu lassen. Vielmehr bleibt die Verwandtschaft insoweit ausdrücklich bestehen, sofern der Verstorbene die elterliche Sorge für das angenommene Kind hatte, gleichviel, ob eine alleinige oder eine gemeinsame elterliche Sorge mit dem anderen leiblichen Elternteil bestand.

5 Namensrechtliche Konsequenzen und Erziehungsrechte

Grundsätzlich erhält das angenommene Kind als Geburtsnamen den Familiennamen des Annehmenden, vgl. § 1757 Abs. 1 BGB. Da das angenommene Kind im Geburtenbuch (Personenstandsbuch) des für den Geburtsort des Kindes zuständigen Standesbeamten mit seinem – ursprünglichen – Geburtsnamen geführt wird, vgl. §§ 1 Abs. 2, 2 Abs. 2, 16 PStG, muss der Familienname des Annehmenden, der nunmehr wegen der Adoption als Geburtsname des Kindes gilt, vgl. § 1757 Abs. 1 BGB, mit einem sog. Randvermerk ins Geburtenbuch eingetragen werden, vgl. § 30 Abs. 1 S. 1 PStG. Wird eine Geburtsurkunde ausgestellt, die u. a. den Familiennamen des Kindes und der Eltern des Kindes enthält, vgl. § 62 Abs. 1 PStG, werden in der Geburtsurkunde des Kindes als Eltern nur die Annehmenden angegeben, vgl. § 62 Abs. 2 PStG. Für die Abstammungsurkunde des angenommenen Kindes, die allerdings bei der Anmeldung der Eheschließung dem Standesbeamten vorzulegen ist, vgl. § 5 Abs. 1 PStG, gilt die vorgenannte

Regelung ausdrücklich nicht. Der Sinn der vorstehenden Bestimmungen besteht darin, einerseits im Außenverhältnis das Adoptionsgeheimnis zu schützen, andererseits im Innenverhältnis aber dem berechtigten Interesse des Kindes bzgl. seiner leiblichen Vorfahren Rechnung zu tragen.

Das angenommene Kind wird ferner in das Familienbuch des Annehmenden eingetragen, vgl. § 15 Abs. 1 S. 1 Nr. 2 und 3 PStG. Im Familienbuch wird dabei sogleich ein Hinweis auf den die Annahme aussprechenden Beschluss vermerkt, vgl. § 15 Abs. 1 S. 3 PStG.

Eines besonderen Hinweises bedarf der Schutz hinsichtlich der Einsichtsrechte bzgl. Geburtseintrag oder Personenstandsurkunde. Insoweit darf im Falle der Annahme eines Kindes lediglich Behörden, dem Annehmenden, dessen Eltern, dem gesetzlichen Vertreter des Kindes und dem über 16 Jahre alten Kind selbst Einsicht in den Geburtseintrag gestattet oder eine Personenstandsurkunde aus dem Geburtenbuch erteilt werden, vgl. § 61 Abs. 2 S. 1 PStG. Ist das Kind im Familienbuch des Annehmenden eingetragen, so gilt hinsichtlich des dieses Kind betreffenden Eintrags für die Einsicht in das Familienbuch sowie für die Erteilung einer Personenstandsurkunde aus dem Familienbuch die vorgenannte Bestimmung entsprechend, vgl. § 61 Abs. 2 S. 2 PStG.

Schließlich besteht zum Schutz des Adoptionsgeheimnisses ein umfassendes Offenbarungs- und Ausforschungsverbot. So dürfen gem. § 1758 BGB Tatsachen, die geeignet sind, die Annahme und ihre Umstände aufzudecken, ohne Zustimmung des Annehmenden und des Kindes nicht offenbart oder ausgeforscht werden, es sei denn, dass besondere Gründe des öffentlichen Interesses dies erfordern.

Gut zu wissen – gut zu merken

Die Annahme als Kind – Adoption – ist grundsätzlich nur zulässig, wenn sie dem Wohl des Kindes dient. Weitere Voraussetzung ist die begründete Erwartung, dass zwischen den Annehmenden und dem Kind ein Eltern-Kind-Verhältnis entsteht. Um letzteres beurteilen zu können, soll das Kind für eine „angemessene" Probezeit bei den Annehmenden betreut und versorgt werden. Die Annahme eines (fremden) Kindes durch Eheleute ist – gegenüber der Annahme durch eine Person – die Regel, der wohl häufigste Fall der Annahme als Kind ist die Stiefkindadoption. Durch die Annahme wird das Kind in seine neue Familie rechtlich voll eingegliedert (Grundsatz der Volladoption), das alte Verwandtschaftsverhältnis erlischt. Mit der Annahme erhält das Kind als Geburtsnamen den Familiennamen des Annehmenden.

Weiterführende Literatur

Kunkel, P.-C. (Hg.) (2011): Sozialgesetzbuch VIII. Kinder- und Jugendhilfe. Lehr- und Praxiskommentar. 4. Auflage 2011. Wiesbaden: Nomos.

Weinreich, G./Klein, M. (Hg.) (2011): Fachanwaltskommentar Familienrecht. 4. Auflage. Neuwied: Luchterhand.

IX Pflegeeltern und leibliche Eltern

Was Sie in diesem Kapitel lernen können

Mit der Weggabe eines Kindes/Jugendlichen aus dem elterlichen Haushalt in eine (andere) Familienpflege geht die Betreuung des Kindes auf eine andere Person (Pflegeperson) über. Um der ordnungsgemäßen Betreuung des Kindes/Jugendlichen Rechnung tragen zu können, sieht das Gesetz Regelungen vor, mit denen bestimmte Kompetenzen von den Eltern auf die Pflegeperson übertragen werden. Im Folgenden werden die entsprechenden Grundsätze, Grundlagen und Problemstellungen erörtert.

1 Familienpflege durch Pflegeeltern

Zur Familienpflege gehört in erster Linie die Vollzeitpflege i. S. v. § 33 SGB VIII.

§ 33 SGB VIII (Vollzeitpflege)

Hilfe zur Erziehung in Vollzeitpflege soll entsprechend dem Alter und dem Entwicklungsstand des Kindes oder des Jugendlichen und seinen persönlichen Bindungen sowie den Möglichkeiten der Verbesserung der Erziehungsbedingungen in der Herkunftsfamilie Kindern und Jugendlichen in einer anderen Familie eine zeitlich befristete Erziehungshilfe oder eine auf Dauer angelegte Lebensform bieten. Für besonders entwicklungsbeeinträchtigte Kinder und Jugendliche sind geeignete Formen der Familienpflege zu schaffen und auszubauen.

Die Vollzeitpflege umfasst Unterkunft, Betreuung und Erziehung eines Kindes oder Jugendlichen über Tag und Nacht, also ganztägig, und grenzt sich damit von der sog. Teilzeitpflege, vgl. § 32 S. 2 SGB VIII, und auch von der Kindertagespflege, vgl. § 23 SGB VIII, als Form der allgemeinen Förderung von Kindern in Tageseinrichtungen und in der Kindertagespflege ab. Die Teilzeitpflege, vgl. § 32 S. 2 SGB VIII, ist letztlich eine besondere Form der Erziehung in einer Tagesgruppe, die nach dem Gesetz in geeigneter Form der Familienpflege geleistet werden kann.

Die Vollzeitpflege wird in der Regel in einer anderen Familie geleistet. Die Dauer der Vollzeitpflege ist sehr unterschiedlich. Sie reicht von einer kurzfristigen Aufnahme eines Kindes bis hin zum adoptionsähnlichen Dauerpflegeverhältnis. Insgesamt gesehen differiert die Aufenthaltsdauer erheblich.

Im Sinne des § 33 SGB VIII wird als „andere Familie" auch der Haushalt naher Verwandter angesehen, also der Haushalt von Großeltern bzw. Onkel und Tante. Aber auch hier ist für die Hilfeleistung ausschließlich maßgebend, dass ein erzieherischer Bedarf i. S. v. § 27 SGB VIII besteht.

Durch die Weggabe des Kindes aus dem elterlichen Haushalt können die Eltern die elterliche Sorge in tatsächlicher und rechtlicher Hinsicht nicht mehr hinreichend ausüben. Zum Schutz und Wohl des Kindes ist es daher erforderlich, bestimmte Aufgaben und Befugnisse auf die Pflegeperson zu übertragen, die mit diesen Aufgaben befasst ist.

Kommt es entgegen § 1630 Abs. 3 BGB nicht zur Übertragung von Angelegenheiten der elterlichen Sorge auf die Pflegeperson, schafft § 1688 BGB einen Interessenausgleich zwischen Pflegeeltern und leiblichen Eltern.

§ 1688 BGB (Entscheidungsbefugnisse der Pflegeperson)

(1) Lebt ein Kind für längere Zeit in Familienpflege, so ist die Pflegeperson berechtigt, in Angelegenheiten des täglichen Lebens zu entscheiden sowie den Inhaber der elterlichen Sorge in solchen Angelegenheiten zu vertreten. Sie ist befugt, den Arbeitsverdienst des Kindes zu verwalten sowie Unterhalts-, Versicherungs-, Versorgungs- und sonstige Sozialleistungen für das Kind geltend zu machen und zu verwalten. §1629 Abs. 1 S. 4 gilt entsprechend.
(2) Der Pflegeperson steht eine Person gleich, die im Rahmen der Hilfe nach den §§34, 35 und 35a Abs. 1 S. 2 Nr. 3 und 4 des achten Buches Sozialgesetzbuch die Erziehung und Betreuung eines Kindes übernommen hat.
(3) Die Abs. 1 und 2 gelten nicht, wenn der Inhaber der elterlichen Sorge etwas anderes erklärt. Das Familiengericht kann die Befugnisse nach den Abs. 1 und 2 einschränken oder ausschließen, wenn dies zum Wohl des Kindes erforderlich ist.
(4) Für eine Person, bei der sich das Kind aufgrund einer gerichtlichen Entscheidung nach §1632 Abs. 4 oder §1682 aufhält, gelten die Abs. 1 und 3 mit der Maßgabe, dass die genannten Befugnisse nur das Familiengericht einschränken oder ausschließen kann.

Danach ist also die Pflegeperson – *auch ohne Übertragung von Angelegenheiten der elterlichen Sorge gem. § 1630 Abs. 3 BGB* – berechtigt, in *Angelegenheiten des täglichen Lebens* zu entscheiden sowie den Inhaber der elterlichen Sorge in solchen Angelegenheiten zu vertreten. Die Pflegeperson ist darüber hinaus befugt, den Arbeitsverdienst des Kindes zu verwalten sowie Unterhalts-, Versicherungs-, Versorgungs- und sonstige Sozialleistungen für das Kind geltend zu machen und zu verwalten. § 1629 Abs. 1 S. 4 BGB (Notvertretungsrecht) gilt entsprechend, vgl. § 1688 Abs. 1 BGB. Für den Fall, dass der Inhaber der elterlichen Sorge allerdings etwas anderes erklärt, gelten diese Befugnisse nicht. Das Familiengericht kann zudem in die Ermächtigung der Entscheidungsbefugnisse der Pflegeperson eingreifen, wenn das Wohl des Kindes dies notwendig macht, vgl. § 1688 Abs. 3 BGB.

Ungeachtet dessen besteht aber auch die rechtliche Möglichkeit, „Angelegenheiten der elterlichen Sorge“ auf die Pflegeperson zu übertragen, vgl. § 1630 Abs. 3 BGB.

§ 1630 Abs. 3 BGB (Familienpflege)

Geben die Eltern das Kind für längere Zeit in Familienpflege, so kann das Familiengericht auf Antrag der Eltern oder der Pflegeperson Angelegenheiten der elterlichen Sorge auf die Pflegeperson übertragen. Für die Übertragung auf Antrag der Pflegeperson ist die Zustimmung der Eltern erforderlich. Im Umfang der Übertragung hat die Pflegeperson die Rechte und Pflichten eines Pflegers.

Das Gesetz spricht zwar von „Angelegenheiten der elterlichen Sorge", so dass an sich „einzelne Angelegenheiten der elterlichen Sorge" gemeint sind. Nach überwiegender Auffassung kann aber auch die gesamte elterliche Sorge in diesem Zusammenhang übertragen werden. Durch die Übertragung der Sorgerechtsangelegenheiten erhält die Pflegeperson die Position eines Ergänzungspflegers.

§ 1909 BGB (Ergänzungspflegschaft)

(1) Wer unter elterlicher Sorge oder unter Vormundschaft steht, erhält für Angelegenheiten, an deren Besorgung die Eltern oder der Vormund verhindert sind, einen Pfleger. Er erhält insbesondere einen Pfleger zur Verwaltung des Vermögens, das er von Todes wegen erwirbt oder das ihm unter Lebenden unentgeltlich zugewendet wird, wenn der Erblasser durch letztwillige Verfügung, der Zuwendende bei der Zuwendung bestimmt hat, dass die Eltern oder der Vormund das Vermögen nicht verwalten sollen.
(2) Wird eine Pflegschaft erforderlich, so haben die Eltern oder der Vormund dies dem Familiengericht unverzüglich anzuzeigen.
(3) Die Pflegschaft ist auch dann anzuordnen, wenn die Voraussetzungen für die Anordnungen einer Vormundschaft vorliegen, ein Vormund aber noch nicht bestellt ist.

§ 1915 BGB (Anwendung des Vormundschaftsrechts)

(1) Auf die Pflegschaft finden die für die Vormundschaft geltenden Vorschriften entsprechende Anwendung, soweit sich nicht aus dem Gesetz ein anderes ergibt. Abweichend von § 3 Abs. 1 bis 3 des Vormünder- und Betreuungsvergütungsgesetzes bestimmt sich die Höhe einer nach § 1836 Abs. 1 zu bewilligenden Vergütung nach den für die Führung der Pflegschaftsgeschäfte nutzbaren Fachkenntnissen des Pflegers sowie nach dem Umfang und der Schwierigkeit der Pflegschaftsgeschäfte, sofern der Pflegling nicht mittellos ist. An die Stelle des Familiengerichts tritt das Betreuungsgericht; dies gilt nicht bei der Pflegschaft von Minderjährigen oder für eine Leibesfrucht.
(2) Die Bestellung eines Gegenvormundes ist nicht erforderlich.
(3) § 1793 Abs. 2 findet auf die Pflegschaft für Volljährige keine Anwendung.

2 Rechtsstellung der Pflegeeltern

Das Elternrecht aus Art. 6 Abs. 2 S. 1 GG schützt auch die Pflegeeltern.

Häufigster Konfliktfall zwischen Eltern und Pflegeeltern, die sich mithin beide auf das verfassungsrechtlich geschützte Elternrecht berufen können, ist das Herausgabeverlangen der Eltern, die ihr Kind von der Pflegefamilie wieder zu sich nehmen wollen. Für diesen Fall regelt § 1632 Abs. 4 BGB, dass das Familiengericht von Amts wegen oder auf Antrag der Pflegeperson anordnen kann, dass das Kind bei der Pflegeperson verbleibt, wenn und so lange das Kindeswohl durch die Wegnahme gefährdet würde. Voraussetzung für eine sog. Verbleibensanordnung in diesem Sinne ist, dass das Kind *seit längerer Zeit* in Familienpflege lebt und die Herausnahme des Kindes aus der Pflegefamilie das seelische Wohl des Kindes gefährden würde.

§ 1632 Abs. 4 BGB (Verbleibensanordnung bei Familienpflege)

Lebt das Kind seit längerer Zeit in Familienpflege und wollen die Eltern das Kind von der Pflegeperson wegnehmen, so kann das Familiengericht von Amts wegen oder auf Antrag der Pflegeperson anordnen, dass das Kind bei der Pflegeperson verbleibt, wenn und solange das Kindeswohl durch die Wegnahme gefährdet würde.

Bei dem Begriff „seit längerer Zeit" ist von dem kindlichen Zeitbegriff und kindlichen Zeitvorstellungen auszugehen und weniger von objektiven Kriterien. Letztlich ist vor allem entscheidend, welche Bindungen sich in dem Zeitraum, in dem sich das Kind bei der Pflegeperson befand, entwickelt haben, und wie sich das Verhältnis zur Pflegeperson bzw. zu den leiblichen Eltern gestaltet.

Eine Verbleibensanordnung zu Gunsten der Pflegefamilie wird immer dann ergehen, wenn das Herausgabeverlangen des Wohl des Kindes i.S.v. § 1666 Abs. 1 BGB gefährdet. In der Regel wird dies mit einem kinderpsychologischen Gutachten geklärt werden müssen. Da das Erziehungsrecht der Eltern gegenüber den gewachsenen Bindungen zu den Pflegeeltern aber prinzipiell Vorrang hat, ist letztlich abzuwägen, ob und inwieweit die Trennung des Kindes von seiner Pflegeperson mit psychischen oder physischen Schäden verbunden ist und inwieweit dies nach Rückführung des Kindes zu den leiblichen Eltern aufgefangen und minimiert werden kann.

3 Hilfen des Jugendamts

Bei allen Meinungsverschiedenheiten zwischen den leiblichen Eltern und den Pflegeeltern sollen die Beteiligten das Jugendamt einschalten, damit dieses zwischen den Beteiligten vermitteln kann (§ 38 SGB VIII). Dies gilt auch für den Fall, dass der Inhaber der Personensorge durch eine Erklärung gem. § 1688 Abs. 3 S. 1 BGB die Vertretungsmacht der Pflegeperson einschränkt. Allerdings sollen/können die Beteiligten (Pflegeperson und Sorgerechtsinhaber) das Jugendamt einbeziehen, um die Meinungsverschiedenheiten zu klären. Dies gilt insbesondere dann, wenn durch die einschränkende Erklärung des Sorgerechtsinhabers eine dem Wohl des Kindes oder des Jugendlichen förderliche Erziehung durch die Pflegeperson nicht mehr möglich ist, vgl. § 38 SGB VIII. Kommt es in den genannten Fällen zu keiner Einigung, muss das Familiengericht gem. § 1666 BGB entscheiden, ob durch das Verhalten der Eltern eine Kindeswohlgefährdung gegeben ist oder entstehen kann.

Schließlich regelt § 37 SGB VIII, dass u. a. im Falle der Familienpflege darauf hingewirkt werden soll, das Pflegeperson bzw. die in der Einrichtung für die Erziehung verantwortlichen Person und die Eltern zum Wohl des Kindes oder des Jugendlichen zusammen arbeiten. Durch Beratung und Unterstützung sollen die Erziehungsbedingungen in der Herkunftsfamilie innerhalb eines im Hinblick auf die Entwicklung des Kindes oder Jugendlichen vertretbaren Zeitraums soweit verbessert werden, dass sie das Kind oder den Jugendlichen wieder selbst erziehen kann. Hierzu gehört eine begleitende Beratung und Unterstützung der Eltern. Gemeint sind pädagogische und therapeutische Hilfen für die Eltern, die Verbesserung der familialen Lebenssituation (z. B. bei Arbeitslosigkeit, unzureichenden Wohnverhältnissen oder Krankheit), die Förderung der Beziehungen des Kindes zu den leiblichen Eltern (z. B. durch heimatnahe Unterbringung). Ist eine nachhaltige Verbesserung der Erziehungsbedingungen in der Herkunftsfamilie innerhalb dieses Zeitraums nicht erreichbar, so soll mit den beteiligten Personen eine andere, dem Wohl des Kindes oder des Jugendlichen förderliche und auf Dauer angelegte Lebensperspektive erarbeitet werden, vgl. § 37 Abs. 1 SGB VIII, z. B. durch dauerhaften Verbleib bei den Pflegeeltern oder durch Adoption.

Schließlich hat die Pflegeperson vor der Aufnahme des Kindes oder des Jugendlichen sowie während der Dauer der Pflege Anspruch auf Beratung und Unterstützung, vgl. § 37 Abs. 2 SGB VIII. I. Ü. soll das Jugendamt den Erfordernissen des Einzelfalles entsprechend an Ort und Stelle überprüfen, ob die Pflegeperson eine dem Wohl des Kindes oder des Jugendlichen förderliche Erziehung gewährleistet. Ferner wird die Pflegeperson verpflichtet, das Jugendamt über wichtige Ereignisse zu unterrichten, die das Wohl des Kindes oder des Jugendlichen betreffen, vgl. § 37 Abs. 3 SGB VIII.

4 Verfahrensrechtliche Regelungen

§ 161 FamFG (Mitwirkung der Pflegeperson)

(1) Das Gericht kann in Verfahren, die die Person des Kindes betreffen, die Pflegeperson im Interesse des Kindes als Beteiligte hinzuziehen, wenn das Kind seit längerer Zeit in Familienpflege lebt. Satz 1 gilt entsprechend, wenn das Kind aufgrund einer Entscheidung nach § 1682 des bürgerlichen Gesetzbuchs bei dem dort genannten Ehegatten, Lebenspartner oder Umgangsberechtigten lebt.

(2) Die in Abs. 1 genannten Personen sind anzuhören, wenn das Kind seit längerer Zeit in Familienpflege lebt.

(Wegen der Einzelheiten der verfahrensrechtlichen Stellung als Beteiligte, vgl. Kapitel XIII, S. 172 ff.).

Hintergrund der Anhörungsverpflichtung nach § 161 Abs. 2 FamFG ist die Tatsache, dass eine Pflegeperson, jedenfalls dann, wenn das Kind sich seit längerer Zeit bei ihr befindet, über die Gesamtsituation, aber auch über die Befindlichkeiten des Kindes am ehesten Auskunft geben kann. Solche Kenntnisse sind selbstverständlich für das entscheidende Gericht von großer Bedeutung. Die Form der Anhörung ist vom Gesetz nicht im Einzelnen geregelt. Insbesondere ist keine mündliche bzw. persönliche Anhörung vorgeschrieben. Die Form der Anhörung steht daher im pflichtgemäßen Ermessen des Gerichts, sich auf möglichst sichere Art und Weise die fraglichen Erkenntnisse zu verschaffen hat.

Gut zu wissen – gut zu merken

Pflegepersonen und ihnen gleichgestellte Personen, die die Erziehung und Betreuung eines Kindes im Rahmen von § 1688 Abs. 1 und Abs. 2 BGB übernommen haben, sind u. a. gesetzlich befugt, den/die Personensorgeberechtigten in Angelegenheiten des täglichen Lebens zu vertreten und insoweit zu entscheiden. Sollen Angelegenheiten der elterlichen Sorge, also Teilbereiche des Sorgerechts, auf die Pflegeperson übertragen werden, bedarf es einer entsprechenden gerichtlichen Entscheidung, durch die die Pflegeperson die rechtliche Stellung eines Ergänzungspflegers erhält. Dieser ist alsdann für den fraglichen Sorgerechtsbereich allein entscheidungsberechtigt. Bei Meinungsverschiedenheiten zwischen Pflegeperson und Eltern ist das Jugendamt zur Vermittlung verpflichtet. Das Elternrecht der Pflegeeltern unterliegt ebenfalls dem verfassungsrechtlichen Schutz, was u. a. durch verschiedene gesetzliche Regelungen zum Ausdruck kommt.

Weiterführende Literatur

Bork, R./Jacoby, F./Schwab, D. (2009): FamFG: Kommentar zum Gesetz über das Verfahren in Familiensachen und in den Angelegenheiten der freiwilligen Gerichtsbarkeit. Bielefeld: Gieseking.

Kunkel, P.-C. (Hg.) (2011): Sozialgesetzbuch VIII. Kinder- und Jugendhilfe. Lehr- und Praxiskommentar. 4. Auflage 2011. Wiesbaden: Nomos.

X Maßnahmen des Familiengerichts bei Kindeswohlgefährdung

Was Sie in diesem Kapitel lernen können

Verhinderung und Beseitigung von Kindeswohlgefährdungen gehören zu den wichtigsten gesellschaftlichen Anliegen. Dabei steht das Kindeswohl im Spannungsfeld des verfassungsrechtlich geschützten Elternrechts des Art. 6 Abs. 2 S. 1 GG, das den Eltern das Recht auf Pflege und Erziehung ihrer Kinder garantiert, und des Wächteramtes des Staates gem. Art. 6 Abs. 2 S. 2 GG, das dem Staat die Pflicht auferlegt, darüber zu wachen, dass Pflege und Erziehung der Kinder (durch ihre Eltern) sicher gestellt sind.

Dieses Kapitel befasst sich mit den Voraussetzungen, unter denen das Familiengericht wegen Kindeswohlgefährdung einschreiten kann, und mit welchen Handlungsmaximen und Entscheidungsprinzipien einer Kindeswohlgefährdung zu begegnen ist.

Insoweit werden materiellrechtliche Fragen (z. B.: „Was ist unter einer Kindeswohlgefährdung zu verstehen?") und verfahrensrechtliche Fragen (z. B.: „Welche Möglichkeiten hat das Familiengericht und wie geht es vor?") erörtert.

1 Entscheidungsmaßstab Kindeswohl

Das Kindeswohl ist bei allen familiengerichtlichen Verfahren, sei es bei Sorgerechts- und Umgangsregelungsverfahren, sei es bei Maßnahmen wegen Gefährdung des Kindeswohls gem. § 1666 BGB, also Verfahren, an denen die Kinder unmittelbar beteiligt sind, besonders zu beachten, vgl. § 1697a BGB (zum Wortlaut siehe Kapitel VI, S. 82).

Um Missverständnissen vorzubeugen: Pflege und Erziehung sind Elternrecht und Elternpflicht. Dieses „natürliche Recht" der Eltern gewährleistet das Grundgesetz durch die Regelung des Art. 6 Abs. 2 S. 1 GG. Trotz aller unumstritten großen Freiräume, wie die Eltern das Wohl des Kindes gestalten, wie sie es aufziehen und erziehen und welchem Erziehungsziel sie sich verpflichtet fühlen, wacht die staatliche Gemeinschaft gem. Art. 6 Abs. 2 S. 2 GG darüber, dass das Kind vor einem Missbrauch der elterlichen Sorge, einem bewussten oder unbewussten Versagen der Eltern oder – ganz allgemein – vor Vernachlässigung, Verwahrlosung oder Misshandlung geschützt ist oder wird.

Dabei unterstützt die staatliche Gemeinschaft die Eltern bis zu einer gewissen Gefährdungsschwelle durch Hilfen jedweder Art. Lässt sich hierdurch jedoch das Kindeswohl nicht hinreichend absichern, trifft der Staat entsprechende Maßnahmen, um die Gefahren von dem Kind abzuwenden. Bei der Wahl seiner Mittel, die bis zum Entzug der gesamten Personensorge oder gar bis zur Trennung des Kindes von der Familie führen, muss der Staat aber immer das Prinzip der Verhältnismäßigkeit wahren. Dies bedeutet, dass er nur die zur Gefahrenabwehr notwendigen Maßnahmen ergreifen darf.

Entscheidungsgrundlage für die Ausübung des Wächteramtes durch den Staat (u.a. mit Hilfe des Familiengerichts) sind die §§ 1666, 1666a BGB. Diese Regelungen räumen entsprechende Handlungskompetenzen ein, verpflichten andererseits jedoch das Familiengericht auch zum Tätigwerden zum Schutze des Kindes.

2 Wann ist das Kindeswohl gefährdet?

Die wohl wichtigste gesetzliche Bestimmung zur Kindeswohlgefährdung mitsamt den Handlungsanweisungen und Handlungsbefugnissen für das Familiengericht enthält § 1666 BGB. Zugleich verdeutlicht § 1666a BGB im Hinblick auf § 1666 BGB, unter welchen Voraussetzungen bei einer Kindeswohlgefährdung eine Trennung des Kindes von seiner Familie bzw. ein Entzug der gesamten Personensorge in Betracht kommt.

§ 1666 BGB (Gerichtliche Maßnahmen bei Gefährdung des Kindeswohls)

(1) Wird das körperliche, geistige oder seelische Wohl des Kindes oder sein Vermögen gefährdet und sind die Eltern nicht gewillt oder nicht in der Lage, die Gefahr abzuwenden, so hat das Familiengericht die Maßnahmen zu treffen, die zur Abwendung der Gefahr erforderlich sind.

(2) In der Regel ist anzunehmen, dass das Vermögen des Kindes gefährdet ist, wenn der Inhaber der Vermögenssorge seine Unterhaltspflicht gegenüber dem Kind oder seine mit der Vermögenssorge verbundenen Pflichten verletzt oder Anordnungen des Gerichts, die sich auf die Vermögenssorge beziehen, nicht befolgt.

(3) Zu den gerichtlichen Maßnahmen nach Abs. 1 gehören insbesondere

1. Gebote, öffentliche Hilfen wie z. B. Leistungen der Kinder- und Jugendhilfe und der Gesundheitsfürsorge in Anspruch zu nehmen,
2. Gebote, für die Einhaltung der Schulpflicht zu sorgen,
3. Verbote, vorübergehend oder auf unbestimmte Zeit die Familienwohnung oder eine andere Wohnung zu nutzen, sich in einem bestimmten Umkreis der Wohnung aufzuhalten oder zu bestimmende andere Orte aufzusuchen, an denen sich das Kind regelmäßig aufhält,
4. Verbote, Verbindung zum Kind aufzunehmen oder ein Zusammentreffen mit dem Kind herbeizuführen,
5. die Ersetzung von Erklärungen des Inhabers der elterlichen Sorge,
6. die teilweise oder vollständige Entziehung der elterlichen Sorge.

(4) In Angelegenheiten der Personensorge kann das Gericht auch Maßnahmen mit Wirkungen gegen einen Dritten treffen.

§ 1666a BGB (Grundsatz der Verhältnismäßigkeit; Vorrang öffentlicher Hilfen)

(1) Maßnahmen, mit denen eine Trennung des Kindes von der elterlichen Familie verbunden ist, sind nur zulässig, wenn der Gefahr nicht auf andere Weise, auch

nicht durch öffentliche Hilfen, begegnet werden kann. Dies gilt auch, wenn einem Elternteil vorübergehend oder auf unbestimmte Zeit die Nutzung der Familienwohnung untersagt werden soll. Wird einem Elternteil oder einem Dritten die Nutzung der vom Kind mitbewohnten oder einer anderen Wohnung untersagt, ist bei der Bemessung der Dauer der Maßnahme auch zu berücksichtigen, ob diesem das Eigentum, das Erbbaurecht oder der Nießbrauch an dem Grundstück zusteht, auf dem sich die Wohnung befindet. Entsprechendes gilt für das Wohnungseigentum, das Dauerwohnrecht, das dingliche Wohnrecht oder wenn der Elternteil oder Dritte Mieter der Wohnung ist.
(2) Die gesamte Personensorge darf nur entzogen werden, wenn andere Maßnahmen erfolglos geblieben sind oder wenn anzunehmen ist, dass sie zur Abwendung der Gefahr nicht ausreichen.

Wann liegt nun eine Gefährdung des Kindeswohls im Sinne der genannten Vorschriften im Einzelnen vor?

Schwierig ist in diesem Zusammenhang insbesondere die Feststellung, wann eine konkrete „Gefährdung" anzunehmen ist, die zum Handeln des Familiengerichts berechtigt und verpflichtet. Dabei wird nach der Rechtsprechung darauf abgestellt, dass eine „gegenwärtige, in einem solchen Maße vorhandene Gefahr" vorliegt, die „bei der weiteren Entwicklung des Kindes dessen erhebliche Schädigung mit ziemlicher Sicherheit voraussehen lässt".

Beispiele für akute Gefährdungslagen des Kindes:

- Drogen- und/oder Trunksucht der Eltern, das Verbüßen größerer Freiheitsstrafen u.ä. rechtfertigen einen Sorgerechtseingriff immer dann, soweit das Kind von den Folgen des elterlichen Handelns mitbetroffen ist und darunter zu leiden hat.
- Dissoziale Einstellung der Eltern zur Schulpflicht ihres Kindes, also wenn Eltern ihr Kind vom Besuch der Schule abhalten, sich weigern, das Kind in die Schule zu schicken, das Kind von der Schule gar abmelden, bei Schulversäumnissen nicht überzeugend eingreifen und für den Schulbesuch Sorge tragen.
- Ausbeuten der Arbeitskraft des Kindes, Anhalten zum Betteln bzw. zu sonstigen Straftaten, Ausweisung des Kindes aus dem Elternhaus, unangemessene, einschüchternde und ehrverletzende Strafmaßnahmen machen ebenfalls Maßnahmen gem. § 1666 Abs. 1 BGB notwendig.
- Uneinsichtigkeit der Eltern bei Ernährungsfehlern, elterliche Ablehnung einer psychiatrischen Untersuchung bei offensichtlicher Fehlentwicklung des Kindes, körperliche Misshandlungen bzw. sog. Züchtigung des Kindes, Duldung von Schlägen des Kindes durch Dritte (z.B. Stiefmutter bzw. Stiefvater), sexueller Missbrauch des Kindes, Vernachlässigung des Kindes (bei Wohnung, Essen und Pflege) mit der Folge der Verwahrlosung, Dulden des Herumtreibens des Kindes.
- Auch unverschuldetes Versagen der Eltern darf sich nicht zu Lasten des Kindeswohls auswirken, weshalb ein sorgerechtlicher Eingriff sich als notwendig

erweisen kann, wenn eine psychische Erkrankung des Elternteils besteht, auch wenn sie nur in Schüben auftreten mag.
- Selbst durch das Verhalten eines Dritten kann eine sorgerechtliche Maßnahme gegenüber einem Elternteil geboten sein. Dies kommt z. B. in Betracht bei dem Verdacht sexuellen Missbrauchs durch den Lebensgefährten der Mutter bzw. bei entwürdigenden Erziehungsmaßnahmen der Stiefmutter bzw. des Stiefvaters.

Anhand folgender Fallbeispiele aus der Praxis, die auch Gegenstand gerichtlicher Entscheidungen waren, kann die Einordnung und Bewertung von Gefährdungssituationen konkret verdeutlicht werden.

- Läusebefall und die Nichteinhaltung allgemeiner hygienischer Prinzipien (wie z. B. das tägliche Waschen und Zähneputzen) bei einem sechs Jahre alten Kind: Kein Sorgerechtsentzug (nach OLG Hamm, FamRZ 2002, 691 ff.).
- Starkes Rauchen der Eltern, die im Haushalt zwei Kinder (14 und 15 Jahre alt) versorgen und betreuen: Kein Sorgerechtseingriff (nach BayOblG FamRZ 1993, 1350 ff.). Elterliches Rauchen in der Wohnung rechtfertigt für sich allein keinen staatlichen Eingriff in das Sorgerecht. Etwas anderes kann allenfalls dann gelten, wenn das Passivrauchen für das Kind wegen außergewöhnlicher Veranlagungen oder wegen Erkrankungen eine konkrete besondere Gefährdung darstellt, die über die für das Passivrauchen allgemein angenommene Gefahr erheblich hinausgeht.
- Massive Schulversäumnisse dreier Kinder, deren Eltern sämtliche Hilfs- und Beratungsangebote ablehnen: Entzug von Teilen der elterlichen Sorge, u. a. des Aufenthaltsbestimmungsrechts (nach OLG Koblenz, FamRZ 2006, 57).
- Gesundheitsgefährdende Vernachlässigung eines Kleinkindes durch Unterernährung bei alkoholbedingtem elterlichen Versagen: Entzug des Aufenthaltsbestimmungsrechts (nach BayObLG, FamRZ 1988, 748 ff.).
- Massiv gestörte Bindungs- und Beziehungsfähigkeit der Mutter sowie chaotische Lebens- und Wohnverhältnisse bei hochgradig gestörtem und traumatisiertem Kind, mangelnde Fähigkeit der Mutter zu befriedigendem Kontakt- und Bindungsaufbau bei schwankender Einstellung zum dauerhaften Verbleib des Kindes: Völlige Entziehung des Sorgerechts wegen Erziehungsunfähigkeit der Mutter (nach OLG Hamm, FamRZ 2002, 692 ff.).
- Nicht altersgerecht versorgtes sowie körperlich und emotional vernachlässigtes dreijähriges Kleinkind infolge unverschuldetem Erziehungsversagen der psychisch erkrankten Mutter und des durch Inhaftierung an der Wahrnehmung des Sorgerechts tatsächlich verhinderten Vaters: Entziehung des Aufenthaltsbestimmungsrechts und des Rechts auf Beantragung öffentlicher Hilfen (nach BayObLG, FamRZ 1995, 502 ff.).
- Einengendes Erziehungsverhalten des Vaters durch entwürdigende Erziehungsmaßnahmen und mangelnde Berücksichtigung der wachsenden Fähigkeit und des wachsenden Bedürfnisses zu selbstständigem verantwortungsbewusstem Handeln der 16jährigen Tochter: Auf neun Monate zeitlich befristeter Entzug der Personensorge (nach OLG Köln, FamRZ 1996, 1027 ff.).

Mit den Beispielsfällen wird deutlich, dass nicht nur

- die Frage nach der Eingriffsschwelle (also der Frage, ob schon eine Kindeswohlgefährdung vorliegt, die einen gerichtlichen Eingriff rechtfertigt = § 1666 BGB),

sondern auch

- die Frage nach der Verhältnismäßigkeit bzw. nach den zu ergreifenden „erforderlichen Maßnahmen" eine große Rolle spielt = § 1666 Abs. 3 BGB i.V.m. § 1666a BGB.

(Auf die Kindeswohlgefährdung in der Form der Gefährdung des Kindesvermögens, vgl. §§ 1666 Abs. 1 und Abs. 2 BGB wird wegen mangelnder Relevanz nicht weiter eingegangen.)

3 Handlungsvorrang der Eltern

Neben den geschilderten inhaltlichen Kindeswohlgefährdungen, die hiermit keinesfalls abschließend dargestellt sind, ist vor einer sorgerechtlichen Maßnahme des Gerichts *grundsätzlich* zu prüfen, ob die Eltern „nicht gewillt oder nicht in der Lage sind", die Gefahr für das Kind selbst abzuwenden, vgl. § 1666 Abs. 1 BGB. Hilflosigkeit, mangelnde Bereitschaft, fehlende Einsicht oder Gleichgültigkeit der Eltern reichen insoweit aus, um eine Berechtigung bzw. Verpflichtung des Familiengerichts zu sorgerechtlichen Maßnahmen anzunehmen.

Das Tatbestandsmerkmal der „mangelnden Bereitschaft" oder „mangelnden Fähigkeit" der Eltern zur Gefahrenabwehr soll sicherstellen, dass den Eltern der Vorrang eigener Gefahrenabwehr erhalten bleibt. Sie sollen nach dem Willen des Gesetzes beim Schutz des Kindes vor einer Kindeswohlgefährdung nicht übergangen werden.

Damit gilt für sämtliche Gefährdungssituationen, dass die Eltern es letztlich in der Hand haben, ob es zu einem sorgerechtlichen Eingriff durch das Familiengericht kommt. Mit anderen Worten: Sind die Eltern selbst bereit, durch eigenes Handeln oder *durch die Hilfe Dritter, also unter Annahme von Hilfeangeboten z. B. der öffentlichen Jugendhilfe*, die Gefahr abzuwenden, ist für einen staatlichen Sorgerechtseingriff kein Raum.

4 Die Sicherung des Kindeswohls – Prinzipien und Maßnahmekatalog

4.1 Verhältnismäßigkeitsprinzip

Die sorgerechtlichen Maßnahmen des Familiengerichts bei einer Kindeswohlgefährdung stehen, wie bereits erwähnt, unter dem Grundsatz der Verhältnismäßigkeit.

Dabei regelt § 1666a Abs. 2 BGB ausdrücklich, dass die *gesamte Personensorge* nur entzogen werden darf, wenn andere Maßnahmen erfolglos geblieben sind oder wenn anzunehmen ist, dass sie zur Gefahrenabwehr nicht ausreichen. Insofern kann eine – allerdings verlässliche – Prognose für den Entzug der gesamten Personensorge genügen, wenn die – milderen – Maßnahmen voraussichtlich erfolglos bleiben würden.

Ebenso kommt eine Trennung des Kindes von der elterlichen Familie (z.B. Heimunterbringung bzw. Unterbringung in einer Pflegefamilie) nur in Betracht, wenn der Gefahr für das Kind nicht auf andere Weise, insbesondere auch nicht durch öffentliche Hilfen, begegnet werden kann. Zu den öffentlichen Hilfen gehören insbesondere die Hilfen nach SGB VIII.

In diesem Zusammenhang regelt nämlich Art. 6 Abs. 3 GG sogar ausdrücklich, dass gegen den Willen der Erziehungsberechtigten Kinder nur auf Grund eines Gesetzes von der Familie getrennt werden dürfen, wenn die Erziehungsberechtigten versagen oder wenn die Kinder aus anderen Gründen zu verwahrlosen drohen.

4.2 Die Maßnahmen des Familiengerichts im Einzelnen

§ 1666 BGB wurde durch das am 12.07.2008 in Kraft getretene Gesetz zur Erleichterung familiengerichtlicher Maßnahmen bei Gefährdung des Kindeswohls reformiert.

Mit der Neufassung des § 1666 Abs. 1 BGB sind die verschiedenen vormals gesetzlich formulierten Erscheinungsformen der Kindeswohlgefährdung (durch missbräuchliche Ausübung der elterlichen Sorge, durch die Vernachlässigung des Kindes, durch unverschuldetes Versagen der Eltern oder durch das Verhalten eines Dritten) entfallen. Der Gesetzgeber hatte mit der Streichung dieser Erscheinungsformen u.a. die Hoffnung verbunden, dass praktische Schwierigkeiten bei der Anrufung des Familiengerichts verringert und eine *frühere Anrufung des Familiengerichts* gefördert würden. Zudem sollte die etwaige Beeinträchtigung des weiteren Hilfeprozesses durch den Vorwurf mangelnder Kooperationsbereitschaft gegen die Eltern minimiert werden, vgl. BT-Drucks. 1668/15, S. 14.

Die Schwelle der Kindeswohlgefährdung blieb allerdings nach ausdrücklicher und wiederholter Klarstellung des Gesetzgebers unverändert erhalten.

Mit der Neufassung des § 1666 Abs. 3 BGB hat der Gesetzgeber die Rechtsfolgen – also den Inbegriff der „erforderlichen Maßnahmen" des § 1666 Abs. 1 BGB – beispielhaft, mithin *nicht* abschließend konkretisiert. Demzufolge weist die Gesetzesbegründung auch darauf hin, dass die Aufzählung die *Bandbreite der Gestaltungsmöglichkeiten* verdeutlichen und klarstellen solle, „welche familiengerichtlichen Maßnahmen auch unterhalb der Schwelle der Sorgerechtsentziehung möglich" seien (vgl. BT-Drucks. 16/6815, S. 15). Wie die gesamte entsprechende Kommentarliteratur zu den „erforderlichen Maßnahmen" des § 1666 BGB allerdings belegt, gehörten auch nach früherem Recht sämtliche im Gesetz nunmehr konkret angesprochene Maßnahmen – bis auf die dem Gewaltschutzgesetz entlehnten Schutzmaßnahmen des § 1666 Abs. 3 Nr. 3 und 4 BGB – seit jeher zu den alltäglichen Anordnungen des Familiengerichts, das grundsätzlich seine Maßnahmen unter dem Gesichtspunkt der Verhältnismäßigkeit zu prüfen hat.

Wichtig: Bei der *Entziehung eines Teilrechts* der elterlichen Sorge (z. B. des Aufenthaltsbestimmungsrechts oder des Rechts der Gesundheitssorge) wird lediglich ein Ergänzungspfleger bestellt, vgl. § 1909 Abs. 1 S. 1 BGB, bei der *vollständigen Entziehung der elterlichen Sorge* hingegen ein Vormund, vgl. §§ 1773, 1774 BGB. Nach dem Grundsatz der Verhältnismäßigkeit ist in diesem Zusammenhang die Entziehung von Teilbefugnissen, z. B. insbesondere des Aufenthaltsbestimmungsrechts als Teil des Inhalts der Personensorge prinzipiell vorrangig gegenüber der Entziehung der gesamten Personensorge.

Geht es um die Übertragung einzelner Befugnisse z. B. zur Kontrolle der Eltern, kommt auch eine sog. beaufsichtigende Pflegschaft gem. § 1909 BGB als Ergänzungspflegschaft in Betracht. Das Familiengericht, das die Vormundschaft oder Pflegschaft anordnet, wählt zugleich die Person des Pflegers oder des Vormunds aus, vgl. § 1697 BGB. Mit der Frage der beaufsichtigenden Pflegschaft hat sich insbesondere der Bundesgerichtshof in einem ausführlichen Beschluss auseinandergesetzt (vgl. BGH in FamRZ 2005, 344 ff.).

Mildere Maßnahmen des Familiengerichts im Sinne obiger Ausführungen, also Maßnahmen ohne den Entzug der elterlichen Sorge im Ganzen oder den Entzug von Teilrechten, sind z. B. Ermahnungen, Verwarnungen, Gebote und Verbote (Weisungen) des Familiengerichts an die Eltern.

Beruht die Kindeswohlgefährdung der Eltern darauf, dass sie eine zur Gefahrenabwehr notwendige Erklärung (also eine rechtsgeschäftliche Willenserklärung, die nur die gesetzlichen Vertreter des Kindes – Eltern – erteilen können) nicht abgeben können oder wollen, so kann das Familiengericht diese elterliche Erklärung ersetzen. Das Gesetz räumt auch diese Möglichkeit als milderes Mittel ausdrücklich ein, vgl. § 1666 Abs. 3 Nr. 5 BGB. Solche „Ersatz"-Erklärungen des Familiengerichts kommen insbesondere dann in Betracht, wenn es um eine Einwilligung in eine Operation oder sonstige ärztliche Maßnahmen geht bzw. wenn eine Zustimmung der Eltern zur psychologischen Begutachtung des Kindes, z. B. in einem Umgangsregelungsverfahren, ersetzt werden muss. Lehnen die Eltern die – notwendige – Abgabe der Erklärung nicht grundsätzlich ab, kann das Gericht auch anordnen, dass die Eltern die fragliche Erklärung abgeben.

Schließlich lässt das Gesetz in „Angelegenheiten der Personensorge" auch familiengerichtliche Maßnahmen gegen Dritte zu, vgl. § 1666 Abs. 4 BGB. So kann das Familiengericht Maßnahmen und Anordnungen gegen Dritte treffen, wenn deren Verhalten das Kindeswohl gefährdet und die Eltern gegen die von dem Dritten ausgehenden Gefahren nicht zum Wohle des Kindes einschreiten.

Beispiel:

Stefan, 14 Jahre alt, pflegt bevorzugt Umgang mit mehreren jungen Männern (17 und 18 Jahre alt), die durch ständige Straftaten auffallen. Die Eltern von Stefan befürworten die Kontakte zwischen Stefan und den jungen Männern zwar nicht, dulden sie aber. Auch als Stefan sich an den Straftaten der beiden anderen beteiligt, schreiten die Eltern auf Anregung des Jugendamts nicht ein. Das Jugendamt sieht Stefan aufgrund der Kontakte als erheblich gefährdet an. Das Jugendamt wendet sich an das Familiengericht, das gegen die beiden jungen Männer ein Kontaktverbot gem. §1666 Abs. 4 BGB beschließen wird.

Für ein Tätigwerden des Familiengerichts bedarf es keines Antrages – auch nicht seitens der Eltern. Das Familiengericht kann mithin ohne weiteres gegenüber einem Dritten (z. B. gegenüber Freund/in des Elternteils oder gegenüber einer dritten Person, die z. B. das Kind vom Schulbesuch abhält) anordnen, den Kontakt zum Minderjährigen zu unterlassen oder gar einen Wohnungs- oder Wohnortwechsel vorzunehmen.

5 Änderung und Prüfung von Anordnungen des Familiengerichts

Die entsprechende Regelung, vgl. § 1696 BGB, wurde ebenfalls in jüngster Vergangenheit wiederholt geändert und nunmehr an das FamFG angepasst.

§ 1696 BGB (Abänderung gerichtlicher Entscheidungen und gerichtlich gebilligter Vergleiche)

(1) Eine Entscheidung zum Sorge- oder Umgangsrecht oder ein gerichtlich gebilligter Vergleich ist zu ändern, wenn dies aus triftigen, das Wohl des Kindes nachhaltig berührenden Gründen angezeigt ist. § 1672 Abs. 2, § 1680 Abs. 2 S. 1 sowie § 1681 Abs. 1 und 2 bleiben unberührt.
(2) Eine Maßnahme nach den §§ 1666 bis 1667 oder einer anderen Vorschrift des Bürgerlichen Gesetzbuchs, die nur ergriffen werden darf, wenn dies zur Abwendung einer Kindeswohlgefährdung oder zum Wohl des Kindes erforderlich ist (kindesschutzrechtliche Maßnahme), ist aufzuheben, wenn eine Gefahr für das Wohl des Kindes nicht mehr besteht oder die Erforderlichkeit der Maßnahme entfallen ist.

Die materiell-rechtlich geregelte Pflicht zur Überprüfung gerichtlicher Maßnahmen ist *verfahrensrechtlich* im Zusammenhang mit § 166 FamFG zu sehen.

§ 166 FamFG (Abänderung und Überprüfung von Entscheidungen und gerichtlich gebilligten Vergleichen)

(1) Das Gericht ändert eine Entscheidung oder einen gerichtlich gebilligten Vergleich nach Maßgabe des § 1696 des Bürgerlichen Gesetzbuchs.
(2) Eine länger dauernde kindesschutzrechtliche Maßnahme hat das Gericht in angemessenen Zeitabständen zu überprüfen.
(3) Sieht das Gericht von einer Maßnahme nach den §§ 1666 bis 1667 des Bürgerlichen Gesetzbuchs ab, soll es seine Entscheidung in einem angemessenen Zeitabstand, in der Regel nach drei Monaten, überprüfen.

Das Abänderungsverfahren ist ein selbstständiges Verfahren, das keines Antrages der Beteiligten bedarf. Die Überprüfungspflicht obliegt dem Familiengericht mithin von Amts wegen.

Von besonderem Interesse ist die Regelung des § 166 Abs. 3 FamFG. Sieht das Familiengericht keine Veranlassung, Schutzmaßnahmen gem. §§ 1666 ff. BGB zu ergreifen, soll es in der Regel nach drei Monaten überprüfen und feststellen, ob diese Entscheidung noch sachlich zutreffend ist. Zwar lehnt die Gesetzesbegründung ausdrücklich eine „Dauerkontrolle der Familie durch das Familiengericht" ab (vgl. BT-Drucks. 16/6815, S. 15), hält aber „die nochmalige Befassung des Gerichts aus Kindesschutzgründen für sinnvoll". Andererseits will der Gesetzgeber gleichwohl z. B. die Zusage von Eltern im Gerichtstermin, Jugendhilfe in Anspruch zu nehmen, nach einem gewissen Zeitabstand überprüfen, um zu klären, ob die Zusage eingehalten wurde oder aber, ob die Kindeswohlgefährdung sich sogar verstärkt hat. Wie die weitere Begründung selbst ausführt, bleibt die Zuständigkeit der Kinder- und Jugendhilfe, das Familiengericht in eigener Verantwortung erneut anzurufen, unberührt.

Die Durchführung der Überprüfung nach § 166 Abs. 3 FamFG erfolgt z. B. durch Anforderung der Ergebnisse des Hilfeplangesprächs und der durchgeführten Hilfen, möglich ist aber auch eine erneute Anhörung von Eltern und Kind (vgl. BT-Drucks. 16/6815, S. 16). Die Dreimonatsfrist ist nur ein Anhaltspunkt für den Regelfall.

Demgegenüber sieht das Gesetz eine Regelfrist für die *Überprüfung angeordneter Kindesschutzmaßnahmen* nicht vor. Hier gilt gem. § 166 Abs. 2 FamFG, dass eine länger dauernde kindesschutzrechtliche Maßnahme vom Gericht in angemessenen Zeitabständen zu überprüfen ist.

6 Verfahrensrechtliche Aspekte – Gefahrenabwehr von Amts wegen

In verfahrensrechtlicher Hinsicht ist von Bedeutung, dass das Familiengericht von Amts wegen die Maßnahmen zur Gefahrenabwehr ergreift, d. h., dass es z. B. auf Anregung Dritter ohne konkrete „Verfahrensanträge" beteiligter Personen tätig wird. Ungeachtet dessen erhält das Familiengericht in aller Regel insbesondere vom Jugendamt Anregungen bzw. die erforderlichen Kenntnisse, um tätig zu werden.

Auch Lehrer, Verwandte, Nachbarn oder Polizeibehörden können/sollen sich daher an das Familiengericht wenden und Maßnahmen der Gefahrenabwehr anregen.

Leitet das Familiengericht ein Verfahren nach § 1666 BGB ein, ist dies i. Ü. von den Beteiligten, z. B. von den Eltern eines betroffenen Kindes, grundsätzlich nicht anfechtbar.

So hatte das Oberlandesgericht Koblenz über die Frage zu entscheiden, inwieweit bei fortwährenden Auseinandersetzungen der Eltern und Vorwürfen der Mutter gegen den Vater eine so erhebliche Belastung für die Kinder entstehen kann, dass im Rahmen eines Verfahrens nach § 1666 BGB die Frage der elterlichen Erziehungseignung zu klären ist. Hierzu hat es ausgeführt: „(...) Das Familiengericht hatte im Rahmen des § 1666 BGB von Amts wegen zu prüfen, ob Schutzmaßnahmen zu treffen sind, weil das Kindeswohl i. S. d. Vorschrift gefährdet ist. Die Regelung des § 1666 BGB ist Ausdruck des sog. staatlichen Wächteramts. Wenn das Familiengericht Anhaltspunkte hat, dass der Tatbestand der Vorschrift gegeben ist, muss es weitere Ermittlungen anstellen, um eine sichere Entscheidung treffen zu können. Auf dieser Grundlage ist das Verfahren des Amtsgerichts nicht zu beanstanden. Es bestehen durchaus Anhaltspunkte, dass das Kindeswohl durch möglicherweise unverschuldetes Versagen der Mutter gefährdet sein könnte. Ob auf Seiten des Vaters ebenfalls solche Anhaltspunkte bestehen, kann dahinstehen, weil dieser keine Beschwerde eingelegt hat. Der Familienrichter ist in zahlreichen, die Eltern betreffenden Verfahren tätig geworden, hat mehrfach die Problematik mit den Eltern erörtert und versucht, im Zusammenwirken mit ihnen Lösungen zu erarbeiten. Seinen Eindruck, dass die Mutter die Trennung in keiner Weise verarbeitet hat und durch die fortdauernden Auseinandersetzungen und Vorwürfe gegenüber dem Vater die Kinder erheblich belastet, hat der Familienrichter in Vermerken niedergelegt. (...) Bei dieser Sachlage bestanden hinreichende tatsächliche Anhaltspunkte, die die Aufnahme von Ermittlungen im Rahmen des § 1666 BGB rechtfertigen. Ob diese Ermittlungen zu dem Ergebnis führen, dass Schutzmaßnahmen zu Gunsten der Kinder geboten sind, ist derzeit offen" (Oberlandesgericht Koblenz, FamRZ 2006, 143/144).

7 Vorläufige Anordnungen bei Kindeswohlgefährdung

Das Familiengericht kann auch eine vorläufige Anordnung erlassen, wenn ein dringendes Bedürfnis für ein unverzügliches Einschreiten zur Beseitigung einer Kindeswohlgefährdung besteht und ein Abwarten bis zur Beendigung der notwendigen Ermittlungen sachlich nicht vertretbar und eine sofortige Maßnahme zur Abwendung der dem Kind drohenden Gefahr erforderlich ist. Dabei gilt der Grundsatz, dass, je einschneidender die Maßnahme ist, desto dringender das Regelungsbedürfnis sein muss. Ungeachtet dessen müssen auch für die vorläufige Anordnung die Handlungsvoraussetzungen der §§ 1666, 1666a BGB gegeben sein.

Im Hinblick auf *kindschaftsrechtliche Eilverfahren* hat sich das Bundesverfassungsgericht deshalb eingehend mit der verfassungsrechtlichen Dimension des Elternrechts befasst. In der fraglichen Entscheidung ging es um folgenden Sachverhalt:

Die Eltern baten das Jugendamt um Hilfe zur Erziehung. Das Jugendamt ließ ein familienpsychologisches Gutachten erstellen, mit dem ein Gesamtkonzept für die Eltern und ihre Kinder entwickelt werden sollte. Der Gutachter sah dringende Anhaltspunkte für eine Gefährdung des Wohls sämtlicher Kinder für den Fall, dass diese weiter bei den Eltern blieben. Mit Rücksicht auf das Gutachten beantragte das Jugendamt sofort nach Bekannt werden des Gutachtens den Entzug der elterlichen Sorge sowie den Ausschluss des Umgangsrechts im Wege der einstweiligen Anordnung. Am gleichen Tage entzog das Familiengericht ohne Anhörung den Eltern die elterliche Sorge für die Kinder und ordnete die sofortige Herausgabe der Kinder an das Jugendamt an. Einen Tag später schloss das

Familiengericht im Eilverfahren den Umgang der Eltern mit den Kindern aus und ordnete an, dass ihnen der Aufenthaltsort der Kinder nicht mitzuteilen sei.

Die Entscheidungen des Amtsgerichts (Familiengerichts) und des Oberlandesgerichts hinsichtlich des Entzugs der elterlichen Sorge (bzgl. der vier jüngsten Kinder) hat das Bundesverfassungsgericht beanstandet und aufgehoben (vgl. Bundesverfassungsgericht, FuR 2002, 464 ff.).

Dabei waren folgende Gesichtspunkte maßgebend:

- Eingriffe in das Elternrecht sind insbesondere dann verfassungsrechtlich gerechtfertigt, wenn das Wohl des Kindes durch die Sorgerechtsausübung der Eltern gefährdet wird.
- Jede zum Zwecke der Abwendung einer Kindeswohlgefährdung getroffene staatliche Maßnahme muss allerdings den Grundsatz der Verhältnismäßigkeit beachten.
- Eine Trennung des Kindes von seinen erziehungsberechtigten Eltern ist gegen deren Willen nur aufgrund eines Gesetzes und nur dann möglich, wenn diese versagen oder wenn die Kinder aus anderen Gründen zu verwahrlosen drohen. Diese verfassungsrechtlichen Vorgaben sind im Zusammenhang mit dem Elternrecht des Art. 6 Abs. 2 S. 1 GG zu sehen. Für die leiblichen Eltern ist die Trennung von ihrem Kind der stärkste vorstellbare Eingriff in ihr Elternrecht, der nur bei strikter Wahrung des Grundsatzes der Verhältnismäßigkeit mit dem Grundgesetz vereinbar ist.
- Das gerichtliche Verfahren muss in seiner Ausgestaltung dem Gebot effektiven Grundrechtsschutzes entsprechen, damit nicht die Gefahr einer Entwertung materieller Grundrechtspositionen entsteht. Dies gilt auch und gerade in kindschaftsrechtlichen Eilverfahren.
- Im Bereich des Sorgerechts sind bereits vorläufige Maßnahmen in der Regel mit einem erheblichen Eingriff in das Grundrecht der Eltern verbunden. Sie können Tatsachen schaffen, die – insbesondere aufgrund der Dauer des Hauptsacheverfahrens – später nicht oder nur schwer rückgängig zu machen sind.
- Soweit der Erlass einer Eilentscheidung erforderlich ist, müssen daher jedenfalls die im Eilverfahren zur Verfügung stehenden Aufklärungs- und Prüfungsmöglichkeiten ausgeschöpft werden.
- Das Oberlandesgericht beschränkt sich in seiner Begründung der Entscheidung im Wesentlichen darauf, auf den Bericht des Jugendamtes und das familienpsychologische Gutachten zu verweisen. Feststellungen dazu, ob die vom Gutachter gefundenen Ergebnisse auf einer hinreichend sicheren Tatsachenbasis beruhen, fehlen ebenso wie die Würdigung des Beschwerdevorbringens der Beschwerdeführer und die Prüfung, ob nicht mildere Mittel zur Abwendung einer eventuellen Gefahr ausreichen.
- Das Oberlandesgericht hat die Verfahrensbeteiligten nicht persönlich angehört, obwohl schon das Familiengericht eine Anhörung sowie weitere Ermittlungen unterlassen hatte und ersichtlich war, dass eine weitere Aufklärung des Sachverhalts erforderlich gewesen wäre (…).
- Eine solche im Amtverfahren vorzunehmende beschleunigte Aufklärung des Sachverhalts hätte jedoch angesichts der Schwere des Grundrechtseingriffs er-

folgen müssen, um zu klären, in welchem Ausmaß eine Kindeswohlgefährdung vorliegt, und ob mildere Mittel zur Abwehr einer solchen Gefährdung zum Einsatz gebracht werden können.

- Das Familiengericht (ebenso wenig das Oberlandesgericht) hat den Sachverhalt weder beim Jugendamt noch beim Gutachter oder beispielsweise beim behandelnden Kinderarzt – ggf. telefonisch – weiter erkundet; auch hat es die Kinder nicht vor Erlass seiner Entscheidung kurzfristig befragt und sich einen unmittelbaren Eindruck von diesen verschafft. Hinzukommt, dass dem Familiengericht keine Erkenntnisse über mögliche, mit seiner Eilentscheidung verbundene Auswirkungen auf die Kinder vorgelegen haben, da weder der Jugendamtsbericht noch der Gutachter hierzu Stellung genommen hatten.
- Im Rahmen der vorzunehmenden Abwägung der Vor- und Nachteile einer familiengerichtlichen Maßnahme ist aber zu berücksichtigen, dass eine Trennung der Kinder von ihren Eltern ihrerseits die kindliche Entwicklung zu gefährden vermag, weil ein Abbruch der Eltern-Kind-Beziehung in den ersten Lebensjahren dem Kind in der Regel die Basis für seine Orientierung über die Welt und sich selbst entzieht.
- Die Notwendigkeit einer zügigen weiteren Sachverhaltsaufklärung hat auch im Hinblick auf die Frage bestanden, ob mildere Mittel die vom Jugendamt dargestellte Kindeswohlgefährdung hätten abwehren können. (...)

8 Aufgaben und Hilfestellungen des Jugendamts

Ist das Kindeswohl gefährdet, muss das Jugendamt zunächst gemäß dem Grundsatz der Verhältnismäßigkeit versuchen, durch Beratung und Hilfe die Gefahr abzuwenden.

Bleiben Rat, Unterstützung und andere Hilfen nach dem SGB VIII fruchtlos, weil eine entsprechende Bereitschaft der Eltern fehlt, solche Hilfen anzunehmen, ist das Jugendamt verpflichtet, das Familiengericht anzurufen (§ 8a Abs. 2 SGB VIII). Dieses kann an Stelle der Eltern einen Vormund oder Pfleger einsetzen, damit dieser die Hilfen des Jugendamts (z. B. eine Hilfe zur Erziehung durch Unterbringung bei einer Pflegefamilie) einleiten kann.

Bei akuten Gefahren kann das Jugendamt vorläufige Maßnahmen treffen, z. B. insbesondere eine Inobhutnahme des Kindes/Jugendlichen veranlassen. Voraussetzung ist insoweit, dass eine dringende Gefahr besteht und eine Entscheidung des Familiengerichts nicht abgewartet werden kann.

Mit der Inobhutnahme ist die Befugnis zur vorläufigen Unterbringung des Kindes/Jugendlichen bei einer geeigneten Person oder in einer Einrichtung (z. B. Jugendschutzstelle, Bereitschaftspflegefamilie) bzw. in einer sonstigen Wohnform verbunden. Die Inobhutnahme ist im einzelnen in § 42 SGB VIII geregelt. Voraussetzung für eine Inobhutnahme ist entweder die Bitte des Kindes/Jugendlichen selbst („Selbstmelder") oder eine dringende Gefahr für das Wohl des Kindes/Jugendlichen (vgl. hierzu im einzelnen Kapitel IV).

Gut zu wissen – gut zu merken

Wird das Kindeswohl gefährdet, sind die Eltern berechtigt und verpflichtet, mit entsprechenden Maßnahmen zur Gefahrenabwehr tätig zu werden. Kommen die Eltern dieser Pflicht nicht – oder nur unzureichend – nach, schreitet das Familiengericht mit zur Gefahrenabwehr geeigneten Maßnahmen ein. Es dürfen nur „erforderliche" Maßnahmen ergriffen werden, wobei der Vorrang öffentlicher Hilfen zu beachten ist (Verhältnismäßigkeitsprinzip). Die Tätigkeit des Familiengerichts erfolgt immer in Abstimmung mit dem Jugendamt (Anhörung), das an diesen Verfahren gesetzlich verpflichtet ist, mitzuwirken.

Weiterführende Literatur

Borg-Laufs, M./Gahleitner, S.B./Hungerige, H. (2012): Schwierige Situationen in Therapie und Beratung mit Kindern und Jugendlichen. Weinheim: Beltz.

Bork, R./Jacoby, F./Schwab, D. (2009): FamFG: Kommentar zum Gesetz über das Verfahren in Familiensachen und in den Angelegenheiten der freiwilligen Gerichtsbarkeit. Bielefeld: Gieseking.

Palandt, O. (2012): Bürgerliches Gesetzbuch. Kommentar. 71. Auflage. München: C.H. Beck.

XI Beistandschaft, Vormundschaft und Pflegschaft

Was Sie in diesem Kapitel lernen können

Beistandschaft, Vormundschaft und Pflegschaft sind gesetzlich normierte Rechtsinstitute im Rahmen staatlicher Rechtsfürsorge für Kinder und Jugendliche. Soweit Eltern zur Wahrnehmung der elterlichen Sorge für ihr Kind nicht mehr berechtigt sind, ist ein Vormund bzw. ein Ergänzungspfleger zu bestellen. Zur Beistandschaft kommt es hingegen, um einen Elternteil bei bestimmten Aufgaben für dessen Kind zu unterstützen.

Die Wahrnehmung der unterschiedlichen Aufgaben erfordert eine Reihe von Kenntnissen über Grundlagen, Verlauf und Ende der genannten Rechtsinstitute, die in diesem Kapitel vermittelt werden.

1 Beistandschaft

1.1 Überblick

Mit dem sog. Beistandschaftsgesetz („Gesetz zur Abschaffung der gesetzlichen Amtspflegschaft und Neuordnung des Rechts der Beistandschaft" vom 04.12.1997) wurde die gesetzliche Amtspflegschaft abgeschafft und die sog. freiwillige Beistandschaft des Jugendamts eingeführt. Die Beistandschaft ist geregelt in den §§ 1712 bis 1717 BGB.

§ 1712 BGB (Beistandschaft des Jugendamts; Aufgaben)

(1) Auf schriftlichen Antrag eines Elternteils wird das Jugendamt Beistand des Kindes für folgende Aufgaben:
die Feststellung der Vaterschaft,
die Geltendmachung von Unterhaltsansprüchen sowie die Verfügung über diese Ansprüche; ist das Kind bei einem Dritten entgeltlich in Pflege, so ist der Beistand berechtigt, aus dem vom Unterhaltspflichtigen Geleisteten den Dritten zu befriedigen.
(2) Der Antrag kann auf einzelne der in Abs. 1 bezeichneten Aufgaben beschränkt werden.

§ 1713 BGB (Antragsberechtigte)

(1) Den Antrag kann ein Elternteil stellen, dem für den Aufgabenkreis der beantragten Beistandschaft die alleinige elterliche Sorge zusteht oder zustünde, wenn das Kind bereits geboren wäre. Steht die elterliche Sorge für das Kind den Eltern gemeinsam zu, kann der Antrag von dem Elternteil gestellt werden, in dessen Obhut sich das Kind befindet. Der Antrag kann auch von einem nach § 1776 berufenen Vormund gestellt werden. Er kann nicht durch einen Vertreter gestellt werden.

(2) Vor der Geburt des Kindes kann die werdende Mutter den Antrag auch dann stellen, wenn das Kind, sofern es bereits geboren wäre, unter Vormundschaft stünde. Ist die werdende Mutter in der Geschäftsfähigkeit beschränkt, so kann sie den Antrag nur selbst stellen; sie bedarf hierzu nicht der Zustimmung ihres gesetzlichen Vertreters. Für eine geschäftsunfähige werdende Mutter kann nur ihr gesetzlicher Vertreter den Antrag stellen.

Der Gesetzgeber ging bei der Schaffung der Vorschriften über die Beistandschaft davon aus, dass Kinder, für die nur ein Elternteil sorgeberechtigt ist, ein besonderes Schutzbedürfnis haben und deshalb jeder allein sorgeberechtigte Elternteil die Beistandschaft beim Jugendamt beantragen kann, vgl. § 1713 Abs. 1 S. 1 BGB. Entscheidend ist daher das Alleinsorgerecht eines Elternteils, also entweder der Mutter oder des Vaters des Kindes.

Aber auch bei gemeinsamer elterlicher Sorge kann ein Elternteil einen Antrag auf Beistandschaft stellen, wenn sich das Kind in seiner (alleinigen) Obhut befindet, vgl. § 1713 Abs. 1 S. 2 BGB.

Hintergrund dieser Regelung ist die gem. § 1629 Abs. 2 S. 2 BGB bestehende gesetzliche Berechtigung eines Elternteils, Unterhaltsansprüche des in seiner Obhut lebenden (gemeinsamen) Kindes gegen den anderen Elternteil geltend zu machen, und zwar trotz Beibehaltung der gemeinsamen elterlichen Sorge nach Trennung bzw. Scheidung. Bei dieser Sachlage ist der Elternteil, in dessen Obhut sich das (gemeinsame) Kind befindet, ebenso berechtigt, eine Beistandschaft durch das Jugendamt zur Geltendmachung von Unterhaltsansprüchen (gegen den anderen Elternteil) zu beantragen.

Schließlich kann auch ein Vormund den Antrag auf Beistandschaft stellen, soweit es sich um einen von den Eltern des Mündels benannten Vormund handelt, vgl. § 1713 Abs. 1 S. 3 i.V.m. § 1776 BGB. Eine solche Konstellation ist allerdings die Ausnahme.

Die Beistandschaft kann grundsätzlich nicht durch einen Vertreter beantragt werden, vgl. § 1713 Abs. 1 S. 4 BGB.

Mit diesem Vertretungsverbot soll unter anderem sichergestellt werden, dass Dritte nicht unangemessen auf den Entschluss des Elternteils, eine Beistandschaft zu beantragen, Einfluss nehmen. Zugleich sollen mögliche Unklarheiten über eine Berechtigung zur Vertretung ausgeschlossen werden, da die Beistandschaft gem. § 1714 BGB mit Zugang des Antrages beim Jugendamt automatisch eintritt.

Für die *werdende Mutter* gelten bei der Antragstellung gem. § 1713 Abs. 2 BGB Sonderregelungen: So ist sie auch dann antragsberechtigt, wenn das Kind, sofern es bereits geboren wäre, unter Vormundschaft stehen würde.

In diesem Fall soll das Kind einer minderjährigen oder geschäftsunfähigen werdenden unverheirateten Mutter geschützt werden. *Nach* der Geburt eines solchen Kindes ist dessen Schutz nämlich durch den Eintritt der gesetzlichen Amtsvormundschaft gem. § 1793c BGB gewahrt. Durch die Regelung der sog. pränatalen Beistandschaft besteht die Möglichkeit, schon *vor* der Geburt des fraglichen Kindes zukünftige Unterhaltsansprüche geltend zu machen oder auch die Feststellung der Vaterschaft in die Wege zu leiten. Dieses Antragsrecht steht der (werdenden, unverheirateten) Mutter ausdrücklich auch dann zu, wenn (im Falle der Geburt) eine gesetzliche Amtsvormundschaft eintritt oder eintreten würde.

Wegen des „höchstpersönlichen Charakters" der Antragstellung (siehe weiter oben) kann sie den Antrag nur selbst stellen, auch wenn sie in der Geschäftsfähigkeit beschränkt ist. Insoweit bedarf sie nicht der Zustimmung ihres gesetzlichen Vertreters, den sie als Minderjährige – und damit als beschränkt Geschäftsfähige – ungeachtet ihrer Mutterschaft noch hat, vgl. §§ 106 ff. BGB. Für den Fall der Geschäftsunfähigkeit der werdenden Mutter kann allerdings nur ihr gesetzlicher Vertreter den Antrag stellen, vgl. § 1713 Abs. 2 BGB.

In jedem Fall ist der Antrag des Elternteils auf Beistandschaft schriftlich zu stellen, vgl. § 1712 Abs. 1 BGB.

1.2 Aufgabenkreise und Voraussetzungen

Die Beistandschaft kann für folgende Aufgaben eingerichtet werden:

- die Feststellung der Vaterschaft,
- die Geltendmachung von Unterhaltsansprüchen sowie die Verfügung über diese Ansprüche, wobei der Antrag auf einzelne der genannten Aufgaben beschränkt werden kann, vgl. § 1712 Abs. 2 BGB.

Die Beistandschaft ist auf die beiden genannten Geltungsbereiche beschränkt. Sie ist als Hilfe für den Elternteil gedacht, dem für die genannten Aufgabenkreise die alleinige elterliche Sorge zusteht. Dabei regelt das Gesetz in § 1716 BGB zugleich, dass durch die Beistandschaft die elterliche Sorge nicht eingeschränkt wird. Jedoch haben in einem gerichtlichen Verfahren die Prozesshandlungen des Beistands Vorrang, vgl. §§ 1716 S. 2, 1915 Abs. 1 BGB i.V.m. § 173 FamFG.

Soweit es um die Feststellung der Vaterschaft geht, vgl. § 1712 Abs. 1 Nr. 1 BGB, betrifft der Aufgabenkreis alle Rechtshandlungen zur Klärung der Vaterschaft gem. § 1592 Nr. 2 u. 3 BGB. Hierzu zählen die Vaterschaftsanerkennung gem. §§ 1594 ff. BGB und die gerichtliche Vaterschaftsfeststellung, § 1600d BGB. Die Vaterschaftsanfechtung gem. §§ 1599 ff. BGB gehört *nicht* zu dem Aufgabenkreis.

Gemäß § 1595 BGB erfolgt die Vaterschaftsanerkennung durch Erklärung des Mannes mit Zustimmung der Mutter. Allerdings können bereits *unabhängig von der Beistandschaft* durch die Urkundsperson beim Jugendamt die Erklärungen über die Anerkennung der Vaterschaft beurkundet werden, vgl. § 59 Abs. 1 S. 1 Nr. 1 SGB VIII.

Damit bedarf es für diese Fälle *nicht* der Einrichtung einer Beistandschaft.

Beispiel:
Eine ledige Frau wird Mutter. Der Erzeuger des Kindes ist bereit, die Vaterschaft anzuerkennen. Anerkennung des Vaters und Zustimmung der Mutter, vgl. §§ 1594, 1595 BGB, müssen gem. § 1597 BGB beurkundet werden, was durch die Urkundsperson beim Jugendamt gem. § 59 Abs. 1 S. 1 Nr. 1 SGB VIII erfolgt. Einer Beistandschaft bedarf es hier also nicht.

Ist die Vaterschaft nicht anerkannt worden, so ist sie gerichtlich festzustellen, vgl. § 1600 d Abs. 1 BGB. Die Feststellung erfolgt durch entsprechendes Verfahren vor dem Familiengericht. Dabei handelt es sich um ein Verfahren in Abstammungssachen, vgl. §§ 169 bis 185 FamFG. In dem gerichtlichen Vaterschaftsfeststellungsverfahren vertritt das Jugendamt das Kind.

Sofern die Beistandschaft den Aufgabenkreis der Geltendmachung von Unterhaltsansprüchen betrifft, vgl. § 1712 Abs. 1 Nr. 2 BGB, gehören hierzu alle im Zusammenhang mit dem Kindesunterhalt stehenden Ansprüche aus den §§ 1601 ff. BGB. Zu der gerichtlichen Geltendmachung der Kindesunterhaltsansprüche zählt auch die Durchsetzung des Anspruchs auf Auskunft gem. § 1605 BGB, also die Erhebung einer Auskunftsklage, mit der gegebenenfalls die eigentliche Unterhaltszahlungsklage vorbereitet wird. Hierzu gehören ferner die Verfolgung von Unterhaltsansprüchen im Wege einstweiliger Anordnungen sowie die Durchsetzung der Ansprüche mit Hilfe der Zwangsvollstreckung.

Voraussetzung einer Beistandschaft ist u. a., dass das Kind seinen gewöhnlichen Aufenthalt im Inland hat. Demzufolge endet die Beistandschaft, wenn das Kind seinen gewöhnlichen Aufenthalt im Ausland begründet. Dies gilt im Übrigen auch für die Beistandschaft vor der Geburt des Kindes entsprechend, vgl. § 1717 BGB.

Die Beistandschaft endet, wenn

- der Antragssteller dies schriftlich verlangt,
- sofern der Antragsteller nicht mehr die in § 1713 BGB genannten Voraussetzungen der Antragsberechtigung erfüllt (s. o.).

Selbstverständlich endet die Beistandschaft auch dann, wenn die Aufgabe der Beistandschaft erledigt ist, also wenn die Vaterschaft festgestellt ist oder der Unterhalt geregelt ist. Mit der Beendigung der Beistandschaft erlöschen auch die Befugnisse des Jugendamts.

2 Vormundschaft

2.1 Überblick

Die Vormundschaft für ein Kind oder einen Jugendlichen ist im BGB umfassend geregelt, und zwar in den §§ 1793 bis 1895 BGB.

§ 1793 BGB (Aufgaben des Vormunds, Haftung des Mündels)

(1) Der Vormund hat das Recht und die Pflicht, für die Person und das Vermögen des Mündels zu sorgen, insbesondere den Mündel zu vertreten. §1626 Abs. 2 gilt entsprechend. Ist der Mündel auf längere Dauer in den Haushalt des Vormunds aufgenommen, so gelten auch die §§1618a, 1619, 1664 entsprechend.

(1a) Der Vormund hat mit dem Mündel persönlichen Kontakt zu halten. Er soll den Mündel in der Regel einmal im Monat in dessen üblicher Umgebung aufsuchen, es sei denn, im Einzelfall sind kürzere oder längere Besuchsabstände oder ein anderer Ort geboten.

(2) Für Verbindlichkeiten, die im Rahmen der Vertretungsmacht nach Abs. 1 gegenüber dem Mündel begründet werden, haftet der Mündel entsprechend, §1629a.

Die Vormundschaft umfasst die Personen- und Vermögenssorge einschließlich der Vertretung des Minderjährigen auf beiden Gebieten, also wie bei der elterlichen Sorge im Verhältnis von Eltern zu ihren minderjährigen Kindern.

Die Vormundschaft kommt nur dann in Betracht, wenn die Eltern nicht (mehr) berechtigt sind, die Personensorge oder die Vermögenssorge bzw. die rechtliche Vertretung in diesen Bereichen auszuüben. In diesem Falle übernimmt der Vormund die entsprechenden Befugnisse und Pflichten aus der elterlichen Sorge und führt diese Aufgaben aus, soweit sie ihm übertragen sind.

§ 1773 BGB (Voraussetzungen)

(1) Ein Minderjähriger erhält einen Vormund, wenn er nicht unter elterlicher Sorge steht oder wenn die Eltern weder in den die Person noch in den das Vermögen betreffenden Angelegenheiten zur Vertretung des Minderjährigen berechtigt sind.
(2) Ein Minderjähriger erhält einen Vormund auch dann, wenn sein Familienstand nicht zu ermitteln ist.

2.2 Aktuelle Verbesserungen des Vormundschaftsrechts

Mit dem (im Wesentlichen) am 06.07.2011 in Kraft getretenen „Gesetz zur Änderung des Vormundschafts- und Betreuungsrechts“ hat der Gesetzgeber gezielt die Rechte des unter Vormundschaft stehenden Mündels gestärkt. Erklärtes Anliegen der Gesetzesänderungen ist es, den persönlichen Kontakt des Vormundes zu dem Mündel zu stärken, um zukünftig Fällen von Missbrauch und Verwahrlosung besser begegnen zu können. In diesem Zusammenhang sieht das Gesetz nunmehr vor, dass

- der Vormund mit dem Mündel persönlichen Kontakt zu halten hat und in der Regel einmal im Monat persönlichen Kontakt mit dem Mündel in seiner üblichen Umgebung aufnehmen soll, vgl. § 1793 Abs. 1a BGB,
- der Vormund die Pflicht hat, den Mündel persönlich zu fördern und seine Erziehung zu gewährleisten, vgl. § 1800 S. 2 BGB,
- der jährliche Bericht des Vormunds auch Angaben zu den persönlichen Kontakten des Vormunds zum Mündel zu enthalten hat, vgl. § 1840 Abs. 1 BGB,
- Amtsvormünder zukünftig höchstens 50 Mündel betreuen sollen, vgl. § 55 Abs. 2 SGB VIII

und

- das Familiengericht insbesondere die Einhaltung der erforderlichen persönlichen Kontakte des Vormunds zu dem Mündel zu beaufsichtigen hat, vgl. § 1837 Abs. 2 BGB.

Die beiden letztgenannten Änderungen sind erst am 05.07.2012 in Kraft getreten.

Im Rahmen seiner Aufsichtspflicht kann das Familiengericht gegen das Jugendamt, das für die Amtsvormundschaft zuständig ist, zwar kein Zwangsgeld festsetzen, vgl. § 1837 Abs. 3 BGB. Wohl ist das Gericht berechtigt, dem Jugendamt insoweit Gebote und Verbote zu erteilen sowie zur Durchsetzung dieser Weisungen Gegenvorstellungen und Dienstaufsichtsbeschwerden bei der zuständigen Gebietskörperschaft zu erheben oder gar das Jugendamt als Vormund zu entlassen.

2.3 Anlass und Voraussetzung einer Vormundschaft

Eine Vormundschaft kann kraft Gesetzes entstehen, z.B. beim Ruhen der elterlichen Sorge oder durch Einzelfallanordnung durch das Familiengericht, vgl. § 1774 S. 1 BGB.

Häufigster Fall für die Anordnung einer Vormundschaft durch das Familiengericht ist der Entzug der elterlichen Sorge. Zu einem Entzug der elterlichen Sorge kommt es z.B. bei einer Gefährdung des Kindes durch die Eltern. Bei dem Entzug der elterlichen Sorge (also Entzug der Personensorge und der Vermögenssorge) ist insbesondere der Verhältnismäßigkeitsgrundsatz zu beachten, vgl. §§ 1666 Abs. 1 i.V.m. 1666a BGB.

Ein anderer Anlass für eine Vormundschaft ist das Ruhen der elterlichen Sorge. Hier ist zu unterscheiden, ob das Ruhen der elterlichen Sorge kraft familiengerichtlicher Feststellung erfolgt oder kraft Gesetzes. Kraft Gesetzes ist dies der Fall, wenn rechtliche Hindernisse bei der Ausübung des Sorgerechts bestehen, z.B. bei Geschäftsunfähigkeit eines Elternteils, vgl. § 1673 Abs. 1 BGB, bei dem Erteilen der Einwilligung in die Adoption, § 1751 Abs. 1 S. 1 BGB, bzw. bei beschränkter Geschäftsfähigkeit, § 1673 Abs. 2 S. 1 BGB. In diesen Fällen ruht die elterliche Sorge kraft Gesetzes mit der Folge, dass für das fragliche Kind eine Vormundschaft einzurichten ist.

Das Ruhen der elterlichen Sorge kann sich aber auch dadurch ergeben, dass ein Elternteil die elterliche Sorge auf längere Zeit tatsächlich nicht ausüben kann (z.B. Elternteil verunglückt im Auslandsurlaub und wird vermisst; Elternteil verbüßt längere Strafhaft).

Im Falle eines tatsächlichen Hindernisses ist also eine entsprechende familiengerichtliche Entscheidung zu treffen, mit der zugleich die Vormundschaft durch das Familiengericht anzuordnen ist, vgl. § 1674 BGB.

Entsteht eine Vormundschaft kraft Gesetzes, wie z.B. die Amtsvormundschaft des Jugendamtes gem. §§ 1751 Abs. 1 S. 2, 1791c BGB, beginnt die Vormundschaft, sobald die Tatsachen vorliegen. Andernfalls beginnt die Vormundschaft mit ihrer Anordnung durch das Familiengericht, das vor der Anordnung die Prüfung vornimmt, ob die materiell-rechtlichen Voraussetzungen für die fragliche Anordnung gegeben sind, vgl. § 1773 BGB.

Andererseits endet die Vormundschaft kraft Gesetzes, sobald der Anlass für die Vormundschaft wegfällt, vgl. § 1882 BGB. Dieses hat das Familiengericht wiederum von Amts wegen festzustellen. Ebenso entfällt die Vormundschaft, wenn z. B. eine Rückübertragung der elterlichen Sorge nach ihrem vorherigen Entzug erfolgt. Naturgemäß endet die Vormundschaft auch dann, wenn der Mündel volljährig wird.

2.4 Personensorge

Gemäß § 1793 Abs. 1. S. 1 BGB hat der Vormund das Recht und die Pflicht für die Person und das Vermögen des Mündels (also des minderjährigen Kindes, für das er zum Vormund bestellt wurde) zu sorgen, insbesondere den Mündel zu vertreten. Gemäß § 1800 BGB bestimmt sich der Umfang der Personensorge nach den §§ 1631 bis 1633 BGB (vgl. hierzu die Ausführungen in Teil A. II. 1. Elterliche Sorge). Es gelten also die gleichen Grundsätze

- zum Erziehungsziel und Erziehungsstil,
- zum Recht auf gewaltfreie Erziehung mit dem Verbot körperlicher Bestrafung, seelischer Verletzungen und anderer entwürdigender Maßnahmen,
- zum Aufenthaltsbestimmungsrecht, das sich nach den gleichen Grundsätzen richtet wie das Aufenthaltsbestimmungsrecht des elterlichen Personensorgeberechtigten im Verhältnis zu seinem Kind,
- zum Herausgabeanspruch wie zum Recht zur Bestimmung des Umgangs sowie zur medizinischen Versorgung des unter elterlicher Sorge stehenden Kindes,
- zur Aufsichtspflicht des Personensorgeberechtigten.

2.5 Vermögenssorge

Im Hinblick auf die Vermögenssorge hat der Vormund die Pflicht, das Mündelvermögen zu sichern. Dies hat nach dem Grundsatz einer wirtschaftlichen Vermögensverwaltung zu erfolgen, der sich aus § 1811 BGB ergibt. Im Großen und Ganzen besteht das Ziel der Vermögenssorge eines Vormundes darin, den Mündel (also das unter seiner Obhut stehende Kind) vor Schäden durch schlechte oder treuwidrige Verwaltung zu schützen. Dies geschieht unter Aufsicht des Familiengerichts, das sich über das Mündelvermögen und die Tätigkeit des Vormundes grundsätzlich informiert. Hieraus folgt, dass der Vormund gem. § 1802 BGB ein Vermögensverzeichnis anzulegen hat. Ferner hat der Vormund gem. § 1839 BGB eine allgemeine Auskunftspflicht, die letztlich u. a. auch die jährliche Rechnungslegungspflicht gem. § 1840 BGB nach sich zieht. Der Inhalt der Rechnungslegung ist in § 1841 BGB dahin geregelt, dass

- die Rechnung eine geordnete Zusammenstellung der Einnahmen und Ausgaben enthält,
- über den Ab- und Zugang des Vermögens Auskunft gegeben werden muss, und soweit Belege erteilt zu werden pflegen, auch mit Belegen zu versehen ist.

Die Rechnungslegung wird vom Familiengericht gem. § 1843 BGB im Einzelnen geprüft.

Soweit es um Vermögensanlagen geht, gibt das Gesetz in den §§ 1806 bis 1811 BGB bestimmte Grundsätze vor, wobei die §§ 1814 bis 1820 BGB Regelungen hinsichtlich der Verwaltung und Verwahrung z. B. von Wertpapieren enthalten.

Schließlich besteht für bestimmte Rechtsgeschäfte die Pflicht zur familiengerichtlichen Genehmigung. Genannt seien hier die notwendigen Genehmigungen z. B. nach § 1812 BGB über Forderungen und Wertpapiere, nach § 1821 BGB bei Geschäften über Grundstücke sowie nach § 1822 BGB für sonstige Geschäfte (z. B. Ausschlagung einer Erbschaft, bei Verfügungen über das gesamte Vermögen des Mündels und ähnlich bedeutsame Rechtsgeschäfte).

Soweit das Jugendamt zum Vormund bestellt wird, genießt es als Amtsvormund weitgehende *Freistellungen*, wie z. B. Befreiung von familiengerichtlichen Genehmigungen oder aber Freistellung von der Rechnungslegung. Überhaupt und insgesamt ist bei einer Vormundschaft durch das Jugendamt die Führung der Vormundschaft letztlich eine Führung des Geschäfts der laufenden Verwaltung mit zahlreichen sinnvollen Freiräumen.

3 Pflegschaft

3.1 Überblick

Im Gegensatz zur Vormundschaft wird die Pflegschaft nur für *bestimmte Teilbereiche* eingerichtet, in denen ein Fürsorgebedürfnis besteht, weil der gesetzliche Vertreter insoweit an der Wahrnehmung dieser Aufgaben gehindert ist. Dies kommt z. B. in Betracht, wenn das Familiengericht nur Teile der Personensorge wie das Recht der Gesundheitsfürsorge oder das Recht zur Aufenthaltsbestimmung für das minderjährige Kind den Eltern entzieht und diese Teile auf einen Pfleger, genannt Ergänzungspfleger, überträgt. Wegen der grundsätzlichen Ähnlichkeit beider Rechtsinstitute – Wahrnehmung von Aufgaben für einen Minderjährigen durch eine weitere Person anstelle der Eltern – verweist das Gesetz in § 1915 BGB auf die Anwendung des Vormundschaftsrechts.

3.2 Voraussetzungen der Ergänzungspflegschaft

Das Gesetz unterscheidet in den §§ 1909 bis 1914 BGB eine Reihe von Pflegschaften, wobei die Ergänzungspflegschaft gem. § 1909 BGB die mit weitem Abstand häufigste Pflegschaft in der Praxis darstellt.

§ 1909 Abs. 1 BGB (Ergänzungspflegschaft)

Wer unter elterlicher Sorge oder unter Vormundschaft steht, erhält für Angelegenheiten, an deren Besorgung die Eltern oder der Vormund verhindert sind, einen Pfleger.

Voraussetzung für die Ergänzungspflegschaft ist also, dass der Sorgeberechtigte – entweder Eltern oder Vormund – an der Wahrnehmung bestimmter Angelegenheiten gehindert ist.

Worin kann die Verhinderung des Sorgeberechtigten bestehen? Zu unterscheiden sind hier die Verhinderung aus *Rechtsgründen* und die Verhinderung aus *tatsächlichen Gründen.*

Eine Verhinderung aus Rechtsgründen ist gegeben, wenn eine Interessenkollision zwischen dem Interesse des Mündels und dem Interesse des Sorgeberechtigten besteht, vgl. § 1796 Abs. 2 BGB. Dies ist z. B. der Fall, wenn in einem Verfahren wegen des Verdachts der Kindesmisshandlung die Eltern beschuldigt sind und sie deshalb nicht mehr interessengerecht über das Zeugnisverweigerungsrecht ihres misshandelten Kindes entscheiden können. Hier muss das Familiengericht dem gesetzlichen Vertreter die Vertretungsmacht entziehen und einen Ergänzungspfleger bestellen.

Am häufigsten kommt es zur Einrichtung einer Ergänzungspflegschaft infolge eines gerichtlichen Entzuges der Personensorge oder von Teilen der Personensorge gem. § 1666 BGB.

Ein besonders gesetzlich geregelter Fall der Ergänzungspflegschaft ist der durch das FamFG neu geregelte Umgangspfleger gem. § 1684 Abs. 3 BGB (vgl. hierzu Kap. VI, S. 93 ff.).

3.3 Rechtsfolgen der Pflegschaft

Die Pflegschaft beginnt mit ihrer Anordnung, der wiederum in der Regel ein gerichtlicher Eingriff in das Sorgerecht vorausgeht. Mit der Anordnung steht dem Elternteil die entsprechende Sorgebefugnis nicht mehr zu. Um hier entsprechende Klarheit zu schaffen, bedarf es der konkreten Festlegung des Bereiches, für den die Pflegschaft angeordnet wird.

Die Pflegschaft endet mit ihrer Aufhebung durch gerichtliche Entscheidung, wenn bzw. weil der Grund für die Anordnung der Pflegschaft entfallen ist, vgl. §§ 1918, 1919 BGB. Dies kann z. B. dadurch geschehen, dass die fraglichen Sorgerechtsteile dem vormaligen Sorgerechtsinhaber wieder zurück übertragen werden.

Der Pfleger hat, ebenso wie der Vormund, für die Person und das Vermögen des Minderjährigen zu sorgen, insbesondere ihn zu vertreten, vgl. §§ 1915 i. V. m. 1793 BGB. Seine Aufgaben, Pflichten usw. entsprechen letztlich denjenigen der sorgeberechtigten Eltern. Wie die Eltern hat er also Erziehung und Pflege des Minderjährigen wahrzunehmen, soweit dies in seinen Aufgabenbereich fällt. Dies gilt sowohl für die Personsorge wie auch für die Vermögenssorge.

Nach den geänderten gesetzlichen Vorgaben des § 1793 Abs. 1a BGB hat der Pfleger nunmehr insbesondere auch persönlichen Kontakt mit dem Mündel zu halten und ihn einmal monatlich in seiner üblichen Umgebung aufzusuchen.

Gut zu wissen – gut zu merken

Die Beistandschaft wird auf Antrag eines Elternteils für bestimmte Aufgabenbereiche eingerichtet, um den Elternteil bei der Wahrnehmung dieser Aufgaben für sein Kind zu unterstützen. Einem Vormund wird die elterliche Sorge (im Ganzen) vom Gericht übertragen, wenn die Eltern nicht (mehr) berechtigt sind, die elterliche Sorge auszuüben. Das Gericht überträgt die Pflegschaft auf einen Ergänzungspfleger, wenn die Eltern in Teilbereichen an der Ausübung der elterlichen Sorge gehindert sind.

Weiterführende Literatur

Oberloskamp, H. (Hg.) (2010): Vormundschaft, Pflegschaft und Beistandschaft für Minderjährige. 3. Auflage. München: C.H. Beck.
Palandt, O. (2012): Bürgerliches Gesetzbuch. Kommentar. 71. Auflage. München: C.H. Beck.

C BETREUUNGSRECHT

XII Rechtliche Betreuung

Was Sie in diesem Kapitel lernen können

Im Gegensatz zu Minderjährigen, die von ihren gesetzlichen Vertretern (z. B. Eltern) rechtlich vertreten werden, handeln Volljährige bekanntlich grundsätzlich mit rechtlicher Eigenverantwortung für sich selbst. Soweit allerdings eine volljährige Person ihre eigenen Angelegenheiten krankheitsbedingt – in Folge einer psychischen Krankheit oder einer körperlichen, geistigen oder seelischen Behinderung – ganz oder teilweise nicht (mehr) besorgen kann, bestellt das Betreuungsgericht für sie einen Betreuer. Die gesamten Bestimmungen des Betreuungsrechts sind im Bürgerlichen Gesetzbuch, §§ 1896 ff. BGB, geregelt.

Dieses Kapitel macht Sie mit den Voraussetzungen und Prinzipien des Betreuungsrechts, den Handlungsgrundsätzen einer Person, die die Betreuung übernimmt (Betreuer/Betreuerin), den Aufgabenbereichen, in denen ein Betreuer tätig wird, den Inhalten einer die Betreuung entbehrlich machenden Vorsorge- und Generalvollmacht bzw. einer Patientenverfügung sowie mit dem Verfahrensrecht vertraut.

1 Einführung

Unter der gesetzlich geregelten Betreuung versteht man die staatliche Unterstützung und Fürsorge in *rechtlichen* Angelegenheiten. Die entsprechenden gesetzlichen *Bestimmungen* sind deshalb ausdrücklich mit der Überschrift „Rechtliche Betreuung" versehen. Die praktische Unterstützung von kranken oder alten Menschen, die auch „betreut" werden, hat mit der gesetzlich geregelten Betreuung nichts zu tun. „Rechtliche Betreuung" ist also *nicht* „tatsächliche Hilfe", sondern „Rechtsfürsorge". Sie kommt nur dadurch zustande, dass das Gericht eine Betreuung einrichtet und für bestimmte Aufgabenbereiche einen Betreuer bestellt.

Das in diesem Zusammenhang maßgebliche Betreuungsgesetz ist am 1. Januar 1992 in Kraft getreten. Seitdem hat es eine Reihe von Änderungen gegeben, zuletzt durch das 3. Betreuungsrechtsänderungsgesetz (01. 09. 2009).

Mit der Einführung des Betreuungsgesetzes wurde zugleich die Entmündigung aufgehoben, die im Ergebnis eine völlige Entrechtung für den Entmündigten bedeutete. Durch das Betreuungsrecht wird der Betreute nunmehr im Rahmen des gerichtlich festgelegten Aufgabenkreises vom Betreuer vertreten. Gleichwohl wird die *Geschäftsfähigkeit* des Betreuten durch die Anordnung einer Betreuung *nicht* eingeschränkt.

2 Die Voraussetzungen einer Betreuung

Die Voraussetzungen einer Betreuung sind in § 1896 BGB festgelegt.

§ 1896 BGB (Voraussetzungen)

(1) Kann ein Volljähriger aufgrund einer psychischen Krankheit oder einer körperlichen, geistigen oder seelischen Behinderung seine Angelegenheiten ganz oder teilweise nicht besorgen, so bestellt das Betreuungsgericht auf seinen Antrag oder von Amts wegen für ihn einen Betreuer. Den Antrag kann auch ein Geschäftsunfähiger stellen. Soweit der Volljährige aufgrund einer körperlichen Behinderung seine Angelegenheiten nicht besorgen kann, darf der Betreuer nur auf Antrag des Volljährigen bestellt werden, es sei denn, dass dieser seinen Willen nicht kundtun kann.
(1a) Gegen den freien Willen des Volljährigen darf ein Betreuer nicht bestellt werden.
(2) Ein Betreuer darf nur für Aufgabenkreise bestellt werden, in denen die Betreuung erforderlich ist. Die Betreuung ist nicht erforderlich, soweit die Angelegenheiten des Volljährigen durch einen Bevollmächtigten, der nicht zu den in § 1897 Abs. 3 bezeichneten Personen gehört, oder durch andere Hilfen, bei denen kein gesetzlicher Vertreter bestellt wird, ebenso gut wie durch einen Betreuer besorgt werden können.
(3) Als Aufgabenkreis kann auch die Geltendmachung von Rechten des Betreuten gegenüber seinem Bevollmächtigten bestimmt werden.
(4) Die Entscheidung über den Fernmeldeverkehr des Betreuten und über die Entgegennahme, das Öffnen und das Anhalten seiner Post werden vom Aufgabenkreis des Betreuers nur dann erfasst, wenn das Gericht dies ausdrücklich angeordnet hat.

2.1 Medizinische Voraussetzungen

Psychische Krankheiten im Sinne dieses Gesetzes sind endogene oder exogene Psychosen, Abhängigkeitskrankheiten (z.B. drogeninduzierte Psychosen), Neurosen und Persönlichkeitsstörungen). Unter *geistigen Behinderungen* versteht man angeborene oder durch Erkrankung oder Unfall erworbene Intelligenzdefizite verschiedener Schwierigkeitsgrade. *Seelische Behinderungen* stellen z.B. bleibende psychische Beeinträchtigungen infolge psychischer Krankheiten dar ebenso wie Erscheinungen des Altersabbaus (Altersdemenz).

Körperliche Behinderungen rechtfertigen die Einrichtung einer Betreuung (allerdings nur) dann, wenn sie die Fähigkeit des Betroffenen, seine Angelegenheiten selbst zu besorgen oder deren Erledigung zu organisieren, dauerhaft beeinträchtigen.

2.2 Der „freie Wille"

Wie das Gesetz ausdrücklich festlegt, vgl. § 1896 Abs. 1a BGB, ist der sog. „freie Wille" des Betroffenen von besonderer Bedeutung. Gegen den freien Willen des

Betroffenen darf ein Betreuer grundsätzlich nicht bestellt werden. Selbst dann nicht, wenn die Betreuung für den Betroffenen insgesamt hilfreich wäre. Etwas anderes gilt nur dann, wenn der Betroffene aufgrund der psychischen Erkrankung, geistigen oder seelischen Behinderung in seiner Willensbestimmung derartig beeinträchtigt ist, dass er zu einer *freien Willensbestimmung* im Sinne des Gesetzes nicht in der Lage ist. Die freie Willensbestimmung setzt voraus, dass der Betroffene über eine entsprechende Einsichtsfähigkeit verfügt sowie über die Fähigkeit, nach dieser Einsicht zu handeln. Ist er hierzu krankheitsbedingt nicht in der Lage, scheidet die Bildung eines freien Willens aus. In diesem Fall kann von Amts wegen ein Betreuer bestellt werden.

Den Antrag auf Einrichtung einer Betreuung kann auch ein *geschäftsunfähiger* Volljähriger stellen, vgl. § 1896 Abs. 1 S. 2 BGB. Andere Personen können *für* den Betroffenen durchaus eine Betreuung *anregen*, so z. B. insbesondere Verwandte oder Bekannte, Krankenhäuser oder Altenheime wie auch Ärzte.

3 Prinzipien der Betreuung

Das Gesetz stellt ausdrücklich in § 1896 Abs. 2 S. 1 BGB heraus, dass ein Betreuer nur für Aufgabenkreise bestellt werden kann/darf, in denen die Betreuung erforderlich ist. Man spricht hier vom sog. *Erforderlichkeitsprinzip*.

Als (gebräuchliche) Aufgabenkreise haben sich in der Praxis herausgebildet:

- die Vermögenssorge,
- die Gesundheitssorge,
- die Aufenthaltsbestimmung,
- die Behördenangelegenheiten.

Die nähere Erläuterung dieser Aufgabenkreise erfolgt unter Punkt 5.

Eine (weitere) Spezifizierung dieser Aufgabenbereiche ist möglich und durchaus üblich, so z. B. für Wohnungsangelegenheiten, Erbangelegenheiten oder Rentenangelegenheiten. Wie das Gesetz weiterhin in § 1896 Abs. 4 S. 1 festlegt, kann das Gericht für den entsprechenden Aufgabenkreis auch eine Entscheidung über Entgegennahme, Öffnen und Anhalten der Post des Betreuten treffen.

§ 1896 Abs. 2 S. 2 BGB enthält ferner das sog. *Subsidiaritätsprinzip*. Danach ist eine Betreuung nicht erforderlich, wenn die Angelegenheiten des (unterstützungsbedürftigen) Volljährigen durch einen von ihm z. B. durch sog. Vorsorgevollmacht bestellten Bevollmächtigten erledigt oder aber durch sog. „andere Hilfen" besorgt werden können. „Andere Hilfen" in diesem Sinne sind z. B. Familienangehörige oder Verwandte, die entsprechende Hilfestellungen geben. Werden allerdings dabei rechtsgeschäftliche Erklärungen notwendig, muss auch hier ein Betreuer bestellt werden, weil nur dieser rechtlich verbindliche Erklärungen abgeben kann.

Weiterhin gilt der *Grundsatz der persönlichen Betreuung*. Es ist der ausdrückliche Wille des Gesetzes, dass der Betreuer die persönlichen Wünsche und Vorstellungen des Betroffenen zu achten und zu respektieren hat. Schließlich gilt im Betreuungsrecht der *Grundsatz des Ehrenamts*. Danach soll ein Berufsbetreuer nur dann bestellt werden, wenn es keine andere geeignete Person gibt, die zur ehrenamtlichen Führung der Betreuung bereit ist, vgl. § 1897 Abs. 6 S. 1 BGB. Zudem ist es eine der wesentlichsten Aufgaben des Betreuers, entsprechend dem Prinzip der Rehabilitation die bestehenden Defizite des Betreuten zu erkennen und zu minimieren, d. h., mit medizinischen, psychosozialen und sozialintegrativen Leistungen dafür Sorge zu tragen, dass der Betreuungsbedarf sich nicht vergrößert, sondern nach Möglichkeit verringert wird. Nach dem *Grundsatz der Selbstbestimmung* hat der Wille des Betreuten prinzipiell Vorrang, vorausgesetzt, der Betreute fügt sich hierdurch keinen Schaden zu.

4 Grundzüge der Bestellung eines Betreuers

Der Betreuer muss persönlich und fachlich geeignet sein, um eine Betreuung ausüben zu können.

Dabei geht das Gesetz davon aus, dass eine einzelne (natürliche) Person als Betreuer ausgewählt wird, vgl. § 1897 Abs. 1 BGB. Steht eine solche Person nicht zur Verfügung, sieht das Gesetz verschiedene Möglichkeiten vor:

- Bestellung eines Berufsbetreuers gem. § 1897 Abs. 6 BGB,
- Bestellung eines Mitarbeiters eines anerkannten Betreuungsvereins bzw. einer in Betreuungsangelegenheiten zuständigen Behörde, vgl. § 1897 Abs. 2 BGB,
- anerkannter Betreuungsverein bzw. Betreuungsbehörde selbst, vgl. § 1900 Abs. 1 und Abs. 4 BGB, soweit es keinen geeigneten Berufsbetreuer gibt.

Mehrere Betreuer sind zu bestellen, wenn die Angelegenheiten des Betreuten hierdurch besser besorgt werden können, vgl. § 1899 Abs. 1 S. 1 BGB. In diesem Falle gibt es verschiedene Möglichkeiten:

- Mehrere Betreuer mit demselben Aufgabenkreis (gemeinschaftliche Mitbetreuung), was z. B. in Betracht kommt bei Eltern, die gemeinsam für ihr volljähriges betreuungsbedürftiges Kind sorgen wollen,
- mehrere Betreuer für unterschiedliche Angelegenheiten, wobei das Gericht bestimmt, welcher Betreuer für welchen Aufgabenkreis zuständig ist, vgl. § 1899 Abs. 1 S. 2 BGB. Dies kommt z. B. in Frage, wenn von mehreren in Betracht kommenden Personen jede Person unterschiedliche Qualifikationen für das Betreuungsamt mitbringt.
- Bestellung eines Hauptbetreuers und eines Ersatzbetreuers, was für den Fall in Betracht zu ziehen ist, wenn bei der Verhinderung des Hauptbetreuers ein Ersatzbetreuer vorhanden sein soll, vgl. § 1899 Abs. 4 BGB.

Da der Wille des Betreuten grundsätzlich Vorrang hat, s. o., hat das Gericht auch dem Vorschlag des Betroffenen zu einem Betreuer zu entsprechen, sofern der Vorschlag nicht dem Wohl des Volljährigen zuwider läuft, vgl. § 1897 Abs. 4 S. 1 BGB. Der Wunsch/Vorschlag des Betroffenen stellt keine Willenserklärung im rechtlichen Sinne dar, weshalb der Wille des Betroffenen auch dann zu berücksichtigen ist, wenn er geschäftsunfähig ist. Voraussetzung ist aber, dass der Wille des Betroffenen „frei“, also von seiner Erkrankung/Behinderung unbeeinflusst ist.

Kann der Betroffene keine geeignete Person vorschlagen, sucht das Gericht eine solche aus, wobei auf verwandtschaftliche und sonstige persönliche Beziehungen, insbesondere verwandtschaftliche Bindungen Rücksicht zu nehmen ist. Grundsätzlich darf allerdings niemand als Betreuer bestellt werden, der zu einer Anstalt, einem Heim oder einer sonstigen Einrichtung, in der der zu Betreuende untergebracht ist oder wohnt, in einem Abhängigkeitsverhältnis oder in einer anderen engen Beziehung steht, vgl. § 1897 Abs. 3 BGB.

Die fachliche Eignung des Betreuers hängt davon ab, ob er fähig ist, die Angelegenheiten des Betroffenen rechtlich zu besorgen. Eine berufliche Qualifikation ist für die Betreuung nicht gefordert, das Gesetz sieht auch keine fachlichen Standards oder eine berufliche Vorbildung vor. Der Grund liegt darin, dass das Gesetz selbst von einem Ehrenamt ausgeht und deshalb nur erwartet wird, dass der Betreuer in der Lage ist, bestimmte gesetzliche Pflichten im Rahmen der Betreuung zu erfüllen.

Hierzu gehört, dass der Betreuer

- die Angelegenheiten zum Wohl des Betroffenen besorgen kann, vgl. § 1901 Abs. 2 S. 1 BGB,
- auf Wünsche und Vorstellungen des Betroffenen eingehen kann, vorausgesetzt, dass die Wünsche nicht dem Wohl des Betroffenen entgegen stehen und dem Betreuer die Umsetzung der Wünsche zumutbar ist, vgl. § 1900 Abs. 2 S. 2 sowie Abs. 3 S. 1 BGB,
- die Pflicht wahrnimmt, im Rahmen des Aufgabenkreises Maßnahmen zur Rehabilitation des Betreuten zu ergreifen, vgl. § 1901 Abs. 4 BGB,
- in der Lage ist, ein Vermögensverzeichnis zu erstellen, vgl. §§ 1908i Abs. 1 S. 1, 1802 BGB, sowie
- Auskunfts- und Berichtspflichten erfüllen kann, vgl. §§ 1908i Abs. 1 S. 1, 1839 ff. BGB.

Für sämtliche Bereiche sind keine besonderen Qualifikationen erforderlich, wohl aber die Bereitschaft, diese Vorgaben zu erfüllen. Im Übrigen gibt es genügend Institutionen, mit deren Hilfe ein Betreuer seine Pflichten erfüllen kann, z. B. das Betreuungsgericht, die Betreuungsvereine bzw. die örtliche Betreuungsbehörde. Insbesondere das Betreuungsgericht ist gesetzlich verpflichtet, Betreuer zu beraten und Hilfestellung zu geben, damit ein Betreuer seine Aufgaben erfüllen kann.

Ein Betreuer wird entlassen, wenn seine Eignung entfallen ist oder ein wichtiger Grund vorliegt, z. B. wegen der Erkrankung des Betreuers. Ferner kommt eine Entlassung in Betracht, wenn dem Betreuer die Fortführung der Betreuung nicht zugemutet werden kann oder aber wenn der Betreute eine andere gleich geeignete und übernahmebereite Person vorgeschlagen hat.

Soweit ein Betreuer zu entlassen ist, wird zugleich ein neuer Betreuer bestellt.

5 Die Aufgabenkreise im Einzelnen

Der Aufgabenkreis „*Vermögenssorge*“ umfasst die Verpflichtung des Betreuers, die finanziellen Angelegenheiten zu regeln. Hierzu gehören die Begleichung von

Rechnungen, die Verwaltung von Bankguthaben und Vermögen oder auch z. B. die Zahlung der Pflegekosten für das Heim, in dem der Betreute untergebracht ist. Die Tätigkeit des Betreuers unterliegt der Aufsicht des Betreuungsgerichts. Damit das Betreuungsgericht eine entsprechende Überwachung vornehmen kann, hat der Betreuer ein Vermögensverzeichnis zu erstellen, Rechnung zu legen, die Grundsätze der wirtschaftlichen Verwaltung des Vermögens des Betreuten zu beachten und bei bestimmten Geldgeschäften die Genehmigung des Gerichts einzuholen oder teilweise bei bestimmten Geschäften (z. B. Grundstücksgeschäften) gerichtliche Genehmigungserfordernisse zu beachten.

Das Vermögensverzeichnis, § 1802 BGB, ist nach Ablauf des Rechnungsjahres vorzulegen. Das Gericht legt den Beginn des Rechnungsjahres durch einen Stichtag fest.

Das Vermögensverzeichnis enthält das vom Betreuer anzugebende vorhandene Vermögen, aber auch Verbindlichkeiten ebenso wie laufendes Einkommen, vgl. §§ 1908i, 1802 BGB. Die entsprechenden Angaben müssen nachgewiesen und belegt werden, z. B. durch Rentenbescheide, Kontoauszüge usw. Nahe Angehörige des Betreuten (Eltern, Ehegatte, Abkömmlinge) sind als Betreuer von der laufenden Rechnungslegung befreit, es sei denn, das Gericht ordnet etwas anderes an. Diese Vermögensübersicht unterliegt geringeren Anforderungen als die jährliche Rechnungslegung nach § 1840 BGB.

Grundstücksgeschäfte müssen grundsätzlich vom Betreuungsgericht genehmigt werden, vgl. §§ 1821 ff. BGB. In diesem Sinne genehmigungspflichtig sind der Kauf oder Verkauf eines Hausgrundstücks, Bestellung von Grundschulden und Hypotheken, Erbausschlagungen, Mietverträge mit einer Dauer von mehr als vier Jahren.

Bei Beendigung der Betreuung hat der Betreuer grundsätzlich einen Schlussbericht vorzulegen (Rechnungslegung), § 1890 BGB.

Bei dem Aufgabenkreis „*Gesundheitssorge*“ hat der Betreuer Entscheidungen über ärztliche Untersuchungen, Eingriffe und Heilbehandlungen zu treffen. Er ist dann berechtigt, in sämtliche Maßnahmen zur Untersuchung des Gesundheitszustandes einzuwilligen sowie weitere Einzelheiten bei einer ambulanten oder stationären Pflege zu regeln. Bei Übertragung dieses Aufgabenkreises entfällt die Schweigepflicht des Arztes gegenüber dem Betreuer.

Wichtig: Bei diesem Aufgabenkreis ist zu beachten, dass die Einwilligung in ärztliche Maßnahmen grundsätzlich von dem Betreuten selbst erfolgt, sofern er einwilligungsfähig ist. Hierunter versteht man, dass der Betreute Art, Bedeutung und Tragweite der beabsichtigten Maßnahme erfassen und seinem Willen entsprechend bestimmen kann, was als „*natürliche Einsichtsfähigkeit*“ bezeichnet wird. Der Betreuer muss also in diesem Sinne klären, ob der Betreute in der Lage ist, in Bezug auf die anstehende Behandlung seinen Willen entsprechend zu äußern. Ist der Betreute insoweit nicht einwilligungsfähig, entscheidet der Betreuer nach ärztlicher Aufklärung darüber, ob er selbst in die medizinische Maßnahme einwilligt. In diesem Zusammenhang ist auf die (später noch behandelte) Patientenverfügung zu verweisen, weil der Betreute sich nämlich bereits zu anderer Zeit zu der Frage der Einwilligung in bestimmte Maßnahmen erklärt haben kann. Ist dies der Fall, ist der früher geäußerte Wille entscheidend.

Besteht bei dem ärztlichen Eingriff die Gefahr, dass der Betreute aufgrund der Maßnahme stirbt oder einen schweren und länger andauernden gesundheitlichen Schaden erleidet, ist neben der Einwilligung des Betreuers die Genehmigung des Betreuungsgerichts für die ärztliche Maßnahme einzuholen, vgl.

§ 1904 Abs. 1 BGB. Dies gilt allerdings nicht, wenn mit dem Aufschub der Maßnahme Gefahr verbunden ist, vgl. § 1904 Abs. 1 S. 2 BGB. Ebenso bedarf die *Nichteinwilligung* und der *Widerruf* der Einwilligung des Betreuers in eine Untersuchung des Gesundheitszustandes, eine Heilbehandlung oder einen ärztlichen Eingriff der *Genehmigung des Betreuungsgerichts*, wenn die Maßnahme medizinisch notwendig ist und nachweislich die Gefahr besteht, dass der Betreute aufgrund des *Unterbleibens* bzw. des *Abbruchs der Maßnahme* stirbt oder einen schweren und länger andauernden gesundheitlichen Schaden erleidet, vgl. § 1904 Abs. 2 BGB.

Das Gericht prüft in diesem Zusammenhang, ob die Entscheidung tatsächlich dem ermittelten individuell-mutmaßlichen Patientenwillen entspricht. Ist dies der Fall, wird die Genehmigung erteilt. Bei dieser Prüfung befasst sich das Gericht gem. § 1901a Abs. 2 BGB mit

- früheren mündlichen oder schriftlichen Äußerungen des Betreuten,
- seinen ethischen oder religiösen Überzeugungen bzw. den
- sonstigen persönlichen Wertvorstellungen des Betreuten.

Sind Betreuer und behandelnder Arzt jedoch darüber einig, dass Erteilung, Nichterteilung oder Widerruf der Einwilligung dem nach § 1901a BGB festgestellten Willen des Betreuten entspricht, bedarf es einer solchen gerichtlichen Genehmigung *nicht*, vgl. § 1904 Abs. 4 BGB.

Im Zusammenhang mit dem Aufgabenkreis „Gesundheitssorge" ist die Genehmigungspflicht für eine „geschlossene Unterbringung" bzw. für „unterbringungsähnliche Maßnahmen" (Fixierung z. B. altersverwirrter Menschen durch Bauchgurt) zu erwähnen. Auch diese Maßnahmen bedürfen der gerichtlichen Genehmigung. Allerdings muss dann zu dem Aufgabenkreis Gesundheitssorge noch der Aufgabenkreis „Aufenthaltsbestimmung" hinzutreten. Eine solche Unterbringung des Betreuten in einem psychiatrischen Krankenhaus oder in einer geschlossenen Abteilung eines Altenheims ist gem. § 1906 Abs. 1 BGB nur zulässig, wenn bei dem Betreuten die Gefahr einer erheblichen gesundheitlichen Selbstschädigung oder der Selbsttötung besteht und wenn ohne die Unterbringung eine notwendige ärztliche Maßnahme nicht durchgeführt werden kann. Die Unterbringung ist zu beenden, wenn die Voraussetzungen weggefallen sind.

Bei dem Aufgabenkreis „*Aufenthaltsbestimmung*" entscheidet der Betreuer konkret über den Aufenthalt des Betreuten (z. B. in seiner Wohnung oder in einem Altenheim). Ist der Betreuer also für den Aufgabenkreis Vermögenssorge und den Aufgabenkreis Aufenthaltsbestimmung bestellt, ist er berechtigt, die Mietwohnung zu kündigen und den Heimvertrag für das Pflegeheim zu unterschreiben und zugleich auch zu bestimmen, wo der Betreute wohnt. Die Kündigung des Wohnraums des Betreuten ist allerdings grundsätzlich *nur* mit Genehmigung des Gerichtes möglich.

Bei dem Aufgabenkreis „*Behördenangelegenheiten*“ wird der Betreuer für den Betreuten bei Behörden, Renten- und Sozialleistungsträgern oder anderen öffentlichen Institutionen tätig.

Stellt der Betreuer fest, dass der Betroffene aus gesundheitlichen Gründen des Schutzes vor Besuchen oder Telefonanrufen bestimmter Personen bedarf (z.B. bei häufigen Streitigkeiten mit der Verwandtschaft) und kann der Betreute nicht selbst hinreichend Einfluss auf die Besuche nehmen oder gar entscheiden, durch welchen Besuch er in der Regel gesundheitlich geschädigt wird, kann dem Betreuer der Aufgabenkreis „*Umgangsregelung*“ übertragen werden. In diesem Fall bestimmt der Betreuer, ob und welchen Umgang der Betreute hat und wie der Umgang durchgeführt wird.

Kann der Betreute *keinerlei* Aufgaben mehr selbst besorgen und ist er *vollständig* auf die Hilfe anderer angewiesen, kommt der Aufgabenkreis „*alle Angelegenheiten*“ in Betracht. In diesem Falle hat der Betreuer sämtliche anfallenden Angelegenheiten zu besorgen, vgl. § 309 FamFG. Bei diesem umfassenden Aufgabenkreis kann der Betreute auch nicht mehr sein Wahlrecht ausüben.

Da die Wahrnehmung der Aufgaben innerhalb des jeweiligen Aufgabenkreises häufig nur möglich ist, wenn der Betreuer in die (den Aufgabenkreis betreffende!) Post des Betreuten Einblick hat, ist es üblicherweise geboten, den Betreuer diesbezüglich zu ermächtigen. Insoweit handelt es sich um einen wesentlichen grundrechtsrelevanten Eingriff, der der ausdrücklichen Anordnung durch das Betreuungsgericht bedarf, so dass der Betreuer die Post des Betreuten entgegennehmen, öffnen und anhalten kann, vgl. § 1896 Abs. 4 BGB.

Ungeachtet aller Aufgabenkreise bleibt es dem Betreuten selbst überlassen, *höchstpersönliche Angelegenheiten* selbst zu regeln. Hierbei geht es um

- die Eheschließung,
- Bestimmung des Ehe- oder Kindesnamens,
- die Annahme als Kind,
- die elterliche Sorge,
- das Abfassen einer Patientenverfügung,
- den Kirchenaustritt oder die Wahl der Religion.

Obwohl die *Eheschließung* selbst eine höchstpersönliche Angelegenheit eines Betreuten, auch eines geschäftsunfähigen Betreuten, ist, kann dennoch ein Betreuer für den Aufgabenkreis „*Ehescheidung*“ bestellt werden, vgl. § 125 Abs. 2 FamFG.

Hat der Betreute einen *Bevollmächtigten* bestimmt, kann der Aufgabenkreis schließlich auch darin bestehen, dass der Betreuer die Rechte des Betreuten gegenüber seinem Bevollmächtigten geltend macht, § 1896 Abs. 3 BGB. Dies nennt man „Kontrollbetreuung“. Ein solcher Kontrollbetreuer kann bestimmt werden, wenn bei dem Bevollmächtigten bestimmte Zweifel hinsichtlich seiner Fähigkeit oder gar Verdachtsmomente auftreten, dass der Bevollmächtigte unredlich handelt. Wird durch den Kontrollbetreuer z.B. unredliches Handeln des Bevollmächtigten offenbar, wird statt des Kontrollbetreuers vom Gericht ein Betreuer bestellt, der zudem mit dem Aufgabenkreis „Widerruf der Vollmacht“ (für den Bevollmächtigten anstelle des erkrankten Vollmachtgebers) betraut (bestellt) wird.

Stellt sich im Rahmen der Vermögensverwaltung heraus, dass ein *Betreuer* kontrolliert werden muss, kann ein sogenannter *Gegenbetreuer* bestellt werden, § 1908i Abs. 1 i.V.m. § 1792 Abs. 2 BGB, der dann die Kontrolle über den Betreuer in diesem Bereich ausübt. Der Gegenbetreuer unterliegt ebenfalls der Aufsicht des Betreuungsgerichts, vgl. §§ 1908i, 1839 BGB.

Auch wenn ein Betreuer für einen bestimmten Aufgabenkreis bestellt wird, wird der Betroffene in seiner Geschäftsfähigkeit *nicht* eingeschränkt. Zwar hat der Betreuer die Aufgabe, den Betreuten in den ihm zugewiesenen Aufgabenkreisen zu vertreten, und zwar gerichtlich und außergerichtlich, vgl. § 1896 Abs. 2 S. 1 i.V.m. § 1902 BGB. Hierunter fallen also alle Tätigkeiten, die erforderlich sind, um die Angelegenheiten des Betreuten rechtlich zu besorgen, vgl. § 1901 Abs. 1 BGB. Dennoch kann der Betreute, sofern bei ihm keine krankheitsbedingte *Geschäftsunfähigkeit* besteht, grundsätzlich allein rechtsgeschäftlich handeln. Soweit der Betreuer dem Betreuten in einem Aufgabenkreis, für den er bestellt ist, allerdings das Handeln überlässt, muss er sicherstellen, dass der Betreute sich dabei nicht schädigt, weil dies gerade durch die Einrichtung einer Betreuung verhindert werden soll.

Macht der Betreute in diesem Zusammenhang z.B. wirtschaftlich unsinnige Anschaffungen, bleibt letztlich nur die Einrichtung eines Einwilligungsvorbehaltes (hierzu im Einzelnen im Folgeabsatz) für den Bereich „Vermögenssorge“. Solange ein solcher Einwilligungsvorbehalt nicht besteht, kann der Betreuer – im Falle gegebener Geschäftsunfähigkeit des Betreuten – allenfalls z.B. den Kaufvertrag anfechten und gegebenenfalls den Nachweis zu führen versuchen, dass der Betreute im Zustand der Geschäftsunfähigkeit gehandelt hat und der Vertrag deshalb nicht rechtwirksam zustande gekommen ist.

Selbst wenn der Betreute aber geschäftsunfähig ist, kann er ohne weiteres auch Geschäfte des täglichen Lebens tätigen, sofern dieses Geschäft mit *geringwertigen Mitteln* bewirkt wird.

Neben der Einrichtung eines Aufgabenkreises, in dem der Betreuer tätig wird, sieht das Gesetz weiter vor, neben dem (konkreten) Aufgabenkreis ggf. noch einen *Einwilligungsvorbehalt* gem. § 1903 BGB anzuordnen. Durch einen solchen Einwilligungsvorbehalt hängt die Wirksamkeit des Rechtsgeschäftes des Betreuten, das dieser im Rahmen des Aufgabenkreises tätigt, ausschließlich davon ab, ob der Betreuer in dieses Geschäft einwilligt oder dieses später genehmigt. Auch dann kann der Betreute aber auch noch *geringfügige Angelegenheiten des täglichen Lebens* selbstständig vornehmen, § 1903 Abs. 3 BGB.

6 Erforderlichkeit einer Betreuung

Eine Betreuung ist nicht erforderlich, soweit die Angelegenheiten des Volljährigen durch einen Bevollmächtigten besorgt werden können, vgl. § 1896 Abs. 2 S. 2 BGB. Das gleiche gilt für sog. „andere Hilfen“, bei denen kein gesetzlicher Vertreter bestellt wird, vgl. wie vor. Die Einrichtung einer Betreuung erübrigt sich also, wenn der Betroffene eine andere Person mit der Wahrnehmung der Angelegenheiten bevollmächtigt hat.

Im Rahmen der Prüfung der Erforderlichkeit einer Betreuung hat das Gericht – u.a. unter Einschaltung der Betreuungsbehörde – festzustellen, ob „andere Hilfen“ bestehen, die die Einrichtung einer Betreuung etwa entbehrlich machen.

Die Bevollmächtigung kann in unterschiedlicher Form erfolgen.

Es wird zwischen folgenden Begriffen unterschieden:

- Vorsorgevollmacht,
- Betreuungsverfügung,
- Patientenverfügung.

Die für den Fall der Notwendigkeit einer Betreuung erteilte Bevollmächtigung wird allgemein als „*Vorsorgevollmacht*“ bezeichnet. Die Bedeutung einer solchen Vorsorgevollmacht liegt u.a. darin, dass eine Person zu einem Zeitpunkt, in dem sie im Vollbesitz ihrer geistigen Kräfte ist, Regelungen für spätere Situationen der Entscheidungsunfähigkeit trifft, die der Bevollmächtigte später umzusetzen hat.

In *wichtigen* Vorsorgefällen bedarf es einer *schriftlichen* Vollmacht, die zudem auf den konkreten Vorsorgefall zugeschnitten sein muss. Hierbei handelt es sich um

- die Einwilligung des Betreuers in eine geschlossene Unterbringung des Betreuten,
- die Einwilligung des Betreuers in freiheitsbeschränkende Maßnahmen des Betreuten,
- die Zustimmung des Betreuers zu einer mit Lebensgefahr verbundenen medizinischen Heilbehandlung des Betreuten, vgl. §§ 1904 Abs. 5, 1906 Abs. 5. BGB.

In solchen Fällen ist eine (häufig erteilte) sog. Generalvollmacht („Vertretung in allen Angelegenheiten“) *unzureichend*.

Darüber hinaus ist eine *notarielle Beurkundung* der Vorsorgevollmacht erforderlich, wenn der Bevollmächtigte (für den Vollmachtgeber) z.B. Grundstücke erwerben oder veräußern bzw. Darlehensverträge abschließen können soll. Dies kann insbesondere dann notwendig werden, wenn die Betreuungssituation auf Jahre hin andauert. Im Übrigen ist nur eine schriftliche Vollmacht, die darüber hinaus notariell beurkundet ist, inhaltlich aussagekräftig, weshalb sie *im Rechtsverkehr allgemein eher akzeptiert* wird. Die Vollmacht muss nicht handschriftlich niedergelegt werden, ist jedoch eigenhändig unter Angabe von Ort und Datum zu unterschreiben.

Die Vollmacht wirkt über den Tod des Vollmachtgebers hinaus, so dass der Bevollmächtigte weiterhin vertretungsberechtigt bleibt. Deshalb müssen die Erben die fragliche Vollmacht widerrufen und können darüber hinaus von dem Bevollmächtigten Rechenschaft verlangen.

Wegen der Bedeutung der Vollmacht hat der Gesetzgeber das „Zentrale Vorsorgeregister“ geschaffen, das seit dem 31. Juli 2004 von der Bundesnotarkammer geführt wird, vgl. § 78a bis c Bundesnotarordnung. In dieses Register werden die Angaben über Vollmachtgeber, Bevollmächtigte, die Vollmacht und deren Inhalt aufgenommen (vgl. Informationen: www.zvr-online.de).

Mit einer „*Betreuungsverfügung*“ wird eine schriftliche Verfügung für den Betreuungsfall getroffen. Sie enthält eine vorsorglich getroffene persönliche Regelung für den Fall, dass eine Betreuung vom Gericht anzuordnen ist. Mit einer solchen Betreuungsverfügung kann durch den (späteren) Betreuten die Übertragung bestimmter Aufgabenkreise bzw. z. B. die Lebensgestaltung während der Betreuung (z. B. Wohnung und Unterbringung) festgelegt werden. Im Gegensatz zu dem Bevollmächtigten einer Vorsorgevollmacht ist diese von dem Betroffenen ausgewählte Person von dem Betreuungsgericht aber noch (im späteren Betreuungsfall) zu bestellen und unterliegt damit der gerichtlichen Aufsicht.

Das Gericht hat die Vorschläge aus der Betreuungsverfügung zu beachten, soweit sie dem Wohl des Betroffenen (Betreuten) nicht zuwiderlaufen. Auch der Wunsch, eine bestimmte Person nicht zum Betreuer zu bestellen, ist vom Gericht zu berücksichtigen. Da mit der Betreuungsverfügung allerdings keine konkrete Vollmacht erteilt wird, berechtigt die Betreuungsverfügung im Gegensatz zur Vorsorgevollmacht *nicht* zur Vertretung bei Rechtsgeschäften.

Auch Betreuungsverfügungen, die nicht mit einer Vorsorgevollmacht verbunden sind, können in das erwähnte „Zentrale Vorsorgeregister" eingetragen werden.

Sinn einer „*Patientenverfügung*" ist es, für eine spätere Einwilligungsunfähigkeit konkret festzulegen, mit welchen ärztlichen Maßnahmen der Betroffene im Zustand der *Entscheidungsunfähigkeit* einverstanden ist. Eine solche Patientenverfügung richtet sich letztlich an den Arzt, damit dieser den sog. „mutmaßlichen" Patientenwillen erfahren kann. Liegt nämlich eine solche Äußerung nicht vor und kann sich der Betroffene nicht mehr äußern, wird der behandelnde Arzt in der Regel davon ausgehen, dass der „mutmaßliche Wille" des Patienten darauf gerichtet ist, mit allen zur Verfügung stehenden Mitteln behandelt zu werden. Hierzu gehört selbstverständlich auch, jegliche lebensverlängernde Maßnahmen einzusetzen.

Der Gesetzgeber hat die Patientenverfügung immer wieder intensiv diskutiert. Am 1. September 2009 ist die nunmehr geltende Neuregelung in Kraft getreten. Mit ihr wurde die Verbindlichkeit von Patientenverfügungen im Einzelnen geregelt. Für die gesetzliche Regelung waren wichtige Entscheidungen des Bundesgerichtshofs zur Verbindlichkeit von Patientenverfügungen in der letzten Lebensphase „Vorbild".

In den Entscheidungen hatte der BGH folgende Feststellungen getroffen:

- Ist ein Patient einwilligungsunfähig und hat sein Grundleiden einen irreversiblen, tödlichen Verlauf angenommen, so müssen lebenserhaltende oder lebensverlängernde Maßnahmen unterbleiben, wenn dies seinem zuvor – etwa in Form einer Patientenverfügung – geäußerten Willen entspricht. Dies folgt aus der Würde des Menschen, die es gebietet, sein im einwilligungsfähigen Zustand ausgeübtes Selbstbestimmungsrecht auch dann noch zu respektieren, wenn er zu eigenverantwortlichem Entscheiden nicht mehr in der Lage ist. Nur wenn ein solcher erklärter Wille des Patienten nicht festgestellt werden kann, ist die Zulässigkeit solcher Maßnahmen nach dem mutmaßlichen Willen des Patienten zu beurteilen, der dann individuell – auch aus dessen Lebensentscheidungen, Wertvorstellungen und Überzeugungen – zu ermitteln ist.
- Ist für einen Patienten ein Betreuer bestellt, so hat dieser dem Patientenwillen gegenüber Arzt und Pflegepersonal in eigener rechtlicher Verantwortung und

nach Maßgabe des § 1901 BGB Ausdruck und Geltung zu verschaffen. Seine Einwilligung in eine ärztlicherseits angebotene lebenserhaltende oder lebensverlängernde Behandlung kann der Betreuer jedoch nur mit Zustimmung des Betreuungsgerichts wirksam verweigern (vgl. BGH FamRZ 2003, S. 748 ff.).
- Verlangt der Betreuer in Übereinstimmung mit dem behandelnden Arzt, dass die künstliche Ernährung des betreuten einwilligungsunfähigen Patienten eingestellt wird, so kann das Pflegeheim diesem Verlangen jedenfalls nicht den Heimvertrag entgegensetzen. Auch die Gewissensfreiheit des Pflegepersonals rechtfertigt für sich genommen die Fortsetzung der künstlichen Ernährung in einem solchen Fall nicht (BGH BGHZ 163, S. 195 ff.).

Darüber hinaus hat der BGH nunmehr entschieden,

- dass der Abbruch lebenserhaltender Behandlung auf der Grundlage des Patientenwillens *nicht strafbar* ist.

§ 1901a Abs. 1 BGB definiert den Begriff der „Patientenverfügung". Eine solche liegt vor, wenn ein *einwilligungsfähiger* Volljähriger für den Fall seiner *Einwilligungsunfähigkeit* schriftlich festlegt, dass er in bestimmte, *zum Zeitpunkt der Festlegung noch nicht unmittelbar bevorstehende* Untersuchungen seines Gesundheitszustandes, in eine Heilbehandlung oder in ärztliche Eingriffe einwilligt bzw. sie untersagt. Da der Wille des Betroffenen nach der höchstrichterlichen Rechtsprechung grundsätzlich vorrangig ist, hat der Betreuer in der konkreten Situation, in der es auf die Patientenverfügung und den Patientenwillen ankommt, zu prüfen, ob die Festlegungen der Patientenverfügung auf die aktuelle Lebens- und Behandlungssituation zutreffen. Bejahendenfalls ist es die Pflicht des Betreuers, dem Willen des Betreuten „Ausdruck und Geltung" zu verschaffen, vgl. § 1901a Abs. 1 S. 2 BGB. Die Patientenverfügung kann jederzeit formlos widerrufen werden, vgl. § 1901a Abs. 1 S. 3 BGB. Liegt keine Patientenverfügung vor oder treffen die Festlegungen der Patientenverfügung nicht auf die aktuelle Lebens- und Behandlungssituation zu, hat der Betreuer gem. § 1901a Abs. 2 S. 1 BGB die Behandlungswünsche oder den mutmaßlichen Willen des Betreuten festzustellen und auf dieser Grundlage zu entscheiden, ob er in eine fragliche ärztliche Maßnahme gem. § 1901a Abs. 1 BGB einwilligt oder sie untersagt. Insoweit ist der mutmaßliche Wille aufgrund konkreter Anhaltspunkte zu ermitteln. Dabei sind zu berücksichtigen

- frühere mündliche oder schriftliche Äußerungen des Betroffenen,
- dessen ethische oder religiöse Überzeugungen,
- sonstige persönliche Wertvorstellungen des Betreuten.

Nach § 1901a Abs. 3 BGB gelten sämtliche Regelungen des § 1901a Abs. 1 und Abs. 2 BGB unabhängig von Art und Stadium einer Erkrankung des Betroffenen. Mithin kommt es nach dem Gesetz nicht darauf an, ob der Sterbeprozess schon eingesetzt hat oder die Erkrankung irreversibel ist. Bei der Abfassung der Patientenverfügung ist daher im Interesse des Betroffenen recht genau festzulegen, für welche Fälle die Patientenverfügung gedacht ist. Die Bestimmungen zur Patientenverfügung gelten für Bevollmächtigte entsprechend, vgl. § 1901a Abs. 5 BGB.

§ 1901b Abs. 1 BGB legt fest, *wie* der Patientenwille festzustellen ist. Danach prüft der behandelnde Arzt, welche ärztliche Maßnahme im Hinblick auf den Gesamtzustand und die Prognose des Patienten indiziert ist. Er erörtert mit dem Betreuer diese Maßnahme unter Berücksichtigung des Patientenwillens, um alsdann die nach § 1901a BGB zu treffende Maßnahme zu entscheiden, vgl. § 1901b Abs. 1 BGB. Zur Feststellung des Patientenwillens bzw. der Behandlungswünsche oder des mutmaßlichen Willens des Betroffenen sollen nahe Angehörige und sonstige Vertrauenspersonen des Betreuten Gelegenheit zur Äußerung haben, vgl. § 1901b Abs. 2 BGB. Auch diese Regelungen gelten für den Bevollmächtigten entsprechend, vgl. § 1901b Abs. 3 BGB.

Geht es bei der Entscheidung des Betreuers darum, dass dessen Einwilligung oder Nichteinwilligung oder gar dessen Widerruf der Einwilligung in eine Untersuchung des Gesundheitszustandes, eine Heilbehandlung oder einen ärztlichen Eingriff zum Tod oder zu schweren und länger andauernden gesundheitlichen Schäden des Betreuten führen kann, bedarf diese Maßnahme der Genehmigung des Betreuungsgerichts, wenn die Maßnahme medizinisch erforderlich ist, vgl. § 1904 Abs. 2 BGB. Für die Genehmigung prüft das Betreuungsgericht an Hand der Anhaltspunkte des § 1901a Abs. 2 BGB, ob der Betreuer tatsächlich entsprechend dem ermittelten Patientenwillen des Betreuten handelt, vgl. § 1904 Abs. 3 BGB. Haben allerdings Betreuer und Arzt *übereinstimmend keinen Zweifel* daran, dass die Entscheidung über die Einwilligung, die Nichteinwilligung oder den Widerruf der Einwilligung dem nach § 1901a BGB festgestellten Patientenwillen entspricht, bedarf es keiner zusätzlichen betreuungsgerichtlichen Genehmigung, vgl. § 1904 Abs. 4 BGB. Auch diese Bestimmung gilt gem. § 1904 Abs. 5 BGB für Betreuer und Bevollmächtigte.

7 Die mit Freiheitsentziehung verbundene Unterbringung

Enthält die Vorsorgevollmacht den Aufgabenkreis Gesundheitssorge bzw. Aufenthaltsbestimmung oder Unterbringung oder Entscheidung über freiheitsentziehende Maßnahmen, so hat der Betreuer das Recht, den Betreuten „mit Freiheitsentziehung" verbunden unterzubringen. Man spricht hier auch von „geschlossener Unterbringung". Diese kommt gem. § 1906 BGB nur in Betracht, wenn eine freiheitsentziehende Unterbringung deshalb erforderlich ist, weil

- aufgrund einer psychischen Krankheit oder einer geistigen oder seelischen Behinderung des Betreuten die Gefahr besteht, dass er sich selbst tötet oder sich erheblichen gesundheitlichen Schaden zufügt, oder
- wenn Untersuchungen des Gesundheitszustandes, Heilbehandlungen oder ärztliche Eingriffe notwendig sind, die ohne die Unterbringung des Betreuten nicht durchgeführt werden können *und* der Betreute aufgrund einer psychischen Krankheit, einer geistigen oder seelischen Behinderung die Notwendigkeit der Unterbringung nicht erkennen oder nicht nach dieser Einsicht handeln kann, vgl. § 1906 Abs. 1 Nr. 1 und Nr. 2 BGB.

Eine freiheitsentziehende Unterbringung im Sinne des § 1906 Abs. 1 BGB liegt weiterhin nur dann vor, wenn der *Betreute gegen oder ohne seinen erklärten natürlichen Willen* in einem geschlossenen Krankenhaus, in einer geschlossenen Einrichtung bzw. in einer geschlossenen Abteilung eines Krankenhauses oder entsprechenden Einrichtung für bestimmte Zeit festgehalten wird, sein Aufenthalt ständig überwacht wird und die Kontaktaufnahme mit anderen Personen außerhalb dieses Bereichs damit eingeschränkt ist.

Soweit der Betreute hierzu seine Einwilligung gibt, muss festgestellt sein, dass er auch „einwilligungsfähig" ist, damit seine Willenserklärung als „rechtserheblich" angesehen werden kann. Dies setzt voraus, dass er die gesamte Unterbringungssituation einschätzen kann. Grundsätzlich ist die geschlossene Unterbringung *nur* mit Genehmigung des Betreuungsgerichts zulässig, vgl. § 1906 Abs. 2 S. 1 BGB. Ohne eine solche Genehmigung kommt sie nur dann in Betracht, wenn mit dem Aufschub Gefahr verbunden ist und die Genehmigung unverzüglich nachgeholt wird, vgl. § 1906 Abs. 2 S. 2 BGB. Die Einholung der gerichtlichen Genehmigung ist Aufgabe des Betreuers, § 1906 Abs. 3 BGB, der ein entsprechendes ärztliches Attest vorzulegen hat.

Zwangsbehandlungen des Betreuten sind im Rahmen der geschlossenen Unterbringung zulässig. Auch hier hat sich der Bundesgerichtshof in zwei Entscheidungen klar geäußert und hierzu folgende Feststellung getroffen:

- Der Betreuer ist als gesetzlicher Vertreter des Betreuten grundsätzlich befugt, in ärztliche Maßnahmen auch gegen den natürlichen Willen eines im Rechtssinn einwilligungsunfähigen Betreuten einzuwilligen.
- Im Rahmen einer genehmigten Unterbringung nach § 1906 Abs. 1 Nr. 2 BGB umfasst diese Befugnis ausnahmsweise auch das Recht, falls erforderlich, einen der ärztlichen Maßnahme entgegenstehenden Willen des Betreuten zu überwinden (vgl. BGH in FamRZ 2006, 615 ff.).
- Das Betreuungsgericht darf die Unterbringung des Betroffenen in einer geschlossenen Einrichtung nicht genehmigen, wenn die Freiheitsentziehung als solche nicht notwendig ist und die Genehmigung letztlich nur eine Rechtsgrundlage abgeben soll, den Betroffenen in einer offenen Abteilung der Einrichtung einer erforderlichen – auch zwangsweisen – Behandlung mit Medikamenten zu unterziehen (vgl. BGH FamRZ 2008, 866 ff.).

Damit sind *ambulante Zwangsbehandlungen* eines Betreuten grundsätzlich unzulässig und demzufolge auch die Genehmigung einer geschlossenen Unterbringung, wenn sie nur dazu dient, einen rechtlichen Rahmen für eine im Prinzip in einer ambulanten Behandlung möglichen Maßnahme zu schaffen.

Schließlich bedarf die Genehmigung des Betreuers zu *unterbringungsähnlichen Maßnahmen* bei dem Betreuten (z.B. Bettgitter, Bauchgurt) auch der Genehmigung des Betreuungsgerichts. Diesen Aufgabenkreis muss die Vorsorgevollmacht aber ausdrücklich enthalten, damit der Bevollmächtigte entsprechend tätig werden kann. Diese Maßnahme unterliegt ebenfalls der gerichtlichen Genehmigung. Grundsätzlich kommen solche Maßnahmen aber nur dann in Betracht, wenn

- die Maßnahme für das Wohl des Betreuten erforderlich ist,
- der Einsatz milderer Maßnahmen zum Schutze des Betreuten nicht möglich ist.

Dies gilt sowohl für unterbringungsähnliche Maßnahmen wie für die geschlossene Unterbringung selbst.

Die Unterbringungsdauer beträgt in der Regel höchstens ein Jahr, bei offensichtlich langer Unterbringungsbedürftigkeit höchstens zwei Jahre. Das gleiche gilt für unterbringungsähnliche Maßnahmen. Wird die geschlossene Unterbringung durch eine einstweilige Anordnung angeordnet, beträgt die Unterbringungsdauer höchstens sechs Wochen, im Falle der Verlängerung der einstweiligen Anordnung maximal drei Monate.

8 Vergütung des Betreuers

Soweit die Betreuung als Ehrenamt geführt wird, erhält der Betreuer keine Vergütung. Etwas anderes gilt, wenn ein Berufsbetreuer bestellt wird, der für seine Betreuungstätigkeit zu vergüten ist.

Allerdings haben ehrenamtliche Betreuer Anspruch auf Ersatz der mit der Führung verbundenen *Aufwendungen* (vgl. § 1908i i.V.m. §§ 1835, 1835a BGB). Hierbei handelt es sich z.B. um Porto-, Telefon- und Fotokopiekosten, Fahrtkosten. Diese Aufwendungen können geltend gemacht werden

- durch Abrechnung und Nachweis der einzelnen Aufwendungen oder
- durch Geltendmachung der pauschalen Aufwandsentschädigung gem. § 1908i i.V.m. § 1835a BGB.

Aufwendungsersatz und Aufwandsentschädigung unterscheiden sich lediglich in der Pauschalierung der für die Betreuung gemachten Aufwendungen. Die pauschale Aufwandsentschädigung beträgt zur Zeit 323,00 Euro jährlich.

Für Berufsbetreuer gelten andere Regelungen. Hier wird zum einen unterschieden zwischen mittellosen und vermögenden Betreuten, ferner nach der Art der Unterkunft des Betreuten (Heimbewohner oder Nutzung einer eigenen Wohnung). Schließlich kommt es darauf an, in welchem Zeitraum die Betreuung anfällt. Die pauschalen Stundenansätze sind nach den vorgenannten Kriterien bemessen, was im Einzelnen in dem „Vormünder- und Betreuervergütungsgesetz“ geregelt ist. Nach dessen § 5 VBVG sind folgende Stundenansätze (pauschale Zeitansätze) für Berufsbetreuer vorgesehen:

- Pauschale 1: Nicht mittelloser (vermögender) Betreuter, Aufenthalt zu Hause: Stundenansatz für die ersten drei Monate der Betreuung 8 1/2 Stunden, für den vierten bis sechsten Monat 7 Stunden, vom siebten bis zum zwölften Monat 6 Stunden, danach 4 1/2 Stunden monatlich.
- Pauschale 2: Nicht mittelloser (vermögender) Betreuter, Aufenthalt im Heim: Stundenansatz für die ersten drei Monate der Betreuung 5 1/2 Stunden, für den vierten bis sechsten Monat 4 1/2 Stunden, für den siebten bis zwölften Monat 4 Stunden, danach 2 1/2 Stunden monatlich.

- Pauschale 3: Mittelloser Betreuter, Aufenthalt zu Hause: Stundenansatz für die ersten drei Monate der Betreuung 7 Stunden, für den vierten bis sechsten Monat 5 1/2 Stunden, für den siebten bis zwölften Monat 5 Stunden, danach 3 1/2 Stunden monatlich.
- Pauschale 4: Mittelloser Betreuter, Aufenthalt im Heim: Stundenansatz für die ersten drei Monate der Betreuung 4 1/2 Stunden, für den vierten bis sechsten Monat 3 1/2 Stunden, für den siebten bis zwölften Monat 3 Stunden, danach 2 Stunden monatlich.

Die Maßstäbe der Mittellosigkeit ergeben sich gem. §§ 1908i, 1836c BGB i.V.m. den Bestimmungen des SGB XII sowie der entsprechenden Durchführungsverordnung. Im Großen und Ganzen ist Mittellosigkeit grundsätzlich anzunehmen bei Vermögensbeträgen bis zu 2600,00 Euro nach Vollendung des 60. Lebensjahres bzw. bei besonderer Behinderung. Dabei sind im Übrigen bestimmte Vermögenswerte nicht zu berücksichtigen, wie z.B. Kapital, dessen Ansparung zur Altersvorsorge staatlich gefördert wurde oder ein angemessenes selbstgenutztes Hausgrundstück.

Außer der zuvor erwähnten Stundenspauschale wird weiterhin für den Stundensatz, den der Berufsbetreuer geltend machen kann, dessen berufliche bzw. ausbildungsmäßige Qualifikation zu Grunde gelegt. Insoweit enthält § 4 VBVG folgende Stundensätze:

- Basissatz: 27,00 Euro,
- Mittelsatz: 33,50 Euro,
- Höchstsatz: 44,00 Euro.

Für die Bemessungsgrundlage sind die besonderen Kenntnisse des Betreuers für die Führung der Betreuung von Bedeutung. Für Sozialarbeiter dürfte also regelmäßig der Höchstsatz mit 44,00 Euro anzusetzen sein.

Ist der Betreute mittellos, wird die Vergütung regelmäßig aus der Staatskasse gezahlt. Ist der Betreute vermögend, wird die Vergütung aus seinem Vermögen entnommen. Für den Berufsbetreuer wird die Vergütung gerichtlich festgelegt.

9 Betreuungsbehörde/Betreuungsvereine

Der gesellschaftlichen Bedeutung der Betreuung entsprechend verfügen Städte bzw. Kreise über eine Betreuungsbehörde.

Betreuungsbehörden befassen sich mit der Beratung und Unterstützung von Betreuern und Bevollmächtigten bei der Wahrnehmung ihrer Aufgaben. Sie klären über Vollmachten und Betreuungsverfügungen auf und unterstützen vor allem das Betreuungsgericht in vielerlei Hinsicht, insbesondere auch über die Benennung von Betreuern.

Betreuungsvereine sollen sich planmäßig um die Gewinnung ehrenamtlicher Betreuer bemühen. Dabei haben sie die ehrenamtlichen Betreuer auch in ihre Tätigkeit einzuführen und sie bei ihrer Tätigkeit zu begleiten. Ein Betreuungsverein beschäftigt in der Regel Mitarbeiter, die als berufliche Betreuer tätig sind.

§ 1908f BGB regelt die Mindeststandards für die Anerkennung eines Vereins als Betreuungsverein.

Gut zu wissen – gut zu merken

Betreuung bedeutet im betreuungsrechtlichen Sinn Rechtsfürsorge für Volljährige, die ihre Aufgaben krankheitsbedingt nicht (mehr) wahrnehmen können. Die Einrichtung einer Betreuung erfolgt für bestimmte Aufgabenbereiche, in denen der vom Gericht bestellte Betreuer für den betroffenen Volljährigen (den Betreuten) tätig wird. Die Geschäftsfähigkeit des Betreuten wird durch die Betreuung nicht berührt. Das Betreuungsgericht überwacht die Tätigkeit des Betreuers. Ehrenamtliche Betreuer erhalten eine Aufwandsentschädigung, Berufsbetreuer werden nach bestimmten Grundsätzen vergütet.

Weiterführende Literatur

Jurgeleit, A. (Hg.) (2010): Betreuungsrecht: Handkommentar. 2. Auflage. Baden-Baden: Nomos.

Röchling, W. (2009): Betreuung – Rechtliche Sicherheit für Betreuer, Betreute und Angehörige. Ratgeber. Düsseldorf: Verbraucherzentrale NRW.

D VERFAHRENSRECHTLICHE REGELUNGEN

XIII Grundzüge des FamFG unter Berücksichtigung der Besonderheiten des Kindschaftsverfahrens

Was Sie in diesem Kapitel lernen können

In der Rechtswissenschaft unterscheidet man zwischen materiellrechtlichen und verfahrensrechtlichen Regelungen. Dabei legt das materielle Recht die Voraussetzungen z. B. über Ansprüche oder Konsequenzen eines bestimmten Verhaltens fest, so im Bürgerlichen Gesetzbuch die Bestimmungen über den Entzug der elterlichen Sorge wegen Kindeswohlgefährdung (§ 1666 BGB) oder über die Übertragung der elterlichen Sorge auf einen Elternteil allein (§ 1671 BGB). Das Verfahrensrecht (FamFG) enthält die Regelungen darüber, wie bzw. unter welchen Bedingungen ein solches Verfahren abläuft. Es bestimmt also, wenn man so will, die „Spielregeln" eines solchen Verfahrens.

In diesem Kapitel werden Sie mit den wichtigsten „Spielregeln" über Verfahren in Kindschaftssachen bekannt gemacht.

1 Überblick

Das Gesetz zur „Reform des Verfahrens in Familiensachen und in den Angelegenheiten der freiwilligen Gerichtsbarkeit", auch FGG-Reformgesetz (FGG-RG) genannt, trat zum 01.09.2009 in Kraft.

Es enthält in Art. 1 das Gesetz über das „Verfahren in Familiensachen und in den Angelegenheiten der freiwilligen Gerichtsbarkeit" – genannt FamFG. Das FamFG ist in die Bücher 1 bis 9 unterteilt, die den gesamten Bereich des Verfahrens der freiwilligen Gerichtsbarkeit und des Verfahrens in Familiensachen abdecken, z. B. Buch 1 „Allgemeiner Teil", Buch 2 „Verfahren in Familiensachen" oder in Buch 3 das „Verfahren in Betreuungs- und Unterbringungssachen" usw. (Die weiteren Bücher sind für den hier interessierenden und zu erörternden Gesamtzusammenhang weniger von Bedeutung.)

Im Buch 2 – Verfahren in Familiensachen – sind in den Abschnitten 1–12 (§§ 111–270 FamFG), u. a. geregelt:

- „Allgemeine Vorschriften" (Abschnitt 1),
- „Verfahren in Ehesachen; Verfahren in Scheidungssachen und Folgesachen" (Abschnitt 2),
- „Verfahren in Kindschaftssachen" (Abschnitt 3),
- „Verfahren in Abstammungssachen" (Abschnitt 4),
- „Verfahren in Adoptionssachen" (Abschnitt 5),
- „Verfahren in Ehewohnungs- und Haushaltssachen" (Abschnitt 6),

- „Verfahren in Gewaltschutzsachen" (Abschnitt 7),
- „Verfahren in Lebenspartnerschaftssachen" (Abschnitt 12) usw.

(Die weiteren Abschnitte sind in diesem Gesamtzusammenhang weniger von Bedeutung.)

2 Die Neuerungen nach dem FamFG – insbesondere Kindschaftssachen

2.1 Was versteht man unter „Kindschaftssachen"?

Nach der gesetzlichen Definition des § 151 FamFG sind Kindschaftssachen Verfahren, die

1. die elterliche Sorge,
2. das Umgangsrecht,
3. die Kindesherausgabe,
4. die Vormundschaft,
5. die Pflegschaft oder die gerichtliche Bestellung eines sonstigen Vertreters für einen Minderjährigen oder für eine Leibesfrucht,
6. die Genehmigung der freiheitsentziehenden Unterbringung eines Minderjährigen (§§ 1631b, 1800 und 1915 BGB),
7. die Anordnung der freiheitsentziehenden Unterbringung eines Minderjährigen nach den Landesgesetzen psychisch Kranker

oder

8. die Aufgaben nach dem Jugendgerichtsgesetz (z.B. Festsetzung von Erziehungsmaßregeln gem. § 9 JGG als Rechtsfolge einer Straftat eines Jugendlichen), die dem Familiengericht zugewiesen sind (vgl. §§ 53, 104 Abs. 4 JGG),

betreffen.

Allen diesen Verfahren ist gemeinsam, dass das *Kind im Mittelpunkt* des Verfahrens steht. Deshalb die Wortwahl „Kindschaftssachen". Die „Kindschaftssachen" sind Teil der „Familiensachen" gem. § 111 Nr. 2 FamFG.

Zu den „Familiensachen" gehören gem. § 111 FamFG wiederum die

1. Ehesachen,
2. Kindschaftssachen,
3. Abstammungssachen,
4. Adoptionssachen,
5. Ehewohnungs- und Haushaltssachen,
6. Gewaltschutzsachen,
7. bis 10. – hier nicht von Bedeutung –
11. Lebenspartnerschaftssachen.

Neben den vorgenannten Familiensachen gibt es den Begriff der „Familienstreitsachen" § 112 FamFG. Hierzu gehören z.B. Unterhaltssachen (also durch Verwandtschaft oder Ehe begründete gesetzliche Unterhaltspflichten).

2.2 Die Neuerungen des FamFG

Nicht alles ist „neu", was im FamFG, und dort unter Buch 2 (Verfahren in Familiensachen), Abschnitt 3 (Verfahren in Kindschaftssachen), – §§ 151 ff. FamFG –, geregelt ist. Ein kleiner Teil der Vorschriften wurde nämlich weitgehend wortgleich bzw. jedenfalls teils inhaltsgleich vom vormaligen FGG übernommen, das zuletzt durch das Gesetz zur „Erleichterung familiengerichtlicher Maßnahmen" geändert worden war. Dieses Gesetz war am 12.07.2008 in Kraft getreten, also praktisch im Zusammenhang mit der anstehenden Verabschiedung des FGG-RG. Mit Rücksicht auf die bekannten Vorkommnisse von Kindeswohlgefährdungen hatte der Gesetzgeber bestimmte für das FamFG beabsichtigte Regelungen vorgezogen und bereits umgesetzt.

a) Vorrang- und Beschleunigungsgebot

§ 155 FamFG (Vorrang- und Beschleunigungsgebot)

(1) Kindschaftssachen, die den Aufenthalt des Kindes, das Umgangsrecht oder die Herausgabe des Kindes betreffen, sowie Verfahren wegen Gefährdung des Kindeswohls sind vorrangig und beschleunigt durchzuführen.
(2) Das Gericht erörtert in Verfahren nach Abs. 1 die Sache mit den Beteiligten in einem Termin. Der Termin soll spätestens einen Monat nach Beginn des Verfahrens stattfinden. Das Gericht hört in diesem Termin das Jugendamt an. Eine Verlegung des Termins ist nur aus zwingenden Gründen zulässig. Der Verlegungsgrund ist mit dem Verlegungsgesuch glaubhaft zu machen.
(3) Das Gericht soll das persönliche Erscheinen der verfahrensfähigen Beteiligten zu dem Termin anordnen.
Bitte einfügen:
(4) Hat das Gericht ein Verfahren nach Absatz 1 zur Durchführung einer Mediation oder eines anderen Verfahrens der außergerichtlichen Konfliktbeilegung ausgesetzt, nimmt es das Verfahren in der Regel nach drei Monaten wieder auf, wenn die Beteiligten keine einvernehmliche Regelung erzielen.

§ 155 Abs. 1 FamFG mit seinem ausdrücklichen und umfassenden Vorrang- und Beschleunigungsgebot soll eine Verkürzung der Verfahrensdauer in Verfahren bewirken, die

- den Aufenthalt,
- das Umgangsrecht,
- die Herausgabe des Kindes oder
- eine Kindeswohlgefährdung

betreffen.

Statistisch gesehen werden hier (bezogen auf Umgangs- und Sorgerechtssachen) durchschnittlich etwa sieben Monate bis zur Endscheidung eines Verfahrens benötigt, was aus der kindlichen Zeitperspektive selbstverständlich eindeutig zu lang ist!

Die bevorzugte Erledigung der genannten Kindschaftssachen hat nach dem Willen des Gesetzgebers „im Notfall auf Kosten anderer anhängiger Sachen zu erfolgen". Weiter heißt es in der Gesetzesbegründung: „In der gerichtlichen Praxis werden sich Prioritäten zu Gunsten von Kindschaftssachen der genannten Art noch deutlicher als bisher herausbilden." Auch das Bundesverfassungsgericht hatte sich wiederholt – z.B. im Zusammenhang mit Anhörungen in Unterbringungsverfahren – dahingehend geäußert, dass terminliche Auslastung bzw. arbeitsmäßige Überlastung allenfalls zur Folge haben müssen, eilige Dienstgeschäfte vorrangig – und zwar ausdrücklich zu Lasten anderer Verfahren – durchzuführen. Damit steht die Priorität der Kindschaftssachen außer Frage!

§ 155 Abs. 2 FamFG fordert in den genannten Verfahren (s.o.)

- die gerichtliche Problemerörterung mit den Beteiligten,
- die schnelle Terminierung innerhalb eines Monats nach Verfahrensbeginn (Anhängigkeit),
- die Einhaltung des gesetzten Termins – unter Erschwerung von (häufig üblichen) Terminverlegungswünschen.

Nach der Gesetzesbegründung soll die Erörterung der Sache „der Förderung der einvernehmlichen Konfliktlösung" dienen, das Gesetz selbst spricht nur von der gerichtlichen „Erörterung" mit den Beteiligten.

Schnelle Terminierung und Verfahrensbeschleunigung dürfen allerdings nicht Selbstzweck sein. Sie sollen dem Kindeswohl dienen, können ihm aber auch durch übereilte oder nicht ausreichend ausermittelte Sachverhalte, Umstände oder Hintergründe schaden. Tragfähige einvernehmliche Regelungen setzen voraus, dass die Beteiligten mit ihren Sorgen und Problemen ernst genommen werden, dass Vorwürfe, Unterstellungen und gegenseitige Verletzungen hinterfragt, ausdiskutiert und ggf. mäßigend bewertet werden. Gefordert ist in aller Regel eine *mehrdimensionale* Einschätzung des streitigen Verfahrenskomplexes, die auf gründlicher Sammlung von Informationen über das vollständige handelnde System beruht. Nur eine Gesamteinschätzung und ihre fachliche Bewertung helfen bei der Problemlösung weiter. Mit Blick auf das Vorrang- und Beschleunigungsgebot sollte daher, insbesondere auch in jugendamtlichen Stellungnahmen, auf folgende Punkte – gewissermaßen als „Beruhigung eines (allzu) schnellen Verfahrens" – geachtet werden:

- Widerspricht das Einvernehmen der Beteiligten etwa dem Kindeswohl (§ 156 Abs. 1 S. 1 letzter Halbsatz FamFG)?

  Beispiel:
  Das Ehepaar E strebt eine schnelle Scheidung an: Sie hat sich einem neuen Freund zugewandt, er will sich unter anderem wegen der Trennung beruflich im Ausland engagieren. Die zwölfjährige Tochter Larissa lehnt den Freund der Mutter ab, ebenso einen Wechsel ins Ausland. Die Eltern sprechen sich gemeinsam für eine Heimunterbringung der Tochter aus – was diese ebenfalls ablehnt.

- Ist im Falle von angeordneter Teilnahme an Beratung oder einer Teilnahme an einem kostenfreien Informationsgespräch über Mediation oder über eine sonstige Möglichkeit der außergerichtlichen Konfliktbeilegung oder schriftlicher Begutachtung bei *unsicherer Einschätzung der Sachlage* der Umgang durch einstweilige Anordnung eventuell besser auszuschließen anstatt ihn zu regeln (§ 156 Abs. 3 S. 2 letzter Halbsatz FamFG)?

> *Beispiel:*
> Die Eltern E streiten aus Anlass ihrer Trennung intensiv über Umgangsmöglichkeiten des achtjährigen Dennis zu seinem Vater. Dennis ist sich nicht sicher, ob er unter den gegebenen Umständen überhaupt zurzeit Kontakte zu seinem Vater haben will. Das Gericht beschließt ein Umgangsregelungsgutachten, dessen Fertigstellung eine zeitlang benötigt. Das Gericht ordnet ferner die Teilnahme der Eltern an einer Beratung an. Da der Vater auf sofortigen Umgangskontakten besteht, wird das Gericht – nach Anhörung des Kindes zu seinen Zweifeln – möglicherweise den Umgang zunächst durch einstweilige Anordnung ausschließen.

- Wie äußert sich überhaupt das Kind selbst, das vor Erlass einer einstweiligen Anordnung im Regelfall (zwingend) anzuhören *ist* (§ 156 Abs. 3 S. 3 FamFG)?

Korrespondierend zu dieser Regelung ist § 50 Abs. 2 SGB VIII zu beachten, dessen Satz 2 festlegt, dass das Jugendamt in dem Termin nach § 155 Abs. 2 FamFG das Familiengericht in den genannten Kindschaftssachen „über den Stand des Beratungsprozesses" informiert. Nicht mehr und nicht weniger.

Für eine sachgerechte Information ist die persönliche Anwesenheit des Sachbearbeiters des Jugendamts zwingend erforderlich.

Die Praxis des Vorrang- und Beschleunigungsgebot zeigt, dass die schnelle Terminierung im Ergebnis erfolglos ist, wenn seitens des Jugendamts wegen der Kürze der Zeit keinerlei substantielle Einschätzung möglich ist. Dies gilt insbesondere dann, wenn keine *eigenen* Feststellungen und Erhebungen getroffen werden konnten. Diese setzen aber prinzipiell die Kontaktierung der Eltern voraus. Kann indes im gerichtlichen Termin eine inhaltliche Erörterung des Streitfalls nicht erfolgen, bleibt es in einem solchen (schnellen) Termin in der Regel beim Austausch von Beschuldigungen und Unterstellungen bzw. dem (häufig) üblichen Abstreiten und Leugnen.

b) Die Erörterung der Kindeswohlgefährdung und die „unverzügliche" Prüfung einer einstweiligen Anordnung, § 157 FamFG

> **§ 157 FamFG (Erörterung der Kindeswohlgefährdung; Einstweilige Anordnung)**
> (1) In Verfahren nach den §§1666 und 1666a BGB soll das Gericht mit den Eltern und in geeigneten Fällen auch mit dem Kind erörtern, wie einer möglichen Gefährdung des Kindeswohls, insbesondere durch öffentliche Hilfen, begegnet werden und welche Folgen die Nichtannahme notwendiger Hilfen haben kann. Das Gericht soll das Jugendamt zu dem Termin laden.
> (2) Das Gericht hat das persönliche Erscheinen der Eltern zu dem Termin nach Abs. 1 anzuordnen. Das Gericht führt die Erörterung in Abwesenheit eines Elternteils durch, wenn dies zum Schutz eines Beteiligten oder aus anderen Gründen erforderlich ist.
> (3) In Verfahren nach den §§1666 und 1666a BGB hat das Gericht unverzüglich den Erlass einer einstweiligen Anordnung zu prüfen.

Durch die gesetzliche Formulierung, gemeinsam zu erörtern, „wie einer *möglichen* Gefährdung des Kindeswohls" begegnet werden kann, § 157 Abs. 1 FamFG, besteht die Gelegenheit zu einer frühzeitigen Erörterung bei Gericht, so dass die Betroffenen zu den Vorhaltungen (zumeist des Jugendamts) Stellung nehmen und sich aus ihrer Sicht hierzu äußern können. Die Regelung bringt ohne Frage eine schnelle inhaltliche Diskussion bei Gericht in Gang, die viele Richtungen nehmen kann: Häufig entweder Einsicht zur Besserung (z. B. bei Schulversäumnissen des „gerne ausschlafenden" Kindes) oder allseitiges Einvernehmen über eine Begutachtung, um der Frage der Erziehungsfähigkeit bzw. vermuteter Erziehungsunfähigkeit von Eltern auf den Grund zu gehen, häufig auch mit dem Ziel, zu klären, welche konkreten Hilfen (noch) in Betracht gezogen werden können oder welche Hinderungsgründe für die Inanspruchnahme von Hilfen gesehen werden. Manchmal führen die Erörterungen auch zu dem Ergebnis einer einstweiligen Anordnung über sorgerechtliche Teilbefugnisse zur Herausnahme eines gefährdeten Kindes aus dem elterlichen Haushalt. Naturgemäß macht die Einschaltung des Gerichts auf Beteiligte und Betroffene schon deshalb Eindruck, weil sämtliche Handlungsalternativen angesprochen und offen diskutiert werden (können).

Die schnelle Terminierung (§ 155) ist hier insbesondere auch deshalb notwendig, um zügig Gefährdungen auszumachen und ggf. mit einstweiligen Anordnungen konkret gegenzusteuern. Das Gesetz verlangt nämlich die „unverzügliche" Prüfung, ob eine einstweilige Anordnung, § 157 Abs. 3 FamFG, notwendig erscheint.

c) Erörterung und Erlass einer einstweiligen Anordnung, § 156 Abs. 3 FamFG

§ 156 Abs. 3 FamFG

Kann in Kindschaftssachen, die den Aufenthalt des Kindes, das Umgangsrecht oder die Herausgabe des Kindes betreffen, eine einvernehmliche Regelung im Termin nach § 155 Abs. 2 nicht erreicht werden, hat das Gericht mit den Beteiligten und dem Jugendamt den Erlass einer einstweiligen Anordnung zu erörtern. Wird die Teilnahme an einer Beratung, an einem kostenfreien Informationsgespräch über Mediation oder einer sonstigen Möglichkeit der außergerichtlichen Konfliktbeilegung oder eine schriftliche Begutachtung angeordnet, soll das Gericht in Kindschaftssachen, die das Umgangsrecht betreffen, den Umgang durch einstweilige Anordnung regeln oder ausschließen. Das Gericht soll das Kind vor dem Erlass einer einstweiligen Anordnung persönlich anhören.

Die „Erörterung" des Erlasses der einstweiligen Anordnung in den in § 156 Abs. 3 FamFG genannten Kindschaftssachen (also: Aufenthalt, Herausgabe und Umgang des Kindes) zeigt in der Praxis positive Folgen. Voraussetzung für jede Überlegung in dieser Richtung ist selbstverständlich die zuvor – im Übrigen immer im Beisein des Vertreters des Jugendamts und in der Regel in Gegenwart des Verfahrensbeistands (vgl. später unter 3.2) – durchgeführte Anhörung des Kindes, um zu ergründen, ob – im Falle *angeordneter* Beratung bzw. angeordneter Teilnahme an einem kostenfreien Informationsgespräch über Mediation oder einer sonstigen Möglichkeit der außergerichtlichen Konfliktbeilegung oder schriftlicher Begutachtung gem. § 156 Abs. 3 FamFG – Umgangskontakte *vom Kind selbst erwünscht* sind bzw. wie sich die Hintergründe des Sach- und Streitstandes aus Sicht des Kindes darstellen. Bei Verfahren über das Umgangsrecht ist dies auch deshalb von besonderer Bedeutung, weil es hier *nicht* bei der „Erörterung" einer einstweiligen Anordnung verbleibt, sondern das Gericht in diesem Falle den Umgang durch einstweilige Anordnung „regeln oder ausschließen soll", § 156 Abs. 3 S. 2 FamFG.

Zusammenfassend lässt sich feststellen, dass

- das Vorrang- und Beschleunigungsgebot aus Sicht des Kindeswohls nicht in jeder Hinsicht unproblematisch erscheint und keineswegs einschränkungslos zu begrüßen ist,

demgegenüber

- die Erörterung der „möglichen" Kindeswohlgefährdung, also die gemeinsame Abschätzung, *ob* eine Kindeswohlgefährdung vorliegt, unter anderem auch eine gesetzlich gewollte Unterstützung der Arbeit der Jugendämter in einem Stadium ist, das eine Zusammenarbeit zwischen Jugendamt und Klient (ohne Störung des Vertrauensverhältnisses) eher und intensiviert ermöglicht.

3 Weitere Schwerpunkte des FamFG

3.1 Aussagen des Gesetzgebers

Die vom Gesetzgeber im Zusammenhang mit dem FamFG immer wieder selbst gesetzten Schwerpunkte sind die

- Verfahrensbeschleunigung,
- Sicherstellung von Umgangsentscheidungen,
- Förderung einvernehmlicher Regelungen über das Umgangs- und Sorgerecht.

Tatsache ist, dass die Zahlen der gerichtlichen Verfahren über das Umgangsrecht in den letzten Jahren stark angestiegen sind. Dabei haben sich in der familiengerichtlichen Praxis die Problempunkte hochstrittiger Eltern vom Sorgerecht auf das Umgangsrecht verlagert.

Beim Umgangsrecht erscheinen allerdings weitergehende kinderpsychologische und sozialwissenschaftliche Diskussionen namentlich über Sinn und Zweck hochstrittiger Umgangskontakte dringend notwendig. Dabei bedürfen folgende Fragen näherer Untersuchung:

- Ist tatsächlich der (gerichtlich durchgesetzte) Umgang selbst bzw. dessen zeitlich festgelegte Taktierung förderlich für das Wohl des Kindes?
- Sind nicht vielmehr Art und Qualität des Umgangs von Bedeutung?
- Welche Faktoren sind eigentlich entscheidend für das Wohlergehen eines Kindes?
- Welche Bedeutung hat eine sichere Bindung des Kindes zu seinem betreuenden Elternteil (die durch hochstrittige Umgangskontakte mit dem anderen Elternteil fortlaufend Störungen unterliegt)?

- Wie wirken sich stabile ökonomische Lebensverhältnisse auf die Entwicklung des Kindes aus, wie z. B. verlässliche (erst recht großzügige) Unterhaltszahlungen des barunterhaltspflichtigen Elternteils (wenn gerade erbittert über den Kindesunterhalt gestritten wird)?

Ob nämlich die stringente Verwirklichung des Umgangs (aus Sicht des Gesetzgebers) tatsächlich der maßgebliche Indikator für das Wohl des Kindes ist, erscheint angesichts vieler hochstrittiger, langwieriger und sich häufender Gerichtsverfahren – nicht selten noch dazu in ein und demselben Fall – eher fraglich zu sein.

3.2 Verfahrensbeistand

Hierbei handelt es sich um eine weitere *inhaltliche* Neuerung durch das FamFG (zum Wortlaut von § 158 FamFG siehe Kapitel XV, S. 199).

Mit dieser Regelung hat der Gesetzgeber die Bestimmung über den im Jahre 1997 eingeführten „Verfahrenspfleger", auch „Anwalt des Kindes" genannt, grundlegend reformiert. Dies war dringend notwendig. Offene oder stille Vorbehalte gegen den Verfahrensbeistand, häufig genug geäußert von Vertretern von Jugendämtern und Familiengerichten, konnten und können der Bedeutung dieses Rechtsinstituts letztlich nichts Substantielles entgegensetzen. Der Verfahrensbeistand erweist sich in der Praxis als wahrer Interessenvertreter des Kindes und ist von daher unentbehrlich und stellt eindeutig auch eine gewisse Entlastung der Arbeit der Jugendämter dar. Was hat sich durch die Neuregelung geändert?

- Bei der Bestellung des Verfahrensbeistands ist auf seine „Eignung" zu achten, weil nur ein „geeigneter Verfahrensbeistand" in Betracht zu ziehen ist.
- Der Katalog der Verfahren, die „in der Regel" die Bestellung eines Verfahrensbeistands „erforderlich" machen, ist präzisiert. Unter anderem „Ausschluss und wesentliche Beschränkung des Umgangsrechts" erfordern explizit die Bestellung eines Verfahrensbeistands.
- Die Verpflichtung zur frühestmöglichen Bestellung eines Verfahrensbeistands entspricht der ausdrücklichen Forderung des Bundesverfassungsgerichts.
- Die wesentlichen Aufgaben und die Funktionen des Verfahrensbeistands sind inhaltlich klar definiert, seine gesetzliche Stellung zum Kind ist eindeutig und ausdrücklich festgelegt, er ist *nicht* gesetzlicher Vertreter des Kindes.
- Die Vergütungsregelung enthält eindeutige unterschiedliche Pauschalierungen, die sich der Höhe nach an den Honoraren der Rechtsanwälte in Sorgerechtsverfahren orientiert.

Im Einzelnen erscheint an dieser Stelle (mehr im Kapitel „Der Anwalt des Kindes", vgl. Kapitel XV) *weiter* hervorhebenswert:

a) Der Verfahrensbeistand erhält durch seine Bestellung die verfahrensrechtliche Stellung als „Beteiligter" i. S. d. § 7 FamFG, eine Neuregelung, auf die noch später eingegangen wird. Die Stellung als „Beteiligter" bedeutet z. B., dass der Verfahrensbeistand bei dem fraglichen Verfahren im weitesten Sinne mitwirkungsberechtigt und mitwirkungsverpflichtet ist, also eine *eigene* Stellung im Verfahren hat und deshalb auch z. B. bei einer „einvernehmlichen Regelung" über den Umgang „zustimmen“ muss, § 156 Abs. 2 FamFG (auch hierzu später). Obwohl der Verfahrensbeistand Beteiligter ist, ist er jedoch nicht zur Kostentragung verpflichtet, § 158 Abs. 8 FamFG.

b) § 158 Abs. 4 FamFG enthält im Hinblick auf den erweiterten Aufgabenbereich des Verfahrensbeistands folgende Regelung: „Soweit nach den Umständen des Einzelfalls ein Erfordernis besteht, kann das Gericht dem Verfahrensbeistand die zusätzliche Aufgabe übertragen, Gespräche mit den Eltern und weiteren Bezugspersonen des Kindes zu führen sowie am Zustandekommen einer einvernehmlichen Regelung über den Verfahrensgegenstand mitzuwirken. Das Gericht hat Art und Umfang der Beauftragung konkret festzulegen und die Beauftragung zu begründen (...).“ Die „Gesprächsführung mit Eltern und weiteren Bezugspersonen“ sowie „die Mitwirkung an einer einvernehmlichen Regelung über den Verfahrensgegenstand“ sollen damit *von einer konkreten gerichtlich zu begründenden Beauftragung abhängen.* Dies ist an sich abwegig, weil Gespräche mit einem Kind, ohne Kontaktierung der Eltern oder der maßgeblichen Bezugspersonen (also ohne Erweiterung des Aufgabenkreises mit Gesprächsführung mit den Eltern) an sich grundsätzlich sach- und lebensfremd sind! Deshalb ist es ebenso wenig nachzuvollziehen, dass ein Verfahrensbeistand (ohne erweiterte Aufgabenkreisbestellung) Gespräche nur mit dem Kind führen soll.

3.3 Umgangspflegschaft

§ 1684 Abs. 3 BGB

Das Familiengericht kann über den Umfang des Umgangsrechts entscheiden und seine Ausübung, auch gegenüber Dritten, näher regeln. Es kann die Beteiligten durch Anordnungen zur Erfüllung der in Abs. 2 geregelten Pflicht anhalten. Wird die Pflicht nach Abs. 2 dauerhaft und wiederholt erheblich verletzt, kann das Familiengericht auch eine Pflegschaft für die Durchführung des Umgangs anordnen (Umgangspflegschaft). Die Umgangspflegschaft umfasst das Recht, die Herausgabe des Kindes zur Durchführung des Umgangs zu verlangen und für die Dauer des Umgangs dessen Aufenthalt zu bestimmen. Die Anordnung ist zu befristen. Für den Ersatz von Aufwendungen und die Vergütung des Umgangspflegers gilt § 277 des Gesetzes über das Verfahren in Familiensachen und in den Angelegenheiten der freiwilligen Gerichtsbarkeit entsprechend.

Die Regelung betrifft die Umgangspflegschaft bei elterlichem Umgangsrecht.

Die Einrichtung einer Umgangspflegschaft kommt dann in Betracht, wenn „die Pflicht“ – (gemeint ist die Umgangsloyalitätspflicht der Eltern § 1684 Abs. 2) – „dauerhaft oder wiederholt erheblich verletzt wird“. Die Schwelle der „Kindeswohlgefährdung“ (des § 1666 BGB) braucht also ausdrücklich nicht erreicht zu sein (Einzelheiten zur Umgangspflegschaft im Kapitel VI, S. 93 ff.).

Grundsätzlich kann eine Umgangspflegschaft sicherlich zu einer Beruhigung oder Entkrampfung einer hochstrittigen Situation führen. Die Bestellung eines

Umgangspflegers, der die gesetzlich formulierte Aufgabe hat, „die Herausgabe des Kindes zur Durchführung des Umgangs zu verlangen und für die Dauer des Umgangs dessen Aufenthalt zu bestimmen", vgl. § 1684 Abs. 3 S. 4 BGB, führt (in gewisser Weise) zweifelsohne zu einer teilweisen Entrechtung der Sorgeberechtigten. Der Gesetzgeber räumt dies auch in der Gesetzesbegründung ein, indem festgestellt wird: „Soweit sein Aufgabenbereich reicht (des Umgangspflegers), wird das Sorgerecht der Eltern eingeschränkt (§ 1630 Abs. 1)." Nach der Gesetzesbegründung erhält der Umgangspfleger damit das eigene Recht, auf den Umgang hinzuwirken, den Umgang vorzubereiten, den Umgang konkret auszugestalten, Ort des Umgangs, Ort der Übergabe des Kindes, dem Kind mitzugebende Kleidung bzw. Nachholtermine zu bestimmen und von seinem Anwesenheitsrecht Gebrauch zu machen.

Der Umgangspfleger ist allerdings *nicht* zur Anwendung unmittelbaren Zwangs berechtigt. Kommt also ein Beteiligter seiner Umgangspflicht nicht nach, muss das Gericht – auch zur Durchsetzung der Aufgabenwahrnehmung des Umgangspflegers – eine zusätzliche diesbezügliche Maßnahme treffen. Auf Umgangspflegschaften finden i. Ü. die Vorschriften über die Pflegschaft, §§ 1909 ff. BGB, Anwendung.

Soweit für die Durchführung von Umgangskontakten zu *sonstigen* Bezugspersonen des § 1685 BGB (Großeltern, Geschwister, Bezugspersonen aus einer sozial-familiären Beziehung) die Anordnung einer Umgangspflegschaft notwendig ist, kommt dies erst dann in Betracht, wenn das Unterbleiben der Umgangskontakte des Kindes zu den *sonstigen* Bezugspersonen den Grad einer Kindeswohlgefährdung i. S. v. § 1666 BGB für das Kind erreicht.

Die Umgangspflegschaft ist schließlich grundsätzlich zu befristen. Die Kosten des Umgangspflegers, der Anspruch auf Aufwendungsersatz und – im Falle berufsmäßiger Ausübung – Anspruch auf Vergütung hat (also über § 277 FamFG Vergütung nach den Vorschriften für Verfahrenspfleger), werden zunächst aus der Staatskasse gezahlt und können als Auslagen des Verfahrensschuldners des Verfahrens (also von demjenigen, der mit Abschluss des Verfahrens die Kosten des gerichtlichen Verfahrens zu tragen hat) – keinesfalls vom Kind – eingezogen werden. Wird ein Mitarbeiter des Jugendamts als Umgangspfleger bestellt, erhält die Behörde keinen Aufwendungsersatz und keine Vergütung.

4 Verfahrensrechtliche Neuerungen durch das FamFG

4.1 Örtliche Zuständigkeiten

Ist keine Ehesache anhängig, kommt es gem. § 152 Abs. 2 FamFG (Auffangzuständigkeit) auf den *gewöhnlichen Aufenthalt* des Kindes an (nach der Rechtsprechung des BGH: Daseinsmittelpunkt) und *nicht* mehr auf die bisherige Wohnsitzzuständigkeit. (Ausnahme: freiheitsentziehende Unterbringung des Kindes, Sonderreglung § 313 FamFG.) Seinen „gewöhnlichen Aufenthalt" hat ein Kind damit z. B. bei dem Elternteil, in dessen Obhut es sich befindet, weshalb es auch keine einheitliche Geschwisterzuständigkeit (wie früher) mehr gibt, wohl besteht eine Abgabemöglichkeit gem. § 4 FamFG. Der Gerichtsstand des Fürsorgebedürfnisses ist unverändert erhalten. Ist also z. B. noch kein gewöhnlicher Aufenthalt des Kindes feststellbar und werden Eilmaßnahmen eines Gerichts für ein Kind notwendig (z. B. weil Eltern plötzlich – durch Krankheit – tatsächlich verhindert sind, die elterliche Sorge wahrzunehmen), dann ist das Gericht zuständig für Eilmaßnahmen, in dessen Bezirk sich das Kind aufhält.

4.2 Verweisung bei einseitiger Änderung des Aufenthalts des Kindes, § 154 FamFG

Hat ein Elternteil den Aufenthalt des Kindes ohne vorherige Zustimmung des anderen Elternteils geändert, kann eine Rückverweisung an das Gericht des früheren gewöhnlichen Aufenthaltsortes erfolgen. Ausnahme: Dem nicht zustimmenden Elternteil steht das Aufenthaltsbestimmungsrecht nicht zu oder die Aufenthaltsänderung ist zum Schutz des Kindes oder des betreuenden Elternteils erforderlich.

4.3 Hinwirken auf Einvernehmen, § 156 Abs. 1 FamFG

§ 156 Abs. 1 FamFG (Hinwirken auf Einvernehmen)

Das Gericht soll in Kindschaftssachen, die die elterliche Sorge bei Trennung und Scheidung, den Aufenthalt des Kindes, das Umgangsrecht oder die Herausgabe des Kindes betreffen, in jeder Lage des Verfahrens auf ein Einvernehmen der Beteiligten hinwirken, wenn dies dem Kindeswohl nicht widerspricht. Es weist auf Möglichkeiten der Beratung durch die Beratungsstellen und -dienste der Träger der Kinder- und Jugendhilfe insbesondere zur Entwicklung eines einvernehmlichen Konzepts für die Wahrnehmung der elterlichen Sorge und der elterlichen Verantwortung hin. Das Gericht kann anordnen, dass die Eltern einzeln oder gemeinsam an einem kostenfreien Informationsgespräch über Mediation oder über eine sonstige Möglichkeit der außergerichtlichen Konfliktbeilegung bei einer von dem Gericht benannten Person oder Stelle teilnehmen und eine Bestätigung hierüber vorlegen. Es kann ferner anordnen, dass die Eltern an einer Beratung nach Satz 2 teilnehmen. Die Anordnungen nach den Sätzen 3 und 4 sind nicht selbständig anfechtbar und nicht mit Zwangsmitteln durchsetzbar.

Im Blickfeld des § 156 FamFG stehen die Kindschaftssachen der elterlichen Sorge bei Trennung und Scheidung, des Aufenthalts des Kindes und seiner Herausgabe und natürlich auch des Umgangsrechts. Die Eltern sollen hier in jedem Verfahrensstadium zu einer Einigung angehalten werden, auf die üblichen Beratungsdienste soll hingewiesen werden. Das Hinwirken auf Einvernehmen darf allerdings *nicht* dem Kindeswohl widersprechen!

Durch das im Juli 2012 in Kraft getretene „Gesetz zur Förderung der Mediation und anderer Verfahren der außergerichtlichen Konfliktbeilegung“ wurde dem gesetzgeberischen Anliegen, die Parteien verstärkt zu einer einvernehmlichen Konfliktlösung anzuhalten, durch die Neuregelung des § 36 a FamFG Ausdruck verliehen.

§ 36a Mediation, außergerichtliche Konfliktbeilegung

(1) Das Gericht kann einzelnen oder allen Beteiligten eine Mediation oder ein anderes Verfahren der außergerichtlichen Konfliktbeilegung vorschlagen. In Gewaltschutzsachen sind die schutzwürdigen Belange der von Gewalt betroffenen Person zu wahren.
(2) Entscheiden sich die Beteiligten zur Durchführung einer Mediation oder eines anderen Verfahrens der außergerichtlichen Konfliktbeilegung, setzt das Gericht das Verfahren aus.
(3) Gerichtliche Anordnungs- und Genehmigungsvorbehalte bleiben von der Durchführung einer Mediation oder eines anderen Verfahrens der außergerichtlichen Konfliktbeilegung unberührt.

Gem. § 156 Abs.1 Satz 3 und Satz 4 FamFG kann das Gericht deshalb sowohl die Teilnahme an einer Beratung durch Beratungsstellen der Träger der Kinder– und Jugendhilfe wie auch die Teilnahme an einem kostenfreien Informationsgespräch über Mediation oder über eine sonstige Möglichkeit der außergerichtlichen Konfliktbeilegung anordnen. Diese Anordnung ist nicht selbstständig anfechtbar. *Allerdings*: Die Anordnung ist auch nicht mit Zwangsmitteln durchsetzbar. *Jedoch*: Die Verweigerung der angeordneten Teilnahme an einer Beratung oder einem Informationsgespräch soll die Verpflichtung zur Tragung der Kosten des Verfahrens nach sich ziehen, § 81 Abs. 2 Nr. 5 FamFG. Bei der hohen Zahl der mit Verfahrenskostenhilfe geführten Prozesse wohl kaum eine wirksame Maßnahme.

4.4 „Gerichtlich gebilligter Vergleich", § 156 Abs. 2 FamFG

§ 156 Abs. 2 FamFG (Hinwirken auf Einvernehmen)

Erzielen die Beteiligten Einvernehmen über den Umgang oder die Herausgabe des Kindes, ist die einvernehmliche Regelung als Vergleich aufzunehmen, wenn das Gericht diese billigt (gerichtlich gebilligter Vergleich). Das Gericht billigt die Umgangsregelung, wenn sie dem Kindeswohl nicht widerspricht.

Für einen Vergleich über den Umgang oder die Herausgabe des Kindes regelt das Gesetz ausdrücklich in § 156 Abs. 2 FamFG den „gerichtlich gebilligten Vergleich". Entscheidend ist, dass das Gericht die Umgangsregelung sämtlicher Beteiligter billigt – sofern die Regelung nicht dem Kindeswohl widerspricht. Zu den Beteiligten gehört auch der durch die gerichtliche Bestellung zum „Beteiligten" gewordene Verfahrensbeistand, der also in das „Einvernehmen" einzubeziehen ist. Das „Einvernehmen" i.S.d. Regelung müssen sämtliche „formell" am Verfahren „Beteiligte" erzielen, u.a. also ggf. auch das Jugendamt, aber *nur*, sofern es auf seinen Antrag hin am Verfahren beteiligt worden ist, und (ggf.) das Kind (zu beiden später im Rahmen der Erläuterung des „Beteiligten").

Der gerichtlich gebilligte Vergleich ist ein Vollstreckungstitel im Sinne von § 86 Abs. 1 Nr. 2 FamFG. Das bedeutet z.B., dass der Elternteil, dem nach einem gerichtlich gebilligten Vergleich ein Umgangsrecht mit dem Kind zustehen soll, den Umgang aufgrund dieses Vergleichs mit gerichtlicher Hilfe durchsetzen („vollstrecken") kann. Insoweit ist es wiederum wichtig, dass dieser Vergleich einen vollstreckungsfähigen Inhalt hat. Damit müssen das Umgangsrecht nach Zeit und Ort, Häufigkeit und Dauer im Einzelnen und näher geregelt werden. (Im Hinblick auf die nicht unproblematische Zustimmung des Kindes im Folgenden.)

4.5 Wer ist „Beteiligter" i. S. d. Gesetzes, §§ 7, 8 FamFG und was versteht man unter „Verfahrensfähigkeit", § 9 FamFG?

Fähig zur Beteiligung i. S. d. Gesetzes sind u. a. natürliche Personen und Behörden, § 8 FamFG. Das Gesetz unterscheidet in § 7 FamFG die Beteiligung „kraft Gesetzes", § 7 Abs. 1 FamFG, und die Beteiligung „kraft Hinzuziehung", § 7 Abs. 2 und Abs. 3 FamFG.

Beispiel:
Die getrenntlebenden Eltern von Jasmin (9 Jahre), die bei ihrem Vater lebt, streiten sich über das Umgangsrecht von Jasmin zu ihrer Mutter. Das Gericht hat für Jasmin einen Verfahrensbeistand bestellt und das Jugendamt um eine Stellungnahme im Rahmen der Anhörung gebeten. Beteiligte kraft Gesetzes sind die Eltern und Jasmin und der Verfahrensbeistand (§§ 7 Abs. 1, Abs. 2 Nr. 1 und Nr. 2). Das Jugendamt wird durch seine Anhörung allein nicht Beteiligter, vgl. § 7 Abs. 6. Stellt es einen Antrag auf Hinzuziehung als Beteiligter, erlangt es die Stellung als formell Beteiligter gem. § 7 Abs. 2 Nr. 2 FamFG.

Im Einzelnen: Gemäß § 7 Abs. 1 FamFG ist „im Antragsverfahren" der Antragsteller Beteiligter. Gegenstück zum „Antragsverfahren" ist das „Amtsverfahren", § 24 FamFG, zu dem allerdings die Einleitung des Verfahrens „angeregt" werden kann. Als Beteiligte „kraft Hinzuziehung" sind gem. § 7 Abs. 2 diejenigen anzusehen, deren Recht durch das Verfahren unmittelbar betroffen wird (Nr. 1), sowie diejenigen, die aufgrund dieses oder eines anderen Gesetzes „von Amts wegen" oder „auf Antrag" zu beteiligen *sind* (Nr. 2) – sogenannte „Muss-Beteiligte". Weitere Personen *können* vom Gericht als Beteiligte hinzugezogen werden, § 7 Abs. 3 („Kann-Beteiligte"). Da das Jugendamt gem. § 162 Abs. 1 FamFG in Kindschaftssachen, die die Person des Kindes betreffen, nur *anzuhören* ist, wird es allein hierdurch *nicht* „formell Beteiligter" im Sinne des § 7 Abs. 2 Nr. 2 FamFG.

Gemäß § 162 Abs. 2 FamFG ist das Jugendamt aber *auf Antrag* an den fraglichen Verfahren zu beteiligen. In diesem Fall muss das Gericht die Hinzuziehung des Jugendamts als Beteiligter veranlassen. Die Behörde hat in diesem Fall alle aktiven Mitwirkungsrechte, kann aber auch mit Verfahrenskosten belastet werden. Das Jugendamt hat also die Wahl, ob es nur *im Rahmen der Anhörung* am Verfahren teilnehmen will oder *als beteiligte Behörde* aktiv am Verfahren mitwirken will. Diese Alternative hat der Gesetzgeber bewusst geschaffen, um Arbeitsbelastungen der beteiligten Behörden zu mildern. Deshalb bestimmt § 7 Abs.6 FamFG: „Wer anzuhören ist, wird dadurch nicht Beteiligter."

Die Frage also, ob das Jugendamt „in das Einvernehmen über den Umgang" einbezogen werden muss, damit es zu einem „gerichtlich gebilligten Vergleich" gem. § 156 Abs. 2 FamFG kommen kann, ist mithin davon abhängig, ob es im Verfahren auf seinen Antrag „als Beteiligter" hinzugezogen wurde (dann Einvernehmen erforderlich) oder ob es nur „angehört" wurde (dann kein Einvernehmen notwendig).

Stellt das Jugendamt in einem Antragsverfahren einen *eigenen Verfahrensantrag* oder Sachantrag, ist es bereits gem. § 7 Abs. 1 „als Antragsteller" formell Beteiligter. Eine *Verfahrensanregung*, z. B. wegen Kindeswohlgefährdung, stellt hingegen in der Regel *keinen* Verfahrensantrag oder Sachantrag dar und macht das Jugendamt daher noch nicht zum „formell Beteiligten".

Bleibt die Frage, ob das Kind als Beteiligter im Sinne von § 156 Abs. 2 FamFG einer „einvernehmlichen Regelung" zustimmen muss. Eine ausdrückliche Regelung über die Stellung als Beteiligter fehlt bei den Kindschaftssachen, anders jedoch bei den Abstammungssachen, § 172 FamFG. Damit ist die allgemeine Vorschrift des § 7 heranzuziehen, wonach gem. § 7 Abs. 2 Nr. 1 derjenige als „formell Beteiligter" gilt, der durch das Verfahren unmittelbar betroffen wird. Die Gesetzesbegründung zu § 156 Abs. 2 geht ohne weitere Erläuterung als selbstverständlich davon aus, dass das Kind einem „gerichtlich gebilligten Vergleich" zustimmen müsse. Warum eigentlich?

Aus der formellen Beteiligtenstellung des Kindes gem. § 7 Abs. 2 Nr. 1 FamFG folgt noch nicht ohne weiteres, dass das Kind wirksam einer einvernehmlichen Regelung zustimmen kann. Und, muss es überhaupt als „Beteiligter" „zustimmen", damit ein „gerichtlich gebilligter Vergleich" gem. § 156 Abs. 2 FamFG über das Umgangsrecht zustande kommen kann? In der Literatur herrscht Uneinigkeit über die Beantwortung dieser Frage. So viele Beiträge, so viele Meinungen.

Fest steht: § 156 Abs. 2 FamFG spricht gar nicht von einer „Zustimmung" oder einer irgendwie gearteten konkreten Widerspruchsmöglichkeit, sondern nur davon, ob „die Beteiligten Einvernehmen über den Umgang oder die Herausgabe des Kindes erzielen". Anders bei der ausdrücklichen Widerspruchsmöglichkeit des über 14 Jahre alten Kindes bei der Übertragung der alleinigen elterlichen Sorge im Falle des § 1671 Abs. 2 Nr. 1 BGB. Und „Einvernehmen" kann auch bestehen bei oder mit einem Kind, soweit es genügend Einsichtsfähigkeit hat.

Die weitere Beantwortung ergibt sich aus der (neuen) Bestimmung zur „Verfahrensfähigkeit", § 9 FamFG. Diese Verfahrensfähigkeit regelt die Fähigkeit des Beteiligten, selbst oder durch einen Vertreter wirksam Erklärungen im Verfahren abzugeben. Die „Verfahrensfähigkeit" entspricht im Großen und Ganzen der Prozessfähigkeit im Zivilprozess. Fehlt es an ihr, sind die vorgenommenen Verfahrenshandlungen unwirksam. Verfahrensmäßige Handlungen eines Kindes im Familienverfahren sind darüber hinaus grundsätzlich abzugrenzen und zu unterscheiden von seinen Anhörungen im familiengerichtlichen Verfahren.

Der in diesem Zusammenhang interessierende § 9 Abs. 1 Nr. 3 FamFG bestimmt, dass verfahrensfähig „die nach bürgerlichem Recht beschränkt Geschäftsfähigen sind, sobald sie das 14. Lebensjahr vollendet haben und sie in einem Verfahren, das ihre Person betrifft, ein ihnen nach bürgerlichem Recht zustehendes Recht geltend machen". Auch das Umgangsrecht des Kindes ist zweifelsohne nach neuester Rechtssprechung als dessen subjektives Recht ausgestaltet (nicht hingegen z.B. das „Recht auf Herausgabe des Kindes"). Von daher ist *zumindest* dem über 14 Jahre alten Kind im Umgangsrechtsstreit Verfahrensfähigkeit zuzubilligen und damit auch das Recht, einer „einvernehmlichen Regelung" zu widersprechen, mit der Folge, dass ein „gerichtlich gebilligter Vergleich" über seinen Kopf hinweg nicht zustande kommen kann.

Davon abgesehen: Welcher Verfahrensbeistand würde (als „formell Beteiligter") einer Umgangsregelung oder gar einer Herausgaberegelung zustimmen und einen solchen Vergleich abschließen gegen den explizit geäußerten Willen des Kindes, dem er zur Interessenwahrnehmung beigeordnet wurde?

5 Anhörungsvorschriften – Anhörung des Kindes, §159 FamFG und Anhörung der Eltern, §160 FamFG –

5.1 Anhörung des Kindes

Die Vorschrift über die Anhörung des Kindes nach § 159 FamFG verdeutlicht die gerichtliche Anhörungspflicht und die Umstände der Anhörung (zum Wortlaut von § 159 FamFG siehe Kapitel VII, S. 100). Bereits die ständige Rechtsprechung des BGH verweist allerdings darauf, dass die Gestaltung der persönlichen Anhörung im Ermessen des Gerichtes steht. Ferner hebt das Gesetz hervor, dass ein bestellter Verfahrensbeistand bei der persönlichen Anhörung des Kindes teilnehmen soll.

5.2 Anhörung der Eltern

§ 160 FamFG (Anhörung der Eltern)

(1) In Verfahren, die die Person des Kindes betreffen, soll das Gericht die Eltern persönlich anhören. In Verfahren nach den §§1666 und 1666a BGB sind die Eltern persönlich anzuhören.
(2) In sonstigen Kindschaftssachen hat das Gericht die Eltern anzuhören. Dies gilt nicht für einen Elternteil, dem die elterliche Sorge nicht zusteht, sofern von der Anhörung eine Aufklärung nicht erwartet werden kann.
(3) Von der Anhörung darf nur aus schwerwiegenden Gründen abgesehen werden.
(4) Unterbleibt die Anhörung allein wegen Gefahr im Verzug, ist sie unverzüglich nachzuholen.

Für die Anhörung der Eltern enthält das Gesetz sprachliche Präzisierungen für die Anhörungsverpflichtung. Der *Inhalt* der Anhörung/Erörterung im Zusammenhang mit einer Kindeswohlgefährdung ist in § 157 FamFG eigenständig geregelt (zum Wortlaut von § 157 FamFG siehe oben S. 165).

6 Mitwirkungsrechte

6.1 Mitwirkung des Jugendamts, §162 FamFG

§ 162 FamFG (Mitwirkung des Jugendamts)

(1) Das Gericht hat in Verfahren, die die Person des Kindes betreffen, das Jugendamt anzuhören. Unterbleibt die Anhörung wegen Gefahr im Verzug, ist sie unverzüglich nachzuholen.
(2) Das Jugendamt ist auf seinen Antrag an dem Verfahren zu beteiligen.
(3) Dem Jugendamt sind alle Entscheidungen des Gerichts bekannt zu machen, zu denen es nach Abs. 1 S. 1 zu hören war. Gegen den Beschluss steht dem Jugendamt die Beschwerde zu.

§ 162 Abs. 1 FamFG enthält bzgl. des Jugendamts eine umfassende Anhörungsregelung für alle „Verfahren, die die Person des Kindes betreffen". Wie schon erwähnt, macht die notwendige Anhörung des Jugendamts dieses noch nicht zum Beteiligten, es muss vielmehr hierzu einen entsprechenden eigenen Antrag stellen, § 162 Abs. 2 FamFG. Wurde das Jugendamt angehört – weil in den genannten Verfahren eine solche Verpflichtung besteht –, sind ihm die Entscheidungen bekannt zu machen. Selbstverständlich erst Recht, wenn das Jugendamt sachwidrig nicht angehört wurde (z. B. weil eine verspätete Stellungnahme nicht abgewartet wurde).

Unabhängig von einem etwaigen Beschwerderecht gem. § 59 FamFG steht dem Jugendamt gem. § 162 Abs. 3 S. 2 i.V.m. § 59 Abs. 3 FamFG ein Beschwerderecht gegen den Beschluss des Familiengerichts zu. Diese Beschwerde ist gem. § 63 FamFG grundsätzlich befristet und deshalb binnen einem Monat einzulegen, es sei denn, die Beschwerde richtet sich gegen eine einstweilige Anordnung, dann beträgt die Beschwerdefrist zwei Wochen, § 63 Abs. 2 Nr. 1 FamFG. Sonderregelung, § 57 FamFG: Keine Anfechtbarkeit von einstweiligen Anordnungen in Familiensachen, die ohne mündliche Verhandlung ergingen; dann jedoch Antrag, aufgrund mündlicher Verhandlung eine erneute Entscheidung zu treffen, § 54 Abs. 2 FamFG.

6.2 Mitwirkung der Pflegeperson, §161 FamFG

§ 161 FamFG (Mitwirkung der Pflegeperson)

(1) Das Gericht kann in Verfahren, die die Person des Kindes betreffen, die Pflegeperson im Interesse des Kindes als Beteiligte hinzuziehen, wenn das Kind seit längerer Zeit in Familienpflege lebt. Abs. 1 gilt entsprechend, wenn das Kind aufgrund einer Entscheidung nach §1682 BGB bei dem dort genannten Ehegatten, Lebenspartner oder Umgangsberechtigten lebt.
(2) Die in Abs. 1 genannten Personen sind anzuhören, wenn das Kind seit längerer Zeit in Familienpflege lebt.

Die Möglichkeit, eine Pflegeperson als Beteiligte gem. § 7 Abs. 3 FamFG („Kann-Beteiligter") hinzuzuziehen, stellt eine erweiterte Interessenwahrnehmung des Kindes dar. Die Anhörungsverpflichtung ist zwingend festgelegt, § 161 Abs. 3 FamFG, wenn das Kind seit längerer Zeit in Familienpflege lebt, wobei der Begriff „längere Zeit" aus Sicht des Kindes bzw. nach dessen Zeitwahrnehmung zu beurteilen ist.

7 Weitere Neuerungen durch das FamFG

7.1 Fristsetzung bei schriftlicher Begutachtung, § 163 FamFG sowie Inhalt des Gutachtens und Ausschluss der Vernehmung des Kindes

§ 163 FamFG (Fristsetzung bei schriftlicher Begutachtung; Inhalt des Gutachtenauftrags; Vernehmung des Kindes)

(1) Wird schriftliche Begutachtung angeordnet, setzt das Gericht dem Sachverständigen zugleich eine Frist, innerhalb derer er das Gutachten einzureichen hat.
(2) Das Gericht kann in Verfahren, die die Person des Kindes betreffen, anordnen, dass der Sachverständige bei der Erstellung des Gutachtenauftrags auch auf die Herstellung des Einvernehmens zwischen den Beteiligten hinwirken soll.
(3) Eine Vernehmung des Kindes als Zeuge findet nicht statt.

Bei der Anordnung der schriftlichen Begutachtung wird zeitgleich eine Frist zur Einreichung des Gutachtens gesetzt: Eine Folge der gesetzlich gewollten Beschleunigung in Kindschaftssachen. Ferner kann das Gericht anordnen, dass der Sachverständige bei der „Erstellung des Gutachtenauftrags" (so Gesetzestext!) „auch auf die Herstellung des Einvernehmens zwischen den Beteiligten hinwirken soll", § 163 Abs. 2 FamFG. Der Gesetzgeber erhofft sich damit, dass der Sachverständige – mit seiner beruflichen Kompetenz – zugleich die Möglichkeit nutzen kann, mit den Beteiligten (in der Regel den Eltern) ein einvernehmliches Konzept zu erarbeiten, bei dem insbesondere auch die von ihm festgestellten und schon bewerteten Schwierigkeiten (des Kindes und der Eltern?), aber auch die trennungsbedingten oder erziehungsunfähigkeitsbedingten Probleme der Eltern thematisiert werden.

Schließlich verbietet die Regelung des § 163 Abs. 3 FamFG die Vernehmung des Kindes als Zeuge in Kindschaftssachen.

7.2 Vermittlungsverfahren

§ 165 FamFG (Vermittlungsverfahren)

(1) Macht ein Elternteil geltend, dass der andere Elternteil die Durchführung einer gerichtlichen Entscheidung oder eines gerichtlich gebilligten Vergleichs über den

Umgang mit dem gemeinschaftlichen Kind vereitelt oder erschwert, vermittelt das Gericht auf Antrag eines Elternteils zwischen den Eltern. Das Gericht kann die Vermittlung ablehnen, wenn bereits ein Vermittlungsverfahren oder eine abschließende außergerichtliche Beratung erfolglos geblieben ist.
(2) Das Gericht lädt die Eltern unverzüglich zu einem Vermittlungstermin. Zu diesem Termin ordnet das Gericht das persönliche Erscheinen der Eltern an. In der Ladung weist das Gericht darauf hin, welche Rechtsfolgen ein erfolgloses Vermittlungsverfahren nach Abs. 5 haben kann. In geeigneten Fällen lädt das Gericht auch das Jugendamt zu dem Termin.
(3) In dem Termin erörtert das Gericht mit den Eltern, welche Folgen das Unterbleiben des Umgangs für das Wohl des Kindes haben kann. Es weist auf die Rechtsfolgen hin, die sich ergeben können, wenn der Umgang vereitelt oder erschwert wird, insbesondere darauf, dass Ordnungsmittel verhängt werden können oder die elterliche Sorge eingeschränkt oder entzogen werden kann. Es weist die Eltern auf die bestehenden Möglichkeiten der Beratung durch die Beratungsstellen und -dienste der Träger der Kinder- und Jugendhilfe hin.
(4) Das Gericht soll darauf hinwirken, dass die Eltern einvernehmlich über die Ausübung des Umgangs erzielen. Kommt ein gerichtlich gebilligter Vergleich zustande, tritt dieser an die Stelle der bisherigen Regelung. Wird ein Einvernehmen nicht erzielt, sind die Streitpunkte im Vermerk festzuhalten.
(5) Wird weder eine einvernehmliche Regelung des Umgangs noch Einvernehmen über eine nachfolgende Inanspruchnahme außergerichtlicher Beratung erreicht oder erscheint mindestens ein Elternteil in dem Vermittlungsverfahren nicht, stellt das Gericht durch nicht anfechtbaren Beschluss fest, dass das Vermittlungsverfahren erfolglos geblieben ist. In diesem Fall prüft das Gericht, ob Ordnungsmittel ergriffen, Änderungen der Umgangsregelungen vorgenommen oder Maßnahmen in Bezug auf die Sorge ergriffen werden sollen. Wird ein entsprechendes Verfahren von Amts wegen oder auf einen binnen eines Monats gestellten Antrag eines Elternteils eingeleitet, werden die Kosten des Vermittlungsverfahrens als Teil der Kosten des anschließenden Verfahrens behandelt.

Das im Einzelnen gesetzlich näher beschriebene Vermittlungsverfahren hat in der gerichtlichen Praxis wegen seiner komplizierten Vorgehensweise allerdings kaum Bedeutung.

7.3 Abänderung und Überprüfung von Entscheidungen und gerichtlich gebilligten Vergleichen, §166 FamFG

§ 166 FamFG (Abänderung und Überprüfung von Entscheidungen und gerichtlich gebilligten Vergleichen)

(1) Das Gericht ändert eine Entscheidung oder einen gerichtlich gebilligten Vergleich nach Maßgabe des §1696 BGB.

(2) Eine länger dauernde kindesschutzrechtliche Maßnahme hat das Gericht in angemessenen Zeitabständen zu überprüfen.
(3) Sieht das Gericht von einer Maßnahme nach den §§1666 bis 1667 BGB ab, soll es seine Entscheidung in einem angemessen Zeitabstand, in der Regel nach drei Monaten, überprüfen.

Gem. § 1696 BGB hat das Gericht die Pflicht und die Befugnis, bestehende gerichtliche Entscheidungen und gerichtlich gebilligte Vergleiche abzuändern, wenn dies „aus triftigen, das Wohl des Kindes nachhaltig berührenden Gründen angezeigt" ist. Die materiellrechtlichen Voraussetzungen (§ 1696 BGB) und die verfahrensrechtlichen Regelungen (§ 166 FamFG) sind also getrennt. Dabei bestimmt § 166 FamFG die näheren zeitlichen Voraussetzungen der Pflicht bzw. Befugnis zur Abänderungsentscheidung.

Sieht das Gericht von Maßnahmen nach §§ 1666ff. BGB ab, hat es in einem Zeitabstand von drei Monaten eine Überprüfung vorzunehmen, § 166 Abs. 3 FamFG. Alsdann ist zu prüfen, ob sich gerichtliche Maßnahmen tatsächlich als entbehrlich und z. B. Ermahnungen des Gerichts im Rahmen des Erörterungstermins die erwünschte Wirkung gezeigt haben.

7.4 Unterbringung Minderjähriger, §167 FamFG

§ 167 FamFG (Anwendbare Vorschriften bei Unterbringung Minderjähriger)

(1) In Verfahren nach §151 Nr. 6 sind die für Unterbringungssachen nach §312 Nr. 1, in Verfahren nach §151 Nr. 7 die für Unterbringungssachen nach §312 Nr. 3 geltenden Vorschriften anzuwenden. An die Stelle des Verfahrenspflegers tritt der Verfahrensbeistand.
(2) Ist für eine Kindschaftssache nach Abs. 1 ein anderes Gericht zuständig als dasjenige, bei dem eine Vormundschaft oder eine die Unterbringung erfassende Pflegschaft für den Minderjährigen eingeleitet ist, teilt dieses Gericht dem für das Verfahren nach Abs. 1 zuständigen Gericht die Anordnung und Aufhebung der Vormundschaft oder Pflegschaft, den Wegfall des Aufgabenbereichs Unterbringung und einen Wechsel in der Person des Vormunds oder Pflegers mit; das für das Verfahren nach Abs. 1 zuständige Gericht teilt dem anderen Gericht die Unterbringungsmaßnahme, ihre Änderung, Verlängerung und Aufhebung mit.
(3) Der Betroffene ist ohne Rücksicht auf seine Geschäftsfähigkeit verfahrensfähig, wenn er das 14. Lebensjahr vollendet hat.
(4) In den in Abs. 1 S. 1 genannten Verfahren sind die Elternteile, denen die Personensorge zusteht, der gesetzliche Vertreter in persönlichen Angelegenheiten sowie die Pflegeltern persönlich anzuhören.
(5) Das Jugendamt hat die Eltern, den Vormund oder den Pfleger auf deren Wunsch bei der Zuführung zur Unterbringung zu unterstützen.
(6) In Verfahren nach §151 Nr. 6 und Nr. 7 soll der Sachverständige Arzt für Kinder- und Jugendpsychiatrie und -psychotherapie sein. In Verfahren nach §151

Nr. 6 kann das Gutachten auch durch einen in Verfahren der Heimerziehung ausgewiesenen Psychotherapeuten, Psychologen, Pädagogen oder Sozialpädagogen erstattet werden.

Die Neuregelung enthält also eine Reihe anwendbarer Vorschriften bei der Unterbringung Minderjähriger. Hervorhebenswert ist, dass das betroffene Kind ohne Rücksicht auf seine Geschäftsfähigkeit verfahrensfähig ist, soweit es das 14. Lebensjahr vollendet hat, § 167 Abs. 3. Das Gesetz nennt weiter in Abs. 4 die anzuhörenden Personen wie z. B. die Elternteile, denen die Personensorge zusteht, sowie die Pflegeeltern. Von Bedeutung ist ferner der gesetzliche Hinweis in § 167 Abs. 5, dass das Jugendamt die Eltern, den Vormund oder den Pfleger auf deren Wunsch bei der Zuführung des Kindes zur Unterbringung zu unterstützen hat.

7.5 Allgemeine Verfahrensvorschriften mit besonderer Beeutung für das Kindschaftsverfahren

Das FamFG enthält neben den zuvor behandelten Regelungen eine Reihe allgemeiner Vorschriften, die für Kindschaftsverfahren besonders relevant sind:

- *§ 39 FamFG:* Rechtmittelbelehrung in *jedem* Beschluss über das statthafte Rechtsmittel, den Hinweis, bei welchem Gericht der Rechtsbehelf einzulegen ist, sowie Hinweis auf Gerichtssitz, einzuhaltende Form und Frist.
- *§ 51 Abs. 3 FamFG:* Verfahren der einstweiligen Anordnung sind nach dem FamFG grundsätzlich selbstständige Verfahren. Es bedarf also keines zusätzlichen Hauptsacheverfahrens. In Amtsverfahren prüft das Familiengericht, ob die Einleitung eines Hauptsacheverfahrens geboten ist.
- *§ 54 Abs. 2 FamFG:* Eine einstweilige Anordnung, die *ohne mündliche Verhandlung* erlassen wurde, „ist auf Antrag (eines Verfahrensbeteiligten) aufgrund mündlicher Verhandlung neu zu entscheiden".

  Einstweilige Anordnungen, die *aufgrund mündlicher Verhandlung* ergangen sind, sind (ausnahmsweise) anfechtbar, wenn sie über die elterliche Sorge für ein Kind, über die Herausgabe des Kindes an den anderen Elternteil oder über den Antrag auf Verbleiben eines Kindes bei einer Pflege- oder Bezugsperson ergangen sind. Die Regelung gilt nicht für eine einstweilige Anordnung über das Umgangsrecht! Eine im Amtsverfahren (also z. B. auf Anregung des Jugendamts – § 1666 BGB) ergangene einstweilige Anordnung kann auch von Amts wegen (natürlich auch auf Antrag) geändert oder aufgehoben werden.

8 Vollstreckung von Entscheidungen

8.1 Ordnungsmittel, § 89 FamFG

Bedeutsam sind schließlich die Bestimmungen über die Vollstreckung von Entscheidungen über die Herausgabe von Personen und die Regelung des Umgangs, §§ 88 ff. FamFG.

Anstelle der früheren Zwangsmittel – Beugemittel – (Zwangsgeld) wird nunmehr bei Zuwiderhandlung gegen einen Vollstreckungstitel zur Herausgabe von Personen und zur Regelung des Umgangs ein Ordnungsgeld (von bis zu 25 000 Euro) festgesetzt (ersatzweise Ordnungshaft). *Unterschied zur früheren Rechtslage:* Keine vorherige Androhung des Ordnungsmittels (lediglich im Beschluss über die Anordnung z. B. des Umgangs Hinweis auf die Folgen einer Zuwiderhandlung gegen den Vollstreckungstitel, vgl. § 89 Abs. 2 FamFG).

Die Festsetzung und Vollstreckung der Ordnungsmittel erfolgen auch dann, wenn die zu vollstreckende Handlung wegen Zeitablaufs nicht mehr vorgenommen werden kann.

8.2 Unmittelbarer Zwang, § 90 FamFG

Sind Ordnungsmittel erfolglos geblieben oder versprechen sie keinen Erfolg bzw. ist die alsbaldige Vollstreckung der Entscheidung unbedingt geboten, kommt unmittelbarer Zwang zum Zuge. Allerdings: Kein unmittelbarer Zwang gegen ein Kind zum Zwecke der Ausübung des Umgangs, § 90 Abs. 2 S. 1 FamFG. *Im Übrigen* kommt unmittelbarer Zwang gegen ein Kind *nur* in Betracht, falls Zwangsmaßnahmen überhaupt unter Berücksichtigung des Kindeswohls gerechtfertigt und mildere Mittel nicht gegeben sind, § 90 Abs. 2 S. 2 FamFG.

8.3 Unterstützung durch das Jugendamt

Das Jugendamt leistet dem Gericht in geeigneten Fällen bei der Vollstreckung Unterstützung, § 88 Abs. 2 FamFG.

Gut zu wissen – gut zu merken

Die Regelungen des FamFG dienen der verfahrensrechtlichen Ausgestaltung (u. a.) der Verfahren in Familiensachen. In diesen Bestimmungen ist im Einzelnen festgelegt, wie das Gericht diese Verfahren zu führen und welche Grundsätze es zu beachten hat. Zugleich werden i. Ü. auch die Rechte und Pflichten der Verfahrensbeteiligten angesprochen, so dass diese Verfahren für alle Beteiligten durchschaubar, verständlich und nachvollziehbar sind.

Weiterführende Literatur

Bork, R./Jacoby, F./Schwab, D. (2009): FamFG: Kommentar zum Gesetz über das Verfahren in Familiensachen und in den Angelegenheiten der freiwilligen Gerichtsbarkeit. Bielefeld: Gieseking.

XIV Die Mitwirkung des Jugendamts im familiengerichtlichen Verfahren

Was Sie in diesem Kapitel lernen können

Die wirksame Hilfestellung für Eltern und Kinder setzt insbesondere im Rahmen eines familiengerichtlichen Verfahrens zwischen Jugendamt und Gericht die Wahrnehmung der gegenseitigen Aufgaben sowie die Bereitschaft zu einer inhaltlich qualitativen Zusammenarbeit voraus, die allerdings geprägt ist von den gesetzlich normierten – unterschiedlichen – Aufgabenstellungen.

In diesem Kapitel werden die Unterstützungs- und Mitwirkungsaufgaben des Jugendamts im familiengerichtlichen Verfahren näher erläutert und die Zusammenarbeit im Einzelnen dargestellt.

1 Die Mitwirkung des Jugendamts – Entstehungsgeschichte – und Schlussfolgerung für das Verständnis der Regelung

Die Jugendhilfe umfasst gemäß § 2 Abs. 1 SGB VIII „Leistungen" und „andere Aufgaben" zu Gunsten junger Menschen und Familien. Gemäß § 2 Abs. 3 Nr. 6 SGB VIII gehört zu den „anderen Aufgaben" die „Mitwirkung in Verfahren vor den Familiengerichten", also die in § 50 SGB VIII bezeichneten Aufgaben.

§ 50 SGB VIII (Mitwirkung in Verfahren vor den Familiengerichten)

(1) Das Jugendamt unterstützt das Familiengericht bei allen Maßnahmen, die die Sorge für die Person von Kindern und Jugendlichen betreffen. Es hat in folgenden Verfahren nach dem Gesetz über den Verfahren in Familiensachen und in den Angelegenheiten der freiwilligen Gerichtsbarkeit mitzuwirken:

1. Kindschaftssachen (§ 162 des Gesetzes über das Verfahren in Familiensachen und in den Angelegenheiten der freiwilligen Gerichtsbarkeit),
2. Abstammungssachen (§ 176 des Gesetzes über das Verfahren in Familiensachen und in den Angelegenheiten der freiwilligen Gerichtsbarkeit),
3. Adoptionssachen (§ 188 Abs. 2, §§ 189, 194, 195 des Gesetzes über das Verfahren in Familiensachen und in den Angelegenheiten der freiwilligen Gerichtsbarkeit),
4. Ehewohnungssachen (§ 204 Abs. 2, § 205 des Gesetzes über das Verfahren in Familiensachen und in den Angelegenheiten der freiwilligen Gerichtsbarkeit) und
5. Gewaltschutzsachen (§§ 212, 213 des Gesetzes über das Verfahren in Familiensachen und in den Angelegenheiten der freiwilligen Gerichtsbarkeit).

(2) Das Jugendamt unterrichtet insbesondere über angebotene und erbrachte Leistungen, bringt erzieherische und soziale Gesichtspunkte zur Entwicklung des Kindes oder des Jugendlichen ein und weist auf weitere Möglichkeiten der Hilfe hin. In Kindschaftssachen informiert das Jugendamt das Familiengericht in dem Termin nach §155 Abs. 2 des Gesetzes über das Verfahren in Familiensachen und in den Angelegenheiten der freiwilligen Gerichtsbarkeit über den Stand des Beratungsprozesses.

§ 50 SGB VIII wurde durch das Gesetz zur Reform des Verfahrens in Familiensachen und in den Angelegenheiten der freiwilligen Gerichtsbarkeit (FGG-Reformgesetz – FGG-RG), das zum 01.09.2009 in Kraft trat, mit Blick auf das FamFG aktualisiert.

Für die inhaltliche Mitwirkungstätigkeit des Jugendamts in den fraglichen gerichtlichen Verfahren ist mit der Gesetzesbegründung davon auszugehen, dass das Jugendamt nur in Erfüllung *eigener* Aufgaben, und nicht etwa in Erfüllung *gerichtlicher* Aufgaben handelt. Das heißt, dass das Jugendamt nicht für das Gericht, sondern für sich selbst bzw. in eigener Verantwortung für die ihm übertragenen Aufgaben (vgl. §§ 1, 50 SGB VIII) tätig wird.

In der Gesetzesbegründung zu § 50 SGB VIII heißt es hierzu u.a., „dass das Jugendamt Teil der Verwaltung einer Gebietskörperschaft und damit Träger einer öffentlichen Verwaltung ist. Deren Aufgaben ergeben sich unmittelbar aus dem Gesetz. Soweit dort keine hinreichenden Befugnisnormen vorgesehen sind, kann das Jugendamt nicht durch ein Gericht zum Tätigwerden ermächtigt oder verpflichtet werden. Aufgabe des Jugendamts kann es deshalb auch *nicht* sein, gerichtliche Anordnungen auszuführen, sofern es sich dabei nicht um ein Verpflichtungsurteil im Rahmen der gerichtlichen Kontrolle der Verwaltung innerhalb des dafür vorgesehenen Rechtsweges handelt (z.B. § 113 Abs. 4 VwGO). Die Aufgabe des Jugendamts kann nur darin bestehen, seine eigenen gesetzlichen Aufgaben im Rahmen der dafür vorgesehenen Befugnisse zu erfüllen. Aus diesem Verständnis kann Mitwirkung im gerichtlichen Verfahren nur *Erfüllung eigener Aufgaben*, nicht etwa Erfüllung gerichtlicher Aufgaben sein, da es sonst zu einer unzulässigen Vermischung unterschiedlicher Staatsfunktionen käme" (vgl. im Einzelnen BT-Drucksache 11/5948, Seite 86 und 87).

Nach der – weiteren – Gesetzesbegründung ist der Inhalt der „Mitwirkungs- bzw. „Unterstützungspflicht" des Jugendamts wie folgt erklärt bzw. verdeutlicht: „Die Vorschrift *konkretisiert die Aufgabe der Mitwirkung* des Jugendamtes im Hinblick auf eine fachliche Unterstützung der richterlichen Entscheidungsfindung. Die genannten Tätigkeiten sollen *sicherstellen*, dass in der gerichtlichen Entscheidung die Möglichkeiten der (Jugend-)Hilfe berücksichtigt werden können. Zudem soll das Jugendamt – je nach Erforderlichkeit – fachliche Gesichtspunkte zur Geltung bringen, die für die weitere Entwicklung des Kindes oder des Jugendlichen wichtig sein können. Da der vom Gericht auszulegende Begriff des Kindeswohls nach neueren Erkenntnissen nicht statisch, sondern dynamisch zu verstehen ist, kommt der *Perspektive weiterer Hilfemöglichkeiten besondere Bedeutung* zu. (...) Der Interventionsbedarf ist von Seiten des Jugendamts nach pflichtgemäßem Ermessen zu klären" (vgl. BT-Drucksache 11/5948, Seite 88).

Im Hinblick auf die „Zusammenarbeit" von Jugendamt und Gericht ist nach dem dokumentierten gesetzgeberischen Willen mithin u. a. festzustellen:

- dass es keinerlei „Weisungskompetenzen" des FamG gegenüber dem Jugendamt gibt, und zwar weder im Hinblick auf seine inhaltliche Mitwirkungstätigkeit noch im Hinblick auf die Erbringung von Leistungen, geschweige denn zu Fristsetzungen u. ä.,
- dass keine Verpflichtung oder zwingende Veranlassung zu Entscheidungsvorschlägen des Jugendamts im Rahmen der Mitwirkung im gerichtlichen Verfahren besteht,
- dass „Ladungen" von Mitarbeitern des Jugendamts bzw. „Anordnungen des persönlichen Erscheinens" von Mitarbeitern des Jugendamts unzulässig und gesetzlich nicht gedeckt sind (*die Ladung als Zeuge unterliegt anderen rechtlichen Grundlagen und Voraussetzungen*),
- dass das Gericht in Verfahren, die die Person des Kindes betreffen, gemäß § 162 FamFG zur Anhörung des Jugendamts verpflichtet ist,
- dass das Jugendamt im Rahmen seiner Mitwirkung nach § 50 SGB VIII nicht zum Betreten der Wohnung gegen den Willen des Wohnungsinhabers berechtigt ist.

2 Die „Unterstützungspflicht" des Jugendamts gem. § 50 Abs. 1 S. 1 SGB VIII

Die Unterstützungspflicht des Jugendamts bezieht sich auf „alle Maßnahmen des Familiengerichts, die die Sorge für die Person von Kindern und Jugendlichen betreffen", vgl. § 50 Abs. 1 S. 1 SGB VIII. Da die Unterstützung inhaltlich nicht näher umschrieben ist, ist sie im Grundsatz umfassender zu verstehen, als die in Satz 2 geregelte „Mitwirkungspflicht", die sich auf die aufgeführten Verfahren, vgl. Nr. 1 bis Nr. 5 des Satzes 2 bezieht.

Die Form der „Unterstützung" wird durch die „Mitwirkung" in bestimmten gerichtlichen Verfahren „verdeutlicht", und zwar in *verfahrensrechtlicher* Hinsicht gem. § 50 Abs. 1 S. 2 Nr. 1 bis 5 SGB VIII sowie in *inhaltlicher* Hinsicht in § 50 Abs. 2 SGB VIII. Demzufolge konkretisiert § 50 Abs. 2 SGB VIII letztlich den Inhalt der „Unterstützungs- wie auch der Mitwirkungspflicht". „Unterstützung" und „Mitwirkung" sind auf das gleiche Ziel gerichtet, nämlich die gerichtliche Entscheidung aus Sicht des Jugendamts fachlich zu optimieren.

Im Gegenzug besteht gem. § 162 FamFG die gerichtliche Pflicht, das Jugendamt an allen Verfahren, die die Person des Kindes betreffen, zu beteiligen („anzuhören"), wobei die Regelung bewusst und in Anlehnung an § 50 Abs. 1 S. 1 SGB VIII nur die prinzipielle Anhörungspflicht des Gerichts festlegt (zum Wortlaut von § 162 FamFG siehe Kapitel XIII, S. 175).

Verfahren, die „die Person des Kindes" betreffen, sind insbesondere solche über die „Kindschaftssachen" des § 151 FamFG (hierzu im Folgenden). Verfahren, die ausschließlich vermögensrechtlicher Art sind, also z.B. solche über Kindesunterhalt, Kindesvermögen in jedweder Form und dessen Verwaltung (z.B. unzulässiger Verbrauch von dem Kind zustehenden Erbschaften), gehören nicht hierzu.

Im Ergebnis ist der Katalog der betroffenen Verfahren und „Maßnahmen", in denen eine „Unterstützung des Familiengerichts gesetzlich geboten ist", § 50 Abs. 1 S. 1 SGB VIII, deckungsgleich mit den in § 50 Abs. 1 S. 2 SGB VIII genannten Verfahren.

3 Die „Mitwirkungspflicht" des Jugendamts gem. § 50 Abs. 1 S. 2 SGB VIII

§ 50 Abs. 1 S. 2 SGB III verweist in Nr. 1 bis Nr. 5 auf die Mitwirkungspflicht des JA in bestimmten Verfahren.

3.1 Die Mitwirkung in Kindschaftssachen

Hierzu zählen nach § 50 Abs. 1 S. 2 Nr. 1 SGB VIII zunächst die mit dem FamFG neu definierten „Kindschaftssachen", zu denen gem. § 151 FamFG die dem Familiengericht zugewiesenen Verfahren gehören, und zwar solche, die

1. die elterliche Sorge,
2. das Umgangsrecht,
3. die Kindesherausgabe,
4. die Vormundschaft,
5. die Pflegschaft oder die gerichtliche Bestellung eines sonstigen Vertreters für einen Minderjährigen oder für eine Leibesfrucht,
6. die Genehmigung der freiheitsentziehenden Unterbringung eines Minderjährigen (§§ 1631b, 1800 und 1915 BGB),
7. die Anordnung der freiheitsentziehenden Unterbringung eines Minderjährigen nach den Landesgesetzen über die Unterbringung psychisch Kranker oder
8. die Aufgaben nach dem Jugendgerichtsgesetz

betreffen.

Unter Verfahren über die *elterliche Sorge* (§ 50 Abs. 1 S. 2 Nr. 1 SGB VIII i.V.m. § 151 Nr. 1 FamFG) versteht man insbesondere Verfahren nach

- § 1671 BGB (Regelung der elterlichen Sorge bei Getrenntleben der Eltern bei gemeinsamer elterlicher Sorge),
- § 1674 BGB (Ruhen der elterlichen Sorge bei tatsächlichem Hindernis des Elternteils),
- § 1687b Abs. 3 BGB (Regelung der sorgerechtlichen Befugnis eines Stiefelternteils),
- § 1666 BGB (Verfahren wegen gerichtlicher Maßnahmen bei Gefährdung des Kindeswohls),
- § 1628 BGB (gerichtliche Entscheidung bei Meinungsverschiedenheiten der Eltern),

- § 1618 S. 4 BGB (Verfahren über die Ersetzung der Einwilligung eines Elternteils zur Einbenennung eines Kindes),
- § 1630 Abs. 2 und Abs. 3 BGB (Verfahren bei Problemen der elterlichen Sorge bei Pflegerbestellung bzw. Familienpflege).

Bei den genannten Verfahren handelt es sich um die mit weitem Abstand häufigsten Sorgerechtsverfahren in der gerichtlichen Praxis. Weniger bedeutsame Sorgerechtsverfahren sind solche nach dem Namensänderungsgesetz, nach dem Verfahren zur Erlangung der Ehemündigkeit sowie entsprechende Verfahren nach dem Lebenspartnerschaftsgesetz bzw. nach dem Asylverfahrensgesetz.

Bei den das *Umgangsrecht* betreffenden Verfahren (§ 50 Abs. 1 S. 2 Nr. 1 SGB VIII i.V.m. § 151 Nr. 2 FamFG) handelt es sich in erster Linie um die Verfahren gem.

- § 1684 BGB (Umgangsregelungsverfahren zwischen Eltern und Kind),
- § 1685 BGB (Umgangsregelungsverfahren zwischen dem Kind und anderen Bezugspersonen wie Großeltern und Geschwister),
- § 1686 BGB (Verfahren über die Auskunft über die persönlichen Verhältnisse des Kindes gegenüber einem Elternteil),
- § 1632 Abs. 2 BGB (Verfahren über die Bestimmung des Umgangs mit Dritten).

Verfahren, die die *Kindesherausgabe* betreffen (§ 50 Abs. 1 S. 2 Nr. 1 SGB VIII i.V.m. § 151 Nr. 3 FamFG), sind im Wesentlichen Verfahren nach

- § 1632 Abs. 1, 3 und 4 BGB (Verfahren über die Herausgabe des Kindes bzw. die Anordnung des Verbleibens des Kindes bei Herausgabeverlangen)
- § 1682 BGB (Verfahren über die Verbleibensanordnung zu Gunsten von elterlichen Bezugspersonen).

Bei den *die Vormundschaft betreffenden Verfahren* (§ 50 Abs. 1 S. 2 Nr. 1 SGB VIII i.V.m. § 151 Nr. 4 FamFG) handelt es sich um Verfahren, die im Prinzip die Person des Kindes bzw. die Rechte oder Pflichten des Vormundes betreffen. Neben der Anordnung der Vormundschaft gehören hierzu auch Auswahl und Bestellung des Vormundes, Aufsicht über den Vormund, mit Ausnahme der im Sachzusammenhang mit der Vormundschaft gem. § 1751 BGB (Amtsvormundschaft des Jugendamts nach Einwilligung des Elternteils in die Annahme des Kindes) stehenden Maßnahmen.

Zu den Verfahren, *die die Pflegschaft oder die gerichtliche Bestellung eines sonstigen Vertreters für einen Minderjährigen oder für eine Leibesfrucht betreffen* (§ 50 Abs. 1 S. 2 Nr. 1 SGB VIII i.V.m. § 151 Nr. 5 FamFG) zählt insbesondere die Ergänzungspflegschaft gem. § 1909 BGB sowie die Umgangspflegschaft gem. § 1684 Abs. 3 S. 3 BGB (vgl. Kap. VI, S. 93 ff.).

Verfahren über die *Genehmigung der freiheitsentziehenden Unterbringung eines Minderjährigen* (vgl. § 50 Abs. 1 S. 2 Nr. 1 SGB VIII i.V.m. § 151 Nr. 6 FamFG) betreffen die mit Freiheitsentziehung verbundene Unterbringung eines Kindes durch seinen gesetzlichen Vertreter (also Eltern, Vormund oder Pfleger) (vgl. Kap. V, S. 74 ff. bzw. Kap. XIII, S. 79).

Verfahren über die *Anordnung der freiheitsentziehenden Unterbringung eines Minderjährigen nach den Landesgesetzen über die Unterbringung psychisch Kranker* (vgl. § 50 Abs. 1 S. 2 Nr. 1 SGB VIII i.V.m. § 151 Nr. 7 FamFG) gehören schließlich ebenso zu den Kindschaftssachen wie Verfahren, die die Aufgaben nach dem *Jugendgerichtsgesetz* betreffen (vgl. § 50 Abs. 1 S. 2 Nr. 1 SGB VIII i.V.m. § 151 Nr. 8 FamFG). Bei letzteren geht es um die Festsetzung von Erziehungsmaßregeln durch das Familiengericht gem. §§ 9, 53, 104 Abs. 4 JGG, als Rechtsfolge einer Straftat des Jugendlichen.

In den zuvor erwähnten Kindschaftssachen des § 151 FamFG hat das Familiengericht gem. § 162 Abs. 1 FamFG das Jugendamt anzuhören. § 50 Abs. 1 S. 2 Nr. 1 SGB VIII verweist seinerseits auf die gerichtliche Anhörungsvorschrift. Nach dem Gesetz ist das Gericht zur Anhörung des Jugendamts grundsätzlich verpflichtet. Unterbleibt die Anhörung wegen Gefahr im Verzug, z.B. weil der unverzügliche Erlass einer einstweiligen Anordnung geboten ist oder ein sonstiger dringender Handlungsbedarf (§ 1846 BGB) besteht, ist die Anhörung unverzüglich nachzuholen, § 162 Abs. 1 S. 2 FamFG. Entscheidend ist, ob durch die Anhörung eine umgehend zu treffende gerichtliche Entscheidung sachwidrig verzögert würde.

Durch die Anhörung wird das Jugendamt in das gerichtliche Verfahren einbezogen, was auf Seiten des Jugendamts dessen Unterstützungs- und Mitwirkungspflicht auf der Grundlage des § 50 SGB VIII auslöst. Unterstützung und Mitwirkung sind insoweit mithin *zwingend*. Die Anhörung muss grundsätzlich *vor* der gerichtlichen Entscheidung erfolgen oder aber unverzüglich im Anschluss an die Entscheidung. Nur so kann die Fachlichkeit des Jugendamts bei der gerichtlichen Entscheidung hinreichend genutzt bzw. einbezogen werden.

Neben der Anhörungsvorschrift des § 162 Abs. 1 FamFG enthält § 162 Abs. 2 FamFG den Hinweis, dass das Jugendamt auf seinen Antrag an dem Verfahren zu „beteiligen" ist. Gemeint ist hier die Verfahrensbeteiligung auf Antrag, also die Beteiligung kraft Hinzuziehung nach § 7 Abs. 2 Nr. 2 FamFG. Die Beteiligungsvorschrift des § 7 weist dabei in Abs. 6 darauf hin, dass die *Anhörung* nach § 162 Abs. 1 FamFG (für sich genommen) das Jugendamt nicht zum Beteiligten i.S. der Beteiligungsvorschrift des § 7 FamFG macht. Dem Jugendamt ist es mithin überlassen, ob es förmlich an dem Verfahren beteiligt werden will oder ob es sich darauf beschränkt, im Rahmen der Anhörung im Verfahren Stellung zu nehmen. Um dem Jugendamt insoweit eine sachgemäße Entscheidung zu ermöglichen, verpflichtet § 7 Abs. 4 FamFG das Gericht, das Jugendamt – *soweit es auf seinen Antrag hin* zum Verfahren beizuziehen ist, vgl. § 162 Abs. 2 FamFG – von der Einleitung des Verfahrens zu benachrichtigen und über sein Antragsrecht zu belehren.

Beispiel:
Das Jugendamt wird im Rahmen eines Sorgerechtsstreits, in dem beide Elternteile das Sorgerecht für das gemeinsame Kind jeweils allein beanspruchen, vom Familiengericht gem. § 50 angehört. In seiner Stellungnahme verweist das Jugendamt darauf, dass es beide Elternteile letztlich nicht für erziehungsfähig hält, bittet um Akteneinsicht und regt die Einholung eines entsprechenden Er-

ziehungsfähigkeitsgutachtens an. Durch seine bloße Anhörung wird das Jugendamt nicht Beteiligter, worauf § 7 Abs. 6 FamFG ausdrücklich hinweist. Ein Recht auf Akteneinsicht steht dem Jugendamt deshalb nicht zu und ob das Gericht der Beweisanregung des Jugendamts folgt, steht in seinem pflichtgemäßen Ermessen. Will das Jugendamt hingegen sein Akteneinsichtsrecht durchsetzen und hält es die Einholung eines Sachverständigengutachtens für zwingend erforderlich, und möchte es diesen Beweisantrag dementsprechend gezielt verfolgen, muss es einen *Antrag auf Verfahrensbeteiligung* stellen, mit der Folge, dass das Familiengericht das Jugendamt zum Verfahren als „Beteiligten" hinzuziehen hat. Die „Anregung" des Jugendamts auf Einholung eines Sachverständigengutachtens ist dann als Beweisantrag zu werten, dem das Gericht nachzugehen hat, wenn die Erziehungsfähigkeit der Eltern in Frage steht. Zudem steht dem Jugendamt als Beteiligtem auch das Recht auf Akteneinsicht zu, § 13 Abs. 1 FamFG.

Hinweis: Da das Jugendamt in den gerichtlichen Entscheidungsprozess ohnehin weitgehend durch Anhörung, Terminteilnahme und – sein ohnehin bestehendes – Beschwerderecht eingebunden ist, ist die förmliche Beteiligung des Jugendamts kraft Hinzuziehung gem. § 7 FamFG in der Praxis die Ausnahme.

Ungeachtet einer *förmlichen Beteiligung* des Jugendamts gem. § 7 Abs. 2 FamFG sind dem Jugendamt nämlich alle Entscheidungen des Gerichts bekannt zu machen, zu denen es nach § 162 Abs. 1 S. 1 FamFG anzuhören war, vgl. § 162 Abs. 3 FamFG. Damit soll das Jugendamt grundsätzlich Kenntnis von einer fraglichen gerichtlichen Entscheidung erhalten, unabhängig davon, ob es angehört wurde oder ob die Anhörung unterblieb.

Im Falle der Beteiligung hat das Jugendamt (neben den geschilderten Rechten) aber auch die Pflichten eines Beteiligten, indem es zur Mitwirkung im Verfahren verpflichtet ist. Mit der Verfahrensstellung als Beteiligter können ihm z. B. Kosten auferlegt werden, vgl. § 81 Abs. 1 FamFG. Auch kann das persönliche Erscheinen (als Beteiligter) vom Gericht angeordnet werden, vgl. § 33 FamFG. Regt das Jugendamt allerdings lediglich die Einleitung eines Verfahrens an (z. B. wegen Kindeswohlgefährdung), wird es hierdurch nicht bereits gem. § 7 Abs. 1 FamFG zum Beteiligten als „Antragsteller".

§ 162 Abs. 3 S. 2 FamFG i. V. m. § 59 Abs. 3 FamFG räumt dem Jugendamt ein Beschwerderecht ein. Dieses ist unabhängig von den weiteren Voraussetzungen des § 59 FamFG (also z. B. bei eigener Rechtsbeeinträchtigung). Das Beschwerderecht besteht für alle Kindschaftssachen, in denen das Jugendamt nach der Vorschrift des § 162 FamFG anzuhören war.

Beispiel:

Die getrenntlebenden Eltern des elfjährigen Sascha streiten in einem Umgangsregelungsverfahren über einen Umgang zur Mutter. Sascha ist bei seinem Vater geblieben, als die Mutter zu ihrem Freund zog. Nachdem die Mutter sich mehrere Monate nicht mehr bei Sascha gemeldet hat, möchte sie nun, dass Sascha sie regelmäßig besucht. Sascha lehnt dies ab. Saschas Vater ist mit dem Umgang einverstanden, insbesondere in der Hoffnung, über Saschas Kontakte mehr über die Verfestigung der Beziehung zwischen Mutter und Freund zu erfahren.

Das Jugendamt hält mit Rücksicht auf die Entfremdung von Sascha zu seiner Mutter zunächst allenfalls begleitete Umgangskontakte für vertretbar. Das Familiengericht beschließt gleichwohl einen regelmäßigen Umgang. Gegen diese Entscheidung kann das Jugendamt gem. § 162 Abs. 3 S. 2 FamFG Beschwerde einlegen, obwohl es „nur" angehört wurde und ohne am Verfahren förmlich beteiligt zu sein.

3.2 Die Mitwirkung in Abstammungssachen

§ 50 Abs. 1 S. 2 Nr. 2 SGB VIII verweist auf die (i.Ü. in § 169 FamFG geregelten) Abstammungssachen, soweit gem. § 176 FamFG das Gericht das Jugendamt anzuhören hat.

§ 176 FamFG (Anhörung des Jugendamts)

(1) Das Gericht soll im Fall einer Anfechtung nach §1600 Abs. 1 Nr. 2 und 5 BGB sowie im Fall einer Anfechtung nach §1601 Nr. 4 BGB, wenn die Anfechtung durch den gesetzlichen Vertreter erfolgt, das Jugendamt anhören. Im Übrigen kann das Gericht das Jugendamt anhören, wenn ein Beteiligter minderjährig ist.
(2) Das Gericht hat dem Jugendamt in den Fällen einer Anfechtung nach Abs. 1 S. 1 sowie einer Anhörung nach Abs. 1 S. 2 die Entscheidung mitzuteilen. Gegen den Beschluss steht dem Jugendamt die Beschwerde zu.

Bei den genannten Vorschriften geht es um folgende Sachverhalte:

- § 1600 Abs. 1 Nr. 2 BGB – Anfechtung durch den biologischen (leiblichen) Vater, sofern zwischen Kind und (Schein-)Vater, der mit der Mutter verheiratet ist oder war oder der die Vaterschaft anerkannt hat, §§ 1592 Nr. 1 und 2, 1593 BGB, keine sozial-familiäre Beziehung besteht oder im Zeitpunkt des Todes bestanden hat, § 1600 Abs. 2 BGB.

  Beispiel:
  Die Eheleute E leben in Scheidungsabsicht getrennt. Frau E wird von ihrem Freund, Herrn F, schwanger. Als das Kind geboren wird – Herr E kümmert sich nicht weiter darum –, gilt Herr E gem. §1592 Nr. 1 BGB als Vater. Frau E ist sich ihrer Gefühle zu ihrem Freund, Herrn F, nicht so sicher, ihr Freund, Herr F, seiner Gefühle für die Mutter – aber auch für das Kind – hingegen sehr. Er ist gem. §1600 Abs. 1 Nr. 2 BGB berechtigt, die Vaterschaft von Herrn E anzufechten, wenn er an Eides statt versichert, der Mutter des Kindes während der Empfängniszeit beigewohnt zu haben. Im Übrigen ist weitere Voraussetzung seines Anfechtungsrechts gem. §1600 Abs. 2 BGB, dass zwischen dem Kind und seinem Vater, Herrn E, keine sozial-familiäre Beziehung besteht und er der leibliche Vater des Kindes ist.

- § 1600 Abs. 1 Nr. 5 BGB – Anfechtung der Vaterschaft durch die Verwaltungsbehörde bei (vermuteter missbräuchlicher) Vaterschaftsanerkennung

gem. § 1592 Nr. 2 BGB, vorausgesetzt, dass zwischen dem Kind und dem Anerkennenden keine sozial-familiäre Beziehung besteht oder im Zeitpunkt der Anerkennung oder des Todes bestand und durch die Anerkennung rechtliche Voraussetzungen für die erlaubte Einreise oder für den erlaubten Aufenthalt des Kindes oder eines Elternteils geschaffen wurden, § 1600 Abs. 3 BGB.
- § 1600 Abs. 1 Nr. 4 BGB – Anfechtung durch das Kind, soweit die Anfechtung durch den gesetzlichen Vertreter bzw. durch den Ergänzungspfleger, § 1600a Abs. 3 BGB, (also nur bei Minderjährigkeit des Kindes) erfolgt.

Die Mitwirkung des Jugendamts bezieht sich in den beiden erstgenannten Fällen auf die Einschätzung, ob eine sozial-familiäre Beziehung im Sinne von § 1600 Abs. 3 BGB besteht, sowie im letzten Fall darauf, ob die Anfechtung dem Wohl des Kindes bzw. seinen Interessen im Sinne von § 1600a Abs. 4 BGB dient.

Die Anhörung des Jugendamts ist nicht zwingend, dennoch als „Soll-Vorschrift“ ausgestaltet, die das Gericht damit keineswegs grundlos übergehen darf. Gemäß § 176 Abs. 1 S. 2 FamFG kann die Anhörung des Jugendamts „im Übrigen“, also auch in anderen, in der Praxis jedoch weniger bedeutsamen Abstammungssachen erfolgen, wenn ein Beteiligter minderjährig ist. Sämtliche Entscheidungen sind im Falle des § 176 Abs. 1 S. 1 FamFG dem Jugendamt mitzuteilen, im Falle von § 176 Abs. 1 S. 2 FamFG nur, wenn das Jugendamt angehört wurde, vgl. § 176 Abs. 2 S. 1 FamFG.

Gegen den gerichtlichen Beschluss steht dem Jugendamt das Beschwerderecht zu, § 176 Abs. 2 S. 2 i.V.m. § 59 FamFG. Dieses Beschwerderecht besteht damit unabhängig von den weiteren Voraussetzungen des § 59 FamFG.

3.3 Die Mitwirkung in Adoptionssachen

Gem. § 50 Abs. 1 S. 2 Nr. 3 SGB VIII ist bei den in § 186 FamFG geregelten Adoptionssachen mitzuwirken, und zwar in Form der Bestimmungen der §§ 188 Abs. 2, 189, 194 und 195 FamFG. § 186 FamFG definiert mit der neuen Bezeichnung „Adoptionssachen“ einheitlich die Verfahren, die

1. die Annahme als Kind,
2. die Ersetzung der Einwilligung zur Annahme als Kind,
3. die Aufhebung des Annahmeverhältnisses oder
4. die Befreiung vom Eheverbot des § 1308 Abs. 1 BGB

betreffen.

In allen diesen Verfahren hat das Familiengericht das Jugendamt bzw. das Landesjugendamt *auf ihren Antrag* hin zu beteiligen, § 188 Abs. 2 FamFG. Hierdurch wird die Beteiligtenstellung gem. § 7 Abs. 2 Nr. 2 FamFG erworben, weshalb Jugendamt und Landesjugendamt gem. § 7 Abs. 4 FamFG von der Einleitung des Verfahrens zu benachrichtigen und über ihr Antragsrecht zu belehren sind. Ob sie den Antrag auf Beteiligung stellen, liegt allerdings im Ermessen von Jugendamt bzw. Landesjugendamt.

Wird das Jugendamt in den Adoptionssachen des § 186 FamFG lediglich angehört bzw. gibt das Jugendamt gem. § 189 FamFG zu einer Annahme als Kind eine „fachliche Äußerung" ab, erlangt sie hierdurch nicht die Beteiligtenstellung, vgl. § 7 Abs. 6 FamFG.

Im Verfahren auf Annahme als Kind, § 186 Nr. 1 FamFG, hat das Gericht eine „fachliche Äußerung" der Adoptionsvermittlungsstelle, die das Kind vermittelt hat, einzuholen, um zu klären, ob das Kind und die Familie des Annehmenden für die Annahme geeignet sind. Ist *keine* Adoptionsvermittlungsstelle tätig geworden, ist eine „fachliche Äußerung" des Jugendamts *oder einer* Adoptionsvermittlungsstelle einzuholen. Diese „fachliche Äußerung" (früher „gutachtliche Stellungnahme") nach § 189 FamFG kommt nach dem eindeutigen Wortlaut der Regelung nur bei der Annahme eines Minderjährigen als Kind in Betracht, nicht bei den weiteren Adoptionssachen des § 186 Nr. 2–4 FamFG (s. o.).

Die fachliche Äußerung muss sich im Wesentlichen mit den Voraussetzungen der Adoption gem. § 1741 BGB befassen, also mit der grundsätzlichen Frage, ob die Annahme dem Wohl des Kindes dient sowie damit, ob zwischen dem Annehmenden und dem Kind die Entstehung eines Eltern-Kind-Verhältnisses zu erwarten ist. Dabei sind die üblichen Kindeswohlkriterien zu bewerten, also u. a. Bindungen, Neigungen und Wünsche des Kindes wie auch die Grundsätze von Erziehungsfähigkeit und Erziehungsbereitschaft der Adoptiveltern oder das soziale Umfeld bzw. die häuslichen Verhältnisse (vgl. zu weiteren Einzelheiten Kap. VII).

Die Mitwirkung des Jugendamts nach § 50 Abs. 1 S. 2 Nr. 3 SGB VIII im Fall von § 194 FamFG bezieht sich auf seine zwingende Anhörung in (*sämtlichen*) Adoptionssachen des § 186 FamFG (also über die Annahme als Kind hinaus, § 186 Nr. 1 FamFG), *sofern* der Anzunehmende oder Angenommene minderjährig ist. Für den Fall der Annahme als Kind bedarf es einer Anhörung des Jugendamts aber ausdrücklich nicht, wenn das Jugendamt bereits eine „fachliche Äußerung" durch seine Adoptionsvermittlungsstelle gem. § 189 FamFG abgegeben hat.

Wurde eine andere, z. B. eine anerkannte Adoptionsvermittlungsstelle eines freien Trägers, vgl. § 2 Abs. 2 AdVermiG, tätig, und gab diese die fachliche Äußerung i. S. v. § 189 FamFG ab, bleibt die Anhörungspflicht des zuständigen Jugendamts jedoch bestehen, weil § 194 Abs. 1 S. 2 FamFG ausdrücklich von der fachlichen Äußerung einer Adoptionsvermittlungsstelle des Jugendamts ausgeht. Bei dieser Sachlage wird das Jugendamt also von der fachlichen Äußerung des freien Trägers informiert, damit die Beschwerdebefugnis des Jugendamts gem. § 194 Abs. 2 FamFG gesichert ist.

Wurde das Jugendamt angehört oder von ihm eine fachliche Äußerung abgegeben, hat das Gericht dem Jugendamt die Entscheidung mitzuteilen, da dem Jugendamt gegen den gerichtlichen Beschluss die Beschwerde zusteht, vgl. § 194 Abs. 2 FamFG.

Die Mitteilung nach § 195 FamFG betrifft die – zusätzliche! – Anhörung der Zentralen Adoptionsstelle des Landesjugendamts vor Ausspruch der Annahme, wenn ein minderjähriges Kind oder Adoptionsbewerber eine ausländische Staatsangehörigkeit besitzen, staatenlos sind oder Adoptionsbewerber oder Kind weder Wohnsitz noch gewöhnlichen Aufenthalt in Deutschland haben, vgl. § 11 Abs. 1 Nr. 2 und 3, Abs. 2 AdVermiG.

3.4 Die Mitwirkung in Ehewohnungssachen

In § 50 Abs. 1 S. 2 Nr. 4 SGB VIII ist gem. §§ 204 Abs. 2, 205 FamFG die Mitwirkung des Jugendamts in Ehewohnungssachen angesprochen, *wenn Kinder im Haushalt der Ehegatten leben.* Die sog. Ehewohnungssachen sind in § 200 Abs. 1 Nr. 1 und 2 FamFG definiert. Hierbei handelt es sich um Verfahren nach

§ 1361b Abs. 1 BGB (Wohnungszuweisung bei Getrenntleben der Ehegatten)

Leben die Ehegatten voneinander getrennt oder will einer von ihnen getrennt leben, so kann ein Ehegatte verlangen, dass ihm der andere die Ehewohnung oder einen Teil zur alleinigen Benutzung überlässt, soweit dies auch unter Berücksichtigung der Belange des anderen Ehegatten notwendig ist, um eine unbillige Härte zu vermeiden. Eine unbillige Härte kann auch dann gegeben sein, wenn das Wohl von im Haushalt lebenden Kindern beeinträchtigt ist. (...).

Beispiel:
Frau und Herr A sind seit sieben Jahren verheiratet. Sie leben mit ihrem gemeinsamen Sohn Dennis, sieben Jahre alt, in einer Drei-Zimmer-Wohnung mit Küche, Diele, Bad. Die Ehe kriselt. Frau A möchte sich von ihrem Ehemann trennen, Herr A kann keine Scheidungsgründe erkennen, weil er sich seiner Meinung nach als Ehemann vorbildlich verhält. Als die ehelichen Streitgespräche lauter und immer häufiger werden und auch den gemeinsamen Sohn Dennis intensiv einbeziehen, beansprucht Frau A bei Gericht die Zuweisung der Ehewohnung an sich. Sie beruft sich unter anderem auch darauf, dass das gemeinsame Kind unter den Streitereien erheblich leidet.

Ferner geht es um Verfahren nach

§ 1568a BGB (Wohnungszuweisung bei Scheidung der Ehegatten)

Ein Ehegatte kann verlangen, dass ihm der andere Ehegatte anlässlich der Scheidung die Ehewohnung überlässt, wenn er auf deren Nutzung unter Berücksichtigung des Wohls der im Haushalt lebenden Kinder und der Lebensverhältnisse der Ehegatten in stärkerem Maße angewiesen ist als der andere Ehegatte oder die Überlassung aus anderen Gründen der Billigkeit entspricht. (...).

Beispiel:
Nach der Scheidung der Eheleute B beansprucht der Ehemann die Zuweisung der Ehewohnung an sich, da es ihm unter den gegebenen finanziellen Verhältnissen und den benötigten Räumlichkeiten für die bei ihm wohnenden drei Kinder aus seiner ersten Ehe und der beiden ehegemeinsamen Kinder praktisch unmöglich sei, eine neue geeignete Wohnung zu finden, mit der auch die räumliche Nähe zu den Schulen aller Kinder gewährleistet sei. Er verlangt im gerichtlichen Verfahren von seiner Frau, dass sie ihm die Wohnung überlässt.

§ 204 Abs. 2 FamFG regelt die Beteiligung des Jugendamts auf seinen Antrag hin, vgl. § 7 Abs. 2 Nr. 2 FamFG. Das Jugendamt ist deshalb gem. §§ 7 Abs. 4, 7 Abs. 2 Nr. 2, 204 Abs. 2 FamFG von der Einleitung eines entsprechenden Verfahrens zu benachrichtigen, die Stellung des Antrags auf Beteiligung steht im Ermessen des Jugendamts (vgl. im Übrigen auch Kap. XIII, S. 172 ff.).

Ungeachtet des Rechts auf Beteiligung soll das Jugendamt in den fraglichen Ehewohnungssachen vom Gericht angehört werden, vgl. § 205 FamFG. Bekanntlich greifen gerichtliche Regelungen über die Wohnung auf Grund zumeist vorausgegangener intensiver Auseinandersetzungen der Ehegatten ganz erheblich in die Lebensumstände der Beteiligten ein. Damit sind auch umfassende Auswirkungen auf das Wohl der betroffenen im Haushalt lebenden Kinder gegeben. Nach den beiden materiellrechtlichen Bestimmungen der §§ 1361b und 1568a BGB soll das Wohl der im Haushalt lebenden Kinder besonders berücksichtigt werden.

Es ist insoweit unerheblich, ob es sich um gemeinsame Kinder oder Kinder eines Ehegatten handelt. Nach den Vorstellungen des Gesetzgebers stellt sich in diesen Verfahren vor allem häufig die Frage, „ob und gegebenenfalls unter welchen Modalitäten der aus der Wohnung gewiesene (...) Elternteil oder eine nach § 1685 BGB umgangsberechtigte Person künftig Umgang mit dem Kind haben soll“ (vgl. BT-Drucksache 14/5229, Seite 37). Dabei gewährleistet die Unterrichtung, so die Gesetzesbegründung weiter, dass das Jugendamt von der Wohnungszuweisung oder -überlassung Kenntnis erlangt und so in die Lage versetzt wird, den Beteiligten Beratung und Unterstützung bei der Ausübung des Umgangsrechts nach § 18 Abs. 3 SGB VIII anzubieten. Diese Unterstützung könne in geeigneten Fällen auch darin bestehen, dass das Jugendamt eine Begleitung des Umgangs anbiete. Bestehe zwischen dem Beteiligten Streit über das Umgangsrecht und könne auch mit Hilfe des Jugendamts oder einer Familienberatungsstelle keine einvernehmliche Lösung erzielt werden, sei eine gerichtliche Regelung des Umgangs in Betracht zu ziehen. Eine solche könne auch vom Jugendamt gegenüber dem Familiengericht angeregt werden, wobei das Jugendamt – sollte es eine Gefährdung des Kindeswohls feststellen – darüber hinaus verpflichtet sei, das Familiengericht anzurufen. Dieses habe dann zu prüfen, ob das Umgangsrecht nach § 1684 Abs. 4 BGB einzuschränken oder auszuschließen sei (vgl. BT-Drucksache 14/5429, S. 37).

Ebenso kann sich aber auch bereits im Zusammenhang mit der Überlassung der Wohnung die Frage stellen, welcher Elternteil zukünftig die Betreuung der Kinder übernimmt, so dass auftretenden Streitigkeiten über das Sorgerecht frühzeitig durch Beratung und Unterstützung des Jugendamts begegnet werden kann, möglicherweise auch im Rahmen der durchzuführenden Anhörung der Beteiligten.

Die Anhörung nach § 205 FamFG ist als „Soll-Vorschrift“ ausgestaltet. Verspricht die Anhörung des Jugendamts aufgrund gegebener Fakten keinen Erkenntnisgewinn, z. B. weil feststeht, dass der gegenüber Frau und Kindern gewalttätige Ehemann aus der Wohnung gewiesen werden muss – und damit z. B. für die Betreuung und Versorgung der Kinder bzw. für einen Umgang ohnehin nicht in Betracht kommt –, kann die Anhörung des Jugendamts unterbleiben.

Wird sie allerdings allein wegen Gefahr im Verzug unterlassen, ist sie nachzuholen, vgl. § 205 Abs. 1 S. 2 FamFG. Ist die Anhörung jedoch – wie im Regelfall anzunehmen sein dürfte – geboten, hat sie rechtzeitig im Verfahren zu erfolgen, so dass sie bei der Entscheidung gebührend berücksichtigt werden kann. Dies gilt prinzipiell auch für das einstweilige Anordnungsverfahren, vgl. § 205 Abs. 1 FamFG i.V.m. § 51 Abs. 1 S. 1 SGB VIII.

In sämtlichen Ehewohnungssachen unter Beteiligung von im Haushalt lebenden Kindern ist die gerichtliche Entscheidung dem Jugendamt mitzuteilen, § 205 Abs. 2 S. 1 FamFG, wobei dem Jugendamt ungeachtet von seiner etwaigen Beteiligung eine Beschwerdebefugnis nach §§ 59 Abs. 3 i.V.m. 205 Abs. 2 S. 2 FamFG zusteht.

3.5 Die Mitwirkung in Gewaltschutzsachen

Schließlich hat das Jugendamt in Gewaltschutzsachen mitzuwirken, „wenn ein Kind in dem Haushalt lebt", vgl. § 50 Abs. 1 S. 2 Nr. 5 SGB VIII i.V.m. §§ 212, 213 FamFG. Die Mitwirkungspflicht in Gewaltschutzsachen bezieht sich auf § 2 Gewaltschutzgesetz, also die Überlassung einer gemeinsam genutzten Wohnung im Rahmen des zivilgerichtlichen Schutzes bei Gewalttaten und Nachstellungen. Gemeint sind hier das Auflauern am Arbeitsplatz, im Wohnungsumfeld, das Verfolgen bei „zufälligen" Begegnungen usw. Diese Gewaltschutzsachen sind nach § 111 Nr. 6 FamFG Familiensachen und verfahrensrechtlich in §§ 210 ff. FamFG geregelt.

Gemäß § 212 FamFG ist die Beteiligung des Jugendamts – auf dessen Antrag hin – in Gewaltschutzverfahren nach § 2 Gewaltschutzgesetz vorgesehen, *wenn ein Kind in dem Haushalt der gemeinsam genutzten Wohnung lebt.* Bekanntlich ist das Kindeswohl durch Gewalt in der Familie besonders stark gefährdet, weshalb eine Intervention des Jugendamts hier in der Regel besonders gefragt ist. Wegen des Beteiligungsrechts gem. §§ 212, 7 Abs. 2 Nr. 2 FamFG ist das Jugendamt gem. § 7 Abs. 4 FamFG von der Einleitung des Verfahrens durch das Gericht zu benachrichtigen und über sein Antragsrecht zu belehren. Ungeachtet eines etwaigen Antrages auf Beteiligung soll das Gericht das Jugendamt anhören, wenn Kinder in dem Haushalt leben, vgl. § 213 Abs. 1 S. 1 FamFG. Auf die vorstehenden Ausführungen zu § 205 FamFG wird insoweit verwiesen.

Form und Inhalt der Anhörung sowie Mitteilung der Entscheidung sowie Beschwerderecht des Jugendamts, vgl. § 213 FamFG, entsprechen inhaltlich der Regelung des § 205 FamFG.

4 Zum Inhalt der Tätigkeit des Jugendamts im Rahmen von Unterstützung und Mitwirkung im Einzelnen

Während § 50 Abs. 1 S. 1 und S. 2 SGB VIII die *formalen* Unterstützungs- und Mitwirkungskriterien des Jugendamts ansprechen (Anhörungs- und Mitwirkungsvorschriften, Beteiligung, Beschwerdebefugnis im Allgemeinen), enthält

§ 50 Abs. 2 SGB VIII Anhaltspunkte über die *inhaltliche* Tätigkeit. Dem unverändert gebliebenen § 50 Abs. 2 S. 1 SGB VIII wurde durch das FGG-RG der § 50 Abs. 2 S. 2 SGB VIII angefügt, der die Besonderheiten des beschleunigten Verfahrens gem. § 155 Abs. 2 FamFG berücksichtigt.

Gemäß § 50 Abs. 2 S. 1 SGB VIII unterrichtet das Jugendamt insbesondere uber angebotene und erbrachte Leistungen, bringt erzieherische und soziale Gesichtspunkte zur Entwicklung des Kindes oder des Jugendlichen ein und weist auf weitere Möglichkeiten der Hilfen hin.

In einer solchen Stellungnahme wird das Jugendamt zunächst – einleitend – den Sachverhalt kurz so wiedergeben, wie er sich ihm darstellt (Schilderung der angetroffenen Umstände, Situationen usw.). Ferner wird das Jugendamt auf die Streitpositionen der Beteiligten (z. B. der Eltern im Sorgerechts- bzw. Umgangsrechtsstreit) und die Auswirkungen auf das Kind eingehen. Außerdem werden Möglichkeiten der Hilfen angesprochen werden, um die strittige Situation zu entschärfen und vor allem, um die Sicht der Beteiligten (namentlich auch des Gerichts) auf die notwendigen Schritte zu lenken, die zu einer Problemlösung geeignet sind.

Die Aufzählung der im Gesetz erwähnten Unterrichtungsinhalte ist keineswegs abschließend, wie sich aus der gesetzlichen Formulierung „insbesondere" ergibt. Andererseits sind die in der Bestimmung genannten Inhalte auch nur beispielhaft erwähnt. Die Regelung macht deutlich, dass die fachliche Äußerung des Jugendamts das gerichtliche Verfahren unter dem jugendhilferechtlichen Blickwinkel fördern soll.

Die Unterrichtung des Jugendamts über „angebotene und erbrachte Leistungen" lässt insbesondere erkennen, ob angebotene Hilfen angenommen oder verweigert wurden bzw. ob erbrachte Leistungen erfolgreich waren. Erzieherische und soziale Gesichtspunkte zur Entwicklung des Kindes und des Jugendlichen geben Aufschluss über notwendige elterliche Kompetenzen, die im gerichtlichen Verfahren zu erörtern sind. Hinweise auf weitere Möglichkeiten der Hilfe erlauben Überlegungen, mit denen erforderliche Hilfen umgesetzt werden können.

Dies alles gehört inhaltlich zu einer fachlichen Stellungnahme, die sich nicht auf die bloße Wiedergabe des Akteninhalts oder Äußerungen der Beteiligten beschränken darf. Vielmehr konkretisiert die Vorschrift, dass die richterliche Anhörungspflicht für das Jugendamt Anlass sein muss, zu prüfen, inwieweit ein fachgerechtes Hilfe- bzw. Leistungsangebot – im Hinblick auf möglicherweise erforderliche Hilfeinterventionen zu Gunsten des betroffenen Kindes oder Jugendlichen, aber auch im Hinblick auf Hilfestellungen zu Gunsten einvernehmlicher oder zumindest möglichst wenig verletzender Konfliktlösungen im gerichtlichen Verfahren – erfolgen muss (vgl. BT-Drucksache 11/5948, Seite 87).

Durch die Regelung des § 50 Abs. 2 SGB VIII wird die Aufgabe der Mitwirkung des Jugendamts im Hinblick auf die fachliche Unterstützung der richterlichen Entscheidungsfindung dahingehend verdeutlicht, dass die genannten Tätigkeiten sicherstellen sollen, dass in der gerichtlichen Entscheidung die Möglichkeiten der (Jugend-)Hilfe berücksichtigt werden.

Das Gericht muss also in den Stand versetzt werden, prognostisch diejenige Entscheidung zu treffen, die sich unter Berücksichtigung der Angebote der

Jugendhilfe als kindeswohldienlich bzw. kindeswohlfördernd darstellt (z.B. Wiederherstellung der Umgangskontakte durch vom Jugendamt begleiteten Umgang).

Insofern kommt also der Perspektive weiterer Hilfemöglichkeiten besondere Bedeutung zu, weil der vom Gericht auszulegende Begriff des Kindeswohls (...) nicht statisch, sondern dynamisch zu verstehen ist (BT-Drucksache 11/5948, Seite 88). Weitere Differenzierungen im Hinblick auf die inhaltliche Tätigkeit des Jugendamts sieht das Gesetz bewusst nicht vor, weil der Interventionsbedarf von Seiten des Jugendamts nach dessen pflichtgemäßem Ermessen zu klären ist (BT-Drucksache 11/5948, Seite 88).

Im Ergebnis muss die fachliche Stellungnahme des Jugendamts aussagekräftig, nachvollziehbar und inhaltlich gut begründet sein. Nur dann kann sie dazu beitragen, den Entscheidungsfindungsprozess des Gerichts zu qualifizieren. Dieses ist in aller Regel auf die fachliche Unterstützung des Jugendamts angewiesen, wenn es im Zuge der Entscheidungsfindung vor der Herausforderung steht, die (sozial-) pädagogischen und psychologischen Handlungszusammenhänge von familiären und kindlichen Problemlagen, das Handeln der Jugendhilfe und die vorhandenen bzw. die zu erwartenden Erziehungs- und Handlungskompetenzen von Eltern verstehen, bewerten und prognostisch einschätzen zu müssen (vgl. Oberloskamp/Borg-Laufs/Mutke 2009, 14f.). Weiter heißt es: „Die gutachtliche Stellungnahme des Jugendamts hat somit die Funktion einer sozial-pädagogischen Orientierungs- und Entscheidungshilfe für das Gericht, damit dieses die Zielsetzung, ‚Beachtung des Kindeswohls bei größtmöglicher Wahrung der Rechte der Eltern', optimal erreichen kann" (ebd., 21).

5 Die Mitwirkung im beschleunigten Verfahren, § 50 Abs. 2 S. 2 SGB VIII i.V.m. § 155 Abs. 2 FamFG

§ 155 FamFG (Vorrang- und Beschleunigungsgebot)

(1) Kindschaftssachen, die den Aufenthalt des Kindes, das Umgangsrecht oder die Herausgabe des Kindes betreffen, sowie Verfahren wegen Gefährdung des Kindeswohls sind vorrangig und beschleunigt durchzuführen.

(2) Das Gericht erörtert in Verfahren nach Abs. 1 die Sache mit den Beteiligten in einem Termin. Der Termin soll spätestens einen Monat nach Beginn des Verfahrens stattfinden. Das Gericht hört in diesem Termin das Jugendamt an. Eine Verlegung des Termins ist nur aus zwingenden Gründen zulässig. Der Verlegungsgrund ist mit dem Verlegungsgesuch glaubhaft zu machen.

(3) Das Gericht soll das persönliche Erscheinen der verfahrensfähigen Beteiligten zu dem Termin anordnen.

(4) Hat das Gericht ein Verfahren nach Absatz 1 zur Durchführung einer Mediation oder eines anderen Verfahrens der außergerichtlichen Konfliktbeilegung ausgesetzt, nimmt es das Verfahren in der Regel nach drei Monaten wieder auf, wenn die Beteiligten keine einvernehmliche Regelung erzielen.

Da der im beschleunigten Verfahren durchzuführende Erörterungstermin innerhalb eines Monats nach Beginn des Verfahrens stattzufinden hat, ist es dem Jugendamt häufig schlecht möglich, eine fundierte fachliche Stellungnahme rechtzeitig vor dem Erörterungstermin vorzulegen. Deshalb sieht § 50 Abs. 2 S. 2 SGB VIII vor, dass das Jugendamt das Familiengericht in dem Termin nach § 155 Abs. 2 FamFG über den Stand des Beratungsprozesses (lediglich) informiert (zum Wortlaut von § 50 Abs. 2 S. 2 SGB VIII siehe oben S. 183).

Vorrangig und beschleunigt gem. § 155 Abs. 1 FamFG durchzuführen sind Kindschaftssachen, die den Aufenthalt des Kindes, das Umgangsrecht oder die Herausgabe des Kindes betreffen, sowie Verfahren wegen Gefährdung des Kindeswohls. Nach der Gesetzesbegründung soll die Vorschrift insbesondere eine Verkürzung der Verfahrensdauer in „sorge- und umgangsrechtlichen Verfahren bewirken" (vgl. BT-Drucksache 16/6308, Seite 235). Gefordert ist insgesamt eine „bevorzugte Erledigung" der „genannten Kindschaftssachen", und zwar „im Notfall auf Kosten anderer anhängiger Sachen" (vgl. Gesetzesbegründung wie vor). Deshalb gilt, so die Gesetzesbegründung weiter, „das Vorranggebot in jeder Lage des Verfahrens" und „ist u. a. bei der Anberaumung von Terminen, bei der Fristsetzung für die Abgabe eines Sachverständigengutachtens (vgl. § 163 FamFG) und bei der Bekanntgabe von Entscheidungen zu beachten" (vgl. Gesetzesbegründung wie vor). Allerdings soll das Beschleunigungsgebot auch nicht „schematisch gehandhabt werden", der Grundsatz des Kindeswohls präge und begrenze zugleich das Beschleunigungsgebot (vgl. S. 235 f.).

Mit der schnellen Terminierung hofft der Gesetzgeber Eskalierungen des Elternkonflikts zu vermeiden. Hierzu heißt es weiter: „Insbesondere in der ersten Zeit nach der Trennung ist die Kompetenz beider Eltern zu verantwortlichem Handeln oft reduziert, was tendenziell zu einer Zuspitzung der Konflikte führt. Gerade in dieser Situation ist es wichtig, die Eltern nicht längere Zeit allein zu lassen. Der Anspruch des Kindes auf Schutz vor überflüssigen Schädigungen gebietet es vielmehr, dass das Familiengericht so schnell wie möglich versucht, die Eltern im persönlichen Gespräch wieder auf den Weg zur Übernahme gemeinsamer Verantwortung zu bringen" (vgl. Gesetzesbegründung wie vor, S. 236).

Für die Anhörung des Jugendamts in dem Termin nach § 155 Abs. 2 FamFG geht der Gesetzgeber deshalb davon aus, „dass das Gericht einen Vertreter des Jugendamts im Erörterungstermin persönlich anhört. (...)" (vgl. Gesetzesbegründung wie vor, S. 236).

Im Ergebnis läuft die „Information über den Stand des Beratungsprozesses" gem. § 50 Abs. 2 S. 2 SGB VIII darauf hinaus, bei der gerichtliche Erörterung innerhalb des ersten Monats darüber zu unterrichten,

- wie sich der Elternkonflikt darstellt,
- ob und inwieweit sich aktuell Eskalierungen ergeben und
- wie diese etwa mit fachlicher Kompetenz des Jugendamts – und den Entscheidungsmöglichkeiten des Gerichts – minimiert oder vermieden werden können.

Darüber hinaus ist bei der gemeinsamen Erörterung zu prüfen, ob und unter welchen Gegebenheiten eine Bereitschaft der Eltern besteht, wieder ihre Verantwortung für die beteiligten Kinder gerecht zu werden und Belastungen und Schädigungen zu reduzieren.

Gut zu wissen – gut zu merken

Im familiengerichtlichen Verfahren ist das Jugendamt durch die gesetzlichen Mitwirkungsvorschriften auf vielfältige Weise eingebunden. Dies soll letztlich insbesondere auch der Optimierung der gerichtlichen Entscheidung dienen. Gleichwohl nimmt das Jugendamt seine Mitwirkungsaufgaben als eigene Aufgaben wahr und unterliegt insoweit keinerlei familiengerichtlichen Weisungen. Die Unterstützungstätigkeit des Jugendamts bezieht sich auf alle Maßnahmen des Familiengerichts, die die Sorge für die Person von Kindern und Jugendlichen betreffen. Zum Zwecke der Mitwirkung und Unterstützung hat das Gericht das Jugendamt vor seiner Entscheidung grundsätzlich anzuhören.

Weiterführende Literatur

Bork, R./Jacoby, F./Schwab, D. (2009): FamFG: Kommentar zum Gesetz über das Verfahren in Familiensachen und in den Angelegenheiten der freiwilligen Gerichtsbarkeit. Bielefeld: Gieseking.

Kunkel, P.-C. (Hg.) (2011): Sozialgesetzbuch VIII. Kinder- und Jugendhilfe. Lehr- und Praxiskommentar. 4. Auflage 2011. Wiesbaden: Nomos.

Oberloskamp, H./Borg-Laufs, Michael/Mutke, B. (2009): Gutachtliche Stellungnahmen in der sozialen Arbeit: Eine Anleitung mit Beispielen für die Mitwirkung in Vormundschafts- und Familiengerichtsverfahren. 7. Auflage. Neuwied: Luchterhand.

XV Der Anwalt des Kindes – Verfahrensbeistand gem. §158 FamFG

Was Sie in diesem Kapitel lernen können

Der Verfahrensbeistand ist im Kindschaftsverfahren als Interessenvertreter des Kindes nicht mehr wegzudenken und mit Blick auf die Europäische Konvention zur Ausübung von Kinderrechten verfahrensrechtlich unverzichtbar.

Mit dem FamFG hat der Gesetzgeber die Regelung über den Verfahrensbeistand grundlegend reformiert.

In diesem Kapitel werden die Voraussetzungen für sein Tätigwerden, seine Aufgaben und Funktionen sowie die Art und Weise der Interessenwahrnehmung beschrieben.

1 Überblick

Mit der Kindschaftsrechtsreform im Jahre 1998 wurde die Verfahrenspflegschaft für minderjährige Kinder eingeführt. Durch das am 01.09.2009 in Kraft getretene Gesetz zur Reform des Verfahrens in Familiensachen und in den Angelegenheiten der freiwilligen Gerichtsbarkeit (FGG Reformgesetz) wurde die Verfahrenspflegschaft grundlegend reformiert. Seitdem heißt der bisherige Verfahrenspfleger für minderjährige Kinder nunmehr Verfahrensbeistand.

§ 158 FamFG (Verfahrensbeistand)

(1) Das Gericht hat dem minderjährigen Kind in Kindschaftssachen, die seine Person betreffen, einen geeigneten Verfahrensbeistand zu bestellen, soweit dies zur Wahrnehmung seiner Interessen erforderlich ist.
(2) Die Bestellung ist in der Regel erforderlich,
1. wenn das Interesse des Kindes zu dem seiner gesetzlichen Vertreter in erheblichem Gegensatz steht,
2. in Verfahren nach den §§1666 und 1666a des Bürgerlichen Gesetzbuchs, wenn die teilweise oder vollständige Entziehung der Personensorge in Betracht kommt,
3. wenn eine Trennung des Kindes von der Person erfolgen soll, in deren Obhut es sich befindet,
4. in Verfahren, die die Herausgabe des Kindes oder eine Verbleibensanordnung zum Gegenstand haben, oder
5. wenn der Ausschluss oder eine wesentliche Beschränkung des Umgangsrechts in Betracht kommt.
(3) Der Verfahrensbeistand ist so früh wie möglich zu bestellen. Er wird durch seine Bestellung als Beteiligter zum Verfahren hinzugezogen. Sieht das Gericht in den Fällen des Abs. 2 von der Bestellung eines Verfahrensbeistands ab, ist dies

in der Endentscheidung zu begründen. Die Bestellung eines Verfahrensbeistands oder deren Aufhebung sowie die Ablehnung einer derartigen Maßnahme sind nicht selbstständig anfechtbar.
(4) Der Verfahrensbeistand hat das Interesse des Kindes festzustellen und im gerichtlichen Verfahren zur Geltung zu bringen. Er hat das Kind über Gegenstand, Ablauf und möglichen Ausgang des Verfahrens in geeigneter Weise zu informieren. Soweit nach den Umständen des Einzelfalls ein Erfordernis besteht, kann das Gericht dem Verfahrensbeistand die zusätzliche Aufgabe übertragen, Gespräche mit den Eltern und weiteren Bezugspersonen des Kindes zu führen sowie am Zustandekommen einer einvernehmlichen Regelung über den Verfahrensgegenstand mitzuwirken. Das Gericht hat Art und Umfang der Beauftragung konkret festzulegen und die Beauftragung zu begründen. Der Verfahrensbeistand kann im Interesse des Kindes Rechtsmittel einlegen. Er ist nicht gesetzlicher Vertreter des Kindes.
(5) Die Bestellung soll unterbleiben oder aufgehoben werde, wenn die Interessen des Kindes von einem Rechtsanwalt oder einem anderen geeigneten Verfahrensbevollmächtigten angemessen vertreten werden.
(6) Die Bestellung endet, sofern sie nicht vorher aufgehoben wird,
1. mit der Rechtskraft der das Verfahren abschließenden Entscheidung oder
2. mit dem sonstigen Abschluss des Verfahrens.
(7) Für den Ersatz von Aufwendungen des nicht berufsmäßigen Verfahrensbeistands gilt §277 Abs. 1 entsprechend. Wird die Verfahrensbeistandschaft berufsmäßig geführt, erhält der Verfahrensbeistand für die Wahrnehmung seiner Aufgaben nach Abs. 4 in jedem Rechtszug jeweils eine einmalige Vergütung in Höhe von 350 Euro. Im Fall der Übertragung von Aufgaben nach Abs. 4 S. 3 erhöht sich die Vergütung auf 550 Euro. Die Vergütung gilt auch Ansprüche auf Ersatz anlässlich der Verfahrensbeistandschaft entstandenen Aufwendungen, sowie die auf die Vergütung anfallende Umsatzsteuer ab. Der Aufwendungsersatz und die Vergütung sind stets aus der Staatskasse zu zahlen. Im Übrigen gilt §168 Abs. 1 entsprechend.
(8) Dem Verfahrensbeistand sind keine Kosten aufzuerlegen.

2 Die Bestellung des Verfahrensbeistands

Nach § 158 Abs. 1 FamFG ist das Gericht verpflichtet, für das minderjährige Kind in „Kindschaftssachen, die seine Person betreffen“, einen Verfahrensbeistand zu bestellen, vorausgesetzt, dass dies zur Wahrnehmung der Interessen des Kindes erforderlich ist. Wann dies der Fall ist, ist aufgrund aller Umstände des Einzelfalls zu entscheiden.

Für die Erforderlichkeit einer eigenen Interessenvertretung des Kindes spricht in der Regel die aus konkreten Einzelumständen abzuleitende Gefahr, dass die Eltern oder gesetzlichen Vertreter des Kindes wegen eigener Interessen nicht in der Lage sind, die berechtigten Interessen des Kindes hinreichend wahrzunehmen, dass es aber wegen der Bedeutung des Verfahrens für das Kind einer solchen Vertretung bedarf. In welchen Situationen dies der Fall sein kann, wird weiter unten erläutert.

Andererseits ist eine eigene Interessenvertretung des Kindes dann nicht notwendig, wenn es um eine Entscheidung von geringer Tragweite geht oder wenn abzusehen ist, dass gesetzlich vorgesehene Verfahrensgarantien wie die Anhörung des Kindes bzw. die Stellungnahme des Jugendamtes als ausreichend anzusehen sind, um die Interessen des Kindes im Verfahren umfassend zur Geltung zu bringen.

So wäre in dem folgenden Fallbeispiel die Bestellung eines Verfahrensbeistands unangebracht.

Beispiel:

Die geschiedenen Eltern des bei seiner Mutter lebenden siebenjährigen Jan sind sich nach einem intensiven Umgangsrechtsstreit darüber einig, dass Jan regelmäßigen Umgang (alle zwei Wochen einschließlich Übernachtung) mit seinem Vater haben soll. Nach mehrjähriger einvernehmlicher Praktizierung dieses Umgangs möchte der Vaters Jan samstags statt um 14:00 Uhr schon um 13:00 Uhr bei seiner Mutter abholen, um den Samstagnachmittag mit Jan besser nutzen zu können. Die Mutter lehnt dies ab, weil Sie samstagvormittags mit Jan grundsätzlich shoppen gehe.

Kindschaftssachen, die die Person des Kindes betreffen, sind gem. § 151 FamFG Verfahren, die

- die elterliche Sorge,
- das Umgangsrecht,
- die Kindesherausgabe,
- die Vormundschaft,
- die Pflegschaft oder die gerichtliche Bestellung eines sonstigen Vertreters für einen Minderjährigen oder für eine Leibesfrucht,
- die Genehmigung der freiheitsentziehenden Unterbringung eines Minderjährigen (§§ 1631b, 1800, 1915 BGB),
- die Anordnung der freiheitsentziehenden Unterbringung eines Minderjähren nach den Landesgesetzen über die Unterbringung psychisch Kranker oder
- die Aufgaben nach dem Jugendgerichtsgesetz betreffen.

Bei den zuvor genannten Kindschaftssachen ist die Bestellung eines Verfahrensbeistands notwendig, da es sich in aller Regel um Kindschaftssachen handelt, die die *Person des Kindes* betreffen.

Die Regelung greift hier die im Familienrecht häufige Unterscheidung von Personensorge und Vermögenssorge auf.

§ 1626 Abs. 1 S. 2 BGB

„Die elterliche Sorge umfasst die Sorge für die Person des Kindes (Personensorge) und das Vermögen des Kindes (Vermögenssorge)."

Die Personensorge ist in § 1631 BGB geregelt.

§ 1631 Abs. 1 BGB

„Die Personensorge umfasst insbesondere die Pflicht und das Recht, das Kind zu pflegen, zu erziehen, zu beaufsichtigen und seinen Aufenthalt zu bestimmen."

Da das Gesetz hier „insbesondere" von den genannten Bereichen spricht, handelt es sich insoweit also nur um grundsätzliche und beispielhaft genannte Bereiche der Personensorge. Letztlich gehört jedwede Aufgabenwahrnehmung für die Person des Kindes zur Personensorge (z. B. Namensbestimmung, Gesundheitssorge mit den Entscheidungen über ärztliche Maßnahmen, Gefahrenabwehr für das Wohl des Kindes usw.).

Geht es im Verfahren einer Kindschaftssache jedoch *ausschließlich* um das Vermögen des Kindes, kommt die Bestellung eines Verfahrensbeistands hingegen nicht in Betracht. Ist das Vermögen in einem die Person des Kindes betreffenden Verfahren mit betroffen, ist die Bestellung eines Verfahrensbeistandes den Umständen nach in Erwägung zu ziehen.

Eine Interessenvertretung des Kindes in einem Hilfeplanverfahren gem. § 36 SGB VIII gehört nicht zu den Aufgaben des Verfahrensbeistands, weil die Bestellung nur für das (gerichtliche) Kindschaftsverfahren erfolgt.

Als Verfahrensbeistand kommt nur eine hinreichend „geeignete Person" in Betracht. Gemeint ist, dass nur eine Person zum Verfahrensbeistand bestimmt werden soll, die persönlich und fachlich geeignet ist, das Interesse des Kindes festzustellen und auch sachgerecht in das Verfahren einzubringen. Konkrete Qualifikationsanforderungen oder Qualifikationsnachweise zur Wahrnehmung der Tätigkeit sieht das Gesetz allerdings *nicht* vor. Entsprechend den Aufgaben des Verfahrensbeistands, die sich aus § 158 Abs. 4 FamFG ergeben, muss aber gefordert werden, dass der Verfahrensbeistand

- das Interesse des Kindes feststellen,
- das Interesse des Kindes im gerichtlichen Verfahren zur Geltung bringen,
- das Kind über Gegenstand, Ablauf und möglichen Ausgang des Verfahrens in geeigneter Form informieren kann.

Darüber hinaus muss er in der Lage sein, die ggf. ihm weiterhin auferlegte Aufgabe der Gesprächsführung mit den Eltern und Bezugspersonen erfüllen bzw. eine einvernehmliche Regelung „über den Verfahrensgegenstand" herbeiführen zu können.

Dies setzt voraus, dass der Verfahrensbeistand die persönliche und fachliche Eignung hat, im Umgang mit den Beteiligten das Konfliktpotential – das in solchen Verfahren ohnehin reichlich vorhanden ist – nicht noch weiter zu erhöhen, sondern vorzugsweise daran arbeitet, entsprechend dem wohlverstandenen Interesse des Kindes den Konflikt schnell und einvernehmlich zu lösen.

Es liegt auf der Hand, dass eine sozial-pädagogische Ausbildung insbesondere im Zusammenhang mit einer juristischen Weiter- und Zusatzausbildung die

Kompetenz für die dem Verfahrensbeistand zufallenden Aufgaben maßgeblich, wenn nicht entscheidend, fördert.

3 Die Regeltatbestände für eine Bestellung

Das Gesetz nennt in § 158 Abs. 2 FamFG bestimmte Regeltatbestände für die notwendige Bestellung eines Verfahrensbeistands. Damit ist in diesen Fällen grundsätzlich von der Erforderlichkeit eines Verfahrensbeistands zu Wahrnehmung der Interessen des Kindes auszugehen.

Im Einzelnen: Gem. § 158 Abs. 2 Nr. 1 FamFG ist die Bestellung eines Verfahrensbeistands erforderlich, wenn das Interesse des Kindes zu dem Interesse seiner gesetzlichen Vertreter in erheblichem Gegensatz steht. Insbesondere bei Trennung oder Scheidung kommt es im Zusammenhang mit Sorgerechts- und Umgangsregelungsstreitigkeiten zu einem solchen Interessengegensatz.

Beispiel:
Die Eltern von Dominic, 12 Jahre, beabsichtigen sich zu trennen. Sein Vater möchte sich scheiden lassen. Dominic hat ein gutes Verhältnis zu beiden Elternteilen. Seine Mutter möchte das Sorgerecht zukünftig allein ausüben, weil der Vater ihrer Meinung nach durch seinen Trennungswunsch gezeigt habe, dass er an der Familie kein Interesse mehr habe. Sie stellt bei Gericht einen entsprechenden Sorgerechtsantrag. Dominic, der unter der Trennung leidet, seinen Vater jedoch trotz der entstandenen Situation sehr schätzt, möchte, dass es bei der gemeinsamen Sorge bleibt. Der Vater ist hingegen an einer gemeinsamen Sorgerechtsausübung wegen der sich hieraus ergebenen ständigen Kontakte mit der Mutter nicht interessiert. Er stellt ebenfalls einen Antrag, ihm das alleinige Sorgerecht zu übertragen.

Besteht also die Gefahr, dass das Interesse des Kindes wegen der Wahrnehmung eigener (in der Regel unterschiedlicher) Interessen der Eltern nicht hinreichend berücksichtigt wird, liegt die Annahme eines erheblichen Interessengegensatzes nahe.

Inwieweit ein Widerstreit der Interessen des Kindes mit den Interessen *nur eines Elternteils* als ausreichend für die Bestellung anzusehen ist, während die Interessen des Kindes von dem anderen Elternteil vertreten werden, ist letztlich eine Frage des Einzelfalls.

Die Bestellung eines Verfahrensbeistands ist weiterhin dann notwendig, wenn in einem Verfahren nach §§ 1666, 1666a BGB (wegen Kindeswohlgefährdung) die teilweise oder vollständige Entziehung der Personensorge „in Betracht kommt", vgl. § 158 Abs. 2 Nr. 2 FamFG. Nach der gesetzlichen Formulierung reicht also bereits der *beabsichtigte (auch nur teilweise) Entzug der Personensorge aus*, um die Erforderlichkeit der Bestellung eines Verfahrensbeistands zu bejahen. Hintergrund der Regelung ist der Umstand, dass Verfahren wegen Kindeswohlgefährdung einerseits zu schwerwiegenden Eingriffen in das Elternrecht führen, andererseits aber auch für das Kind von erheblicher Auswirkung für sein persönliches Schicksal sind. Zudem stehen bei diesen Verfahren schwerpunktmäßig die Erziehungsdefizite der Eltern bzw. ihr gesamtes erzieherisches Verhalten zu Diskussion, wobei das Kind sich in einem Loyalitätskonflikt befinden kann, wie es persönlich zu dem Fehlverhalten der Eltern steht. Hier wird das Kind sich regelmäßig gehindert sehen, seine eigenen Interessen unmissverständlich zum Ausdruck zu bringen.

Nach § 158 Abs. 2 Nr. 3 FamFG ist die Bestellung eines Verfahrensbeistands ferner für den Fall vorgesehen, dass eine Trennung des Kindes von der Person erfolgen soll, in deren Obhut es sich befindet. Gemeint ist hier die Trennung von der sogenannten „Obhutsperson“, also von der Person, bei der das Kind sich tatsächlich aufhält. Nebensächlich ist in diesem Zusammenhang, wer die Trennung des Kindes von der Obhutsperson anstrebt. Allein entscheidend ist, dass das Kind durch die Änderung seines tatsächlichen Aufenthalts die unmittelbare Zuwendung einer Person verliert und für diesen Fall hinreichend vertreten wird.

In Verfahren, die die Herausgabe des Kindes oder eine Verbleibensanordnung zum Gegenstand haben, vgl. § 158 Abs. 2 Nr. 4 FamFG, ist im Regelfall ebenfalls ein Verfahrensbeistand zu bestellen. Die Herausgabeverpflichtung kann sich gegen jede Person richten, die die Herausgabe verweigert bzw. die das Kind den Eltern bzw. dem (alleinsorgeberechtigten) Elternteil vorenthält. In Betracht kommen hier also sowohl umgangsberechtigte (aber nicht sorgeberechtigte) Elternteile wie auch dritte Personen (Großeltern). Bei Verfahren, die eine Verbleibensanordnung betreffen, geht es um die Wegnahme des Kindes von den Pflegeeltern und seine Rückführung in die Herkunftsfamilie. Gemeint sind auch solche Verfahren, in denen der Aufenthaltswechsel des Kindes von einem Elternteil zum anderen Elternteil strittig ist. In allen diesen Verfahren sind in aller Regel erhebliche Interessenkonflikte des Kindes zu seinen Eltern bzw. Pflegeeltern anzunehmen, weshalb eine Verfahrensbeistandschaft unumgänglich ist.

Schließlich sieht das Gesetz eine Verfahrensbeistandschaft gem. § 158 Abs. 2 Nr. 5 FamFG vor, wenn der Ausschluss oder eine wesentliche Beschränkung des Umgangsrechtes in Betracht kommt. Nach der höchstrichterlichen Rechtsprechung ist der Eingriff in das Umgangsrecht eines Kindes – gleichviel, ob es den zeitweiligen oder den völligen Ausschluss des Umgangs betrifft – ein Eingriff in das grundrechtlich geschützte Verhältnis des Kindes zu dem vom Ausschluss betroffenen Elternteil. In solchen Fällen ist in der Regel von einem schweren Grundkonflikt bzw. gegenseitigen Vorwürfen der Umgangsbeteiligten auszugehen.

Beispiel:
Katjas Eltern sind geschieden. Katja, 13 Jahre alt, wohnt bei der Mutter. Der Umgang zum Vater verläuft unregelmäßig und schleppend, obwohl der Vater sein Interesse an dem Umgang immer wieder deutlich macht. Als die Umgangskontakte ganz ausfallen, versucht der Vater mit gerichtlicher Hilfe, geregelte Umgangskontakte festzusetzen. Er beschuldigt seine geschiedene Frau, Katja gegen ihn zu beeinflussen und die Umgangskontakte zu hintreiben. Katjas Mutter verweist auf das Desinteresse des Vaters, der die Umgangskontakte nicht mehr altersgerecht gestalte und nicht einmal ansatzweise seiner Unterhaltsverpflichtung gegenüber seiner Tochter nachkomme.

Gerade die Umgangsproblematik zeigt in der Praxis, wie sehr es hier um Versuche des Durchsetzens eigener Interessen gegenüber den berechtigten Belangen des Kindes unter dem Grundsatz des Kindeswohls geht. Insbesondere in gerichtlichen Umgangsregelungsverfahren wird die Notwendigkeit der Bestellung eines Verfahrensbeistands immer wieder deutlich.

4 Weitere Einzelheiten der Bestellung

Gemäß § 158 Abs. 3 S. 1 FamFG hat die Bestellung des Verfahrensbeistands durch das Gericht *so früh wie möglich* zu erfolgen. Dabei ist unumstritten, dass das Gericht zunächst sog. Anfangsermittlungen zur Erforderlichkeit der Bestellung vornimmt. Die Dauer der Anfangsermittlungen darf dabei allerdings nicht im Gegensatz zur gesetzlichen Pflicht der frühzeitigen Bestellung stehen. In diesem Zusammenhang hat das Bundesverfassungsgericht darauf hingewiesen, dass eine verspätete Bestellung des Verfahrensbeistands nicht seiner Aufgabe im Verfahren gerecht werden kann. Deshalb hat die Bestellung zu einem Zeitpunkt zu erfolgen, zu dem die Einflussnahme des Verfahrensbeistands auf die Gestaltung und den Ausgang des Verfahrens möglich ist.

Durch seine Bestellung wird der Verfahrensbeistand „Beteiligter" des Verfahrens, vgl. § 158 Abs. 3 S. 2 FamFG. Dies bedeutet, dass er im weitesten Sinne im Verfahren mitwirkungsberechtigt und mitwirkungsverpflichtet ist. Konkret führt dies dazu, dass er als Beteiligter die Rechte des betroffenen Kindes wahr nimmt, ohne an dessen Weisungen gebunden zu sein. Zu den Rechten des Verfahrensbeistands als Beteiligter gehört ferner, dass er einem sog. „gerichtlich gebilligten Vergleich", also zum Beispiel einem Umgangsregelungsvergleich, aus dem gegebenenfalls gem. § 86 Abs. 1 Nr. 2 FamFG vollstreckt werden kann, nach § 156 Abs. 2 FamFG ausdrücklich zustimmen muss. Nur eine Pflicht zur Kostentragung besteht nicht, wie das Gesetz ausdrücklich in § 158 Abs. 8 FamFG festhält. Andererseits hat er das Recht, im Interesse des Kindes Rechtsmittel einzulegen, vgl. § 158 Abs. 4 S. 4 FamFG. Sieht das Gericht im Falle der Regeltatbestände von einer Bestellung des Verfahrensbeistands ab, bedarf dies nach § 158 Abs. 3 S. 3 FamFG einer ausdrücklichen gerichtlichen Begründung in der Endentscheidung.

Soweit im Übrigen

- ein Verfahrensbeistand bestellt wird,
- eine Aufhebung der Bestellung erfolgt
- sowie eine Ablehnung der Bestellung

sind diese Entscheidungen des Gerichts nicht selbstständig anfechtbar. Die isolierte Anfechtung dieser Entscheidungen ist damit unzulässig, andererseits kann gegen eine Endentscheidung des Gerichts Rechtsmittel mit der Begründung eingelegt werden, dass die Bestellung, deren Aufhebung oder deren Ablehnung als solche nicht dem Gesetz entsprochen hat.

5 Die Aufgaben des Verfahrensbeistands

Aufgaben des Verfahrensbeistands bestehen gem. § 158 Abs. 4 FamFG im Einzelnen darin

- das Interesse des Kindes festzustellen,
- das Interesse des Kindes im gerichtlichen Verfahren zur Geltung zu bringen,
- das Kind in geeigneter Weise über Gegenstand, Ablauf und möglichen Ausgang des Verfahrens zu informieren

sowie

- im Falle ausdrücklicher gerichtlicher Beauftragung
  - mit den Eltern und weiteren Bezugspersonen des Kindes Gespräche zu führen bzw.
  - am Zustandekommen einer einvernehmlichen Regelung über den Verfahrensgegenstand mitzuwirken.

Art und Umfang der Beauftragung mit den genannten zusätzlichen Aufgaben muss das Gericht konkret festlegen und zugleich begründen, vgl. § 158 Abs. 4 S. 4 FamFG. Andererseits stellt das Gesetz klar, dass der Verfahrensbeistand nicht gesetzlicher Vertreter des Kindes ist, vgl. § 158 Abs. 4 S. 6 FamFG.

Soweit es um die Feststellung des Interesses des Kindes geht, weist die Gesetzesbegründung ausdrücklich darauf hin, dass der Verfahrensbeistand dem Interesse des Kindes verpflichtet ist und nicht allein dem von diesem geäußerten Willen. Mithin hat der Verfahrensbeistand *sowohl* den *Willen des Kindes wie auch* das *Kindeswohl* (als dessen objektives Interesse) bei seiner Aufgabenwahrnehmung zu berücksichtigen. Damit ist die in der Literatur vielfach diskutierte Frage vom Gesetzgeber dahin entschieden worden, dass der Verfahrensbeistand sowohl dem Willen als auch dem Wohl des Kindes verpflichtet ist.

Beispiel:

Ariane, 14 Jahre, lebt bei ihrer Mutter. Die Eltern sind geschieden. Die Eltern verstehen sich im Großen und Ganzen noch recht gut, so dass sie jedenfalls die gemeinsame Sorge problemlos weiterhin ausüben können. Ariane hat zu ihrem Vater ein gutes Verhältnis – bis dieser eine Frau kennen lernt. Als diese beim Vater einziehen möchte, lehnt Ariane weitere Besuchskontakte beim Vater ab. Dem Verfahrensbeistand erklärt sie: „Vater hat genau zwei Möglichkeiten: Entweder die neue Frau oder mich." Der Verfahrensbeistand erkennt die (kindliche) Eifersucht von Ariane. Er wird im gerichtlichen Verfahren sowohl die eindeutige Haltung von Ariane klar zum Ausdruck bringen, andererseits aber auch die zugrundeliegende Eifersucht problematisieren und nach Lösungsmöglichkeiten suchen.

Was die Informationspflichten des Verfahrensbeistands angeht, so haben diese das Ziel, dem Kind in dem Verfahren Ängste zu nehmen und ihm durch Information über Gegenstand, Ablauf und möglichen Ausgang des Verfahren zu verdeutlichen, dass es unbefangen seine eigenen Wünsche im Verfahren formulieren kann, damit diese in die Entscheidung mit einfließen.

Im Hinblick auf die ausdrückliche gerichtliche Beauftragung des Verfahrensbeistands zur Gesprächsführung erscheint es grundsätzlich nicht nachvollziehbar, dass ein Verfahrensbeistand für ein Kind tätig wird, ohne zuvor Gespräche mit den Eltern und den weiteren Bezugspersonen des Kindes zu führen. Auch die prinzipiell sinnvolle Suche nach einer einvernehmlichen Regelung im wohlverstandenen Interesse des Kindes ist ohne Gesprächsführung mit den Eltern und den Bezugspersonen des Kindes undenkbar: Die *Gespräche mit allen Beteiligten* sind vielmehr *unabdingbare Voraussetzung*, um das Interesse des Kindes, insbesondere jüngerer Kinder, zu ergründen und formulieren zu können. Damit dürfte davon auszugehen sein, dass die ausdrückliche gerichtliche Beauftragung des Verfahrensbeistands zur Gesprächsführung mit den Eltern nur die Regel sein kann. Ein Verfahrensbeistand, dem diese Sonderaufgabe nicht übertragen wird, wird nur mit 350 Euro vergütet, während ein Verfahrensbeistand mit den genannten Zusatzaufgaben eine Vergütung von 550 Euro erhält.

Von der Bestellung eines Verfahrensbeistands wird abgesehen, wenn die Interessen des Kindes von einem Rechtsanwalt oder einem anderen geeigneten Verfahrensbevollmächtigten angemessen vertreten werden. Diese Regelung ist in der Praxis letztlich ohne Bedeutung. Mit ihr soll lediglich die Möglichkeit eingeräumt werden, dass ältere Kinder bzw. Jugendliche einen eigenen Bevollmächtigten benennen können, der ihre Interessen im Verfahren wahrnimmt. Dies gilt insbesondere für über 14 Jahre alte Kinder.

Mit der Rechtskraft der das Verfahren abschließenden Entscheidung endet auch die Bestellung des Verfahrensbeistands, vgl. § 158 Abs. 6 FamFG. Gleiches gilt, wenn die Bestellung nicht vorher aufgehoben wird oder das Verfahren sonstwie (z. B. durch Vergleich) abgeschlossen wird.

6 Vergütung und Aufwendungsersatz des Verfahrensbeistands

Das Gesetz unterscheidet zwischen dem berufsmäßigen und dem nicht berufsmäßigen Verfahrensbeistand. Letzterer kann aber den Ersatz seiner Aufwendungen entsprechend § 277 Abs. 1 FamFG i.V.m. § 1835 Abs. 1 und 2 BGB erhalten. Gemeint sind hier Telefonkosten, Fotokopierkosten, Fahrtkosten usw. Der *nicht* berufsmäßige Verfahrensbeistand erhält allerdings keine Vergütung für seine Tätigkeit.

Soweit der Verfahrensbeistand *berufsmäßig* tätig wird, erhält er eine Fallpauschale. Diese Fallpauschale wird in jedem Rechtszug als einmalige Vergütung gezahlt. Sie beträgt 350 Euro, im Falle der Wahrnehmung der *allgemeinen Aufgaben* des Verfahrensbeistands und 550 Euro, sofern ihm die *besonderen Aufgaben der Gesprächsführung und Vergleichsregelung* übertragen werden, vgl. § 158 Abs. 4 S. 3 FamFG. Mit dieser Vergütung sind Ansprüche auf Ersatz entstandener Aufwendungen sowie die anfallende Umsatzsteuer abgegolten, vgl. § 158 Abs. 7 FamFG. Aufwendungsersatz und Vergütung werden stets aus der Staatskasse gezahlt. Die Vergütung für berufsmäßig tätige Verfahrensbeistände erlischt, sofern sie nicht binnen drei Monaten nach Beendigung der Bestellung geltend gemacht wird. Bei einem nicht berufstätigen Verfahrensbeistand gilt eine Frist von 15 Monaten.

Grundsätzlich werden die Verfahrensbeistände in der Praxis von allen Beteiligten gut angenommen. Insbesondere die beteiligten Eltern – erst recht die Kinder und Jugendlichen – sehen in der Bestellung eines Verfahrensbeistands eine allseitige Entlastung, die einen wichtigen Schritt zur Problembewältigung darstellt. Rechtlich nicht eindeutig beantwortet ist die Frage, wie gerichtlich vorzugehen ist, wenn Eltern/Elternteil Kontakte zum Verfahrensbeistand ablehnen bzw. die Kontakte des Kindes zum Verfahrensbeistand zu umgehen oder zu unterlaufen versuchen. Im letzteren Falle dürfte ein entsprechender Sorgerechtsentzug naheliegen, um Gesprächskontakte zwischen Kind und Verfahrensbeistand zu ermöglichen und sicher zu stellen.

Gut zu wissen – gut zu merken

Der Verfahrensbeistand wird dem minderjährigen Kind für das seine Person betreffende (gerichtliche) Verfahren vom Gericht beigeordnet, wenn dies zur Wahrnehmung seiner Interessen erforderlich ist. Für die Notwendigkeit der Bestellung nennt das Gesetz bestimmte Regeltatbestände. Der Verfahrensbeistand hat konkrete Aufgaben und Funktionen, die sich allerdings je nach Beauftragung in der Intensität der Aufgabenwahrnehmung unterscheiden können. Der Verfahrensbeistand wird (durch seine Bestellung) grundsätzlich Verfahrensbeteiligter. Er ist aber nicht gesetzlicher Vertreter des Kindes.

Weiterführende Literatur

Röchling, W. (Hg.) (2009): Handbuch Anwalt des Kindes. Verfahrensbeistandschaft und Umgangspflegschaft für Kinder und Jugendliche. 2. Auflage. Baden-Baden: Nomos 2009.

Borg-Laufs, M./Gahleitner, S.B./Hungerige, H. (2012): Schwierige Situationen in Therapie und Beratung mit Kindern und Jugendlichen. Weinheim: Beltz.

XVI Neuregelungen nach dem Bundeskinderschutzgesetz

Was Sie in diesem Kapitel lernen können

Mit dem Bundeskinderschutzgesetz und seinen unterschiedlichen Regelungsgehalten versucht der Gesetzgeber erneut, den staatlichen Kinderschutz zu stärken.

In diesem Kapitel wird im Wesentlichen auf das Gesetz zur Kooperation und Information im Kinderschutz (KKG) eingegangen. Soweit durch das Bundeskinderschutzgesetz Änderungen des SGB VIII erfolgten, werden diese in den einschlägigen Kapiteln erörtert.

1 Überblick

Zum 01.01.2012 trat das „Gesetz zur Stärkung eines aktiven Schutzes von Kindern und Jugendlichen" (Bundeskinderschutzgesetz – BKiSchG) in Kraft. Dieses in den vergangenen Jahren in Öffentlichkeit und Fachöffentlichkeit intensiv diskutierte Gesetz umfasst sechs Artikel, von denen im hier interessierenden Zusammenhang von Bedeutung sind:

- Artikel 1: „Gesetz zur Kooperation und Information im Kinderschutz (KKG)"
- Artikel 2: „Änderung des Achten Buches Sozialgesetzbuch" (hierzu in den einschlägigen Kapiteln I und III)

Insgesamt geht es bei den Regelungen des Bundeskinderschutzgesetzes u. a. um

- den Ausbau von Hilfen zur Stärkung der elterlichen Erziehungskompetenz während der Schwangerschaft und in den ersten Lebensjahren des Kindes (Frühe Hilfen), der durch eine zeitlich befristete Bundesinitiative zum Aus- und Aufbau des Einsatzes von Familienhebammen unterstützt wird,
- eine weitere Qualifizierung des Schutzauftrages des Jugendamts bei Kindeswohlgefährdung,
- die Verbesserung der Zusammenarbeit der Jugendämter durch Verpflichtung zur Information des zuständigen Jugendamts über Anhaltspunkte für eine Kindeswohlgefährdung,
- eine bundeseinheitliche Regelung der Befugnis kinder- und jugendnaher Berufsgeheimnisträger zur Weitergabe von Informationen an das Jugendamt,
- die Verpflichtung der Träger der öffentlichen Jugendhilfe zur Qualitätsentwicklung sowie zum Abschluss entsprechender Vereinbarungen mit der freien Jugendhilfe als Grundlage für die Finanzierung,
- die Verpflichtung zur Vorlage erweiterter Führungszeugnisse für alle in der Jugendhilfe beschäftigten Personen sowie für das Personal in den erlaubnispflichtigen Einrichtungen,
- die Verpflichtung der Träger der öffentlichen Jugendhilfe, mit den Trägern der freien Jugendhilfe Vereinbarungen über die Tätigkeiten zu treffen, bei de-

nen die Vorlage erweiterter Führungszeugnisse auch durch ehrenamtlich tätige Personen notwendig ist (vgl. BT-Drucksache 17/6256, Seite 2).

In diesem Kapitel sollen lediglich die für die Aufgabenstellung dieses Buches bedeutsamen Neuerungen des „Gesetzes zur Kooperation und Information im Kinderschutz (KKG)“ herausgestellt werden.

2 Einzelheiten zum Gesetz zur Kooperation und Information im Kinderschutz (KKG)

2.1 Kinderschutz, elterliche Information und Frühe Hilfen

§ 1 KKG enthält grundsätzliche (bundeseinheitliche) Aussagen zur staatlichen Mitverantwortung beim Kinderschutz und umschreibt dabei die Unterstützung der Eltern inhaltlich näher (z. B. durch Information, Beratung und Hilfe insbesondere mit Blick auf die vom Bund geförderten sog. Frühen Hilfen für Kinder in den ersten Lebensjahren wie für schwangere Frauen und werdende Väter).

§ 2 KKG regelt (bundeseinheitlich) die Information von Eltern und werdenden Müttern und Vätern über Unterstützungsangebote in Fragen der Schwangerschaft, der Geburt und der Kindesentwicklung in den ersten Lebensjahren.

§ 3 KKG beschreibt die Rahmenbedingungen für den Aufbau verbindlicher Netzwerkstrukturen im Kinderschutz, die mit einem (vorerst von Bundesmitteln finanzierten) Projekt zum Ausbau und Aufbau des Einsatzes von Familienhebammen gestärkt und vorangetrieben werden sollen (Bereich Frühe Hilfen).

2.2 Beratung und Übermittlung von Informationen durch Berufsgeheimnisträger bei Kindeswohlgefährdung

§ 4 KKG (Beratung und Übermittlung von Informationen durch Geheimnisträger bei Kindeswohlgefährdung)

(1) Werden

1. Ärztinnen oder Ärzten, Hebammen oder Entbindungspflegern oder Angehörigen eines anderen Heilberufes, der für die Berufsausübung oder die Führung der Berufsbezeichnung eine staatlich geregelte Ausbildung erfordert,
2. Berufspsychologinnen oder -psychologen mit staatlich anerkannter wissenschaftlicher Abschlussprüfung,
3. Ehe-, Familien-, Erziehungs- oder Jugendberaterinnen oder -beratern sowie
4. Beraterinnen oder Beratern für Suchtfragen in einer Beratungsstelle, die von einer Behörde oder Körperschaft, Anstalt oder Stiftung des öffentlichen Rechts anerkannt ist,
5. Mitgliedern oder Beauftragten einer anerkannten Beratungsstelle nach den §§ 3 und 8 des Schwangerschaftskonfliktgesetzes,
6. staatlich anerkannten Sozialarbeiterinnen oder -arbeitern oder staatlich anerkannten Sozialpädagoginnen oder -pädagogen oder

7. Lehrerinnen oder Lehrern an öffentlichen und an staatlich anerkannten privaten Schulen

in Ausübung ihrer beruflichen Tätigkeit gewichtige Anhaltspunkte für die Gefährdung des Wohls eines Kindes oder eines Jugendlichen bekannt, so sollen sie mit dem Kind oder Jugendlichen und den Personensorgeberechtigten die Situation erörtern und, soweit erforderlich, bei den Personensorgeberechtigten auf die Inanspruchnahme von Hilfen hinwirken, soweit hierdurch der wirksame Schutz des Kindes oder des Jugendlichen nicht in Frage gestellt wird.

(2) Die Personen nach Absatz 1 haben zur Einschätzung der Kindeswohlgefährdung gegenüber dem Träger der öffentlichen Jugendhilfe Anspruch auf Beratung durch eine insoweit erfahrene Fachkraft. Sie sind zu diesem Zweck befugt, dieser Person die dafür erforderlichen Daten zu übermitteln; vor einer Übermittlung der Daten sind diese zu pseudonymisieren.

(3) Scheidet eine Abwendung der Gefährdung nach Abs. 1 aus oder ist ein Vorgehen nach Abs. 1 erfolglos und halten die in Abs. 1 genannten Personen ein Tätigwerden des Jugendamtes für erforderlich, um eine Gefährdung des Wohls eines Kindes oder eines Jugendlichen abzuwenden, so sind sie befugt, das Jugendamt zu informieren; hierauf sind die Betroffenen vorab hinzuweisen, es sei denn, dass damit der wirksame Schutz des Kindes oder des Jugendlichen in Frage gestellt wird. Zu diesem Zweck sind die Personen nach Satz 1 befugt, dem Jugendamt die erforderlichen Daten mitzuteilen.

Die sog. Befugnisnorm orientiert sich einerseits bewusst an der strafbewehrten Schweigepflicht von *Berufsgeheimnisträgern* gem. § 203 StGB, nach dem die unbefugte Offenbarung von Privatgeheimnissen durch Angehörige verschiedener im Gesetz benannter Berufsgruppen mit Strafe bedroht ist.

§ 203 StGB (Verletzung von Privatgeheimnissen)

(1) Wer unbefugt ein fremdes Geheimnis, namentlich ein zum persönlichen Lebensbereich gehörendes Geheimnis oder ein Betriebs- oder Geschäftsgeheimnis, offenbart, das ihm als

1. Arzt, Zahnarzt, Tierarzt, Apotheker oder Angehörigen eines anderen Heilberufs, der für die Berufsausübung oder die Führung der Berufsbezeichnung eine staatlich geregelt Ausbildung erfordert,
2. Berufspsychologen mit staatlicher anerkannter wissenschaftlicher Abschlussprüfung,
3. Rechtsanwalt, Patentanwalt, Notar, Verteidiger in einem gesetzlich geordneten Verfahren, Wirtschaftsprüfer, vereidigtem Buchprüfer, Steuerberater, Steuerbevollmächtigten oder Organ oder Mitglied eines Organs einer Rechtsanwalts-, Patentanwalts-, Wirtschaftsprüfungs-, Buchprüfungs- oder Steuerberatungsgesellschaft,
4. Ehe-, Familien-, Erziehungs- oder Jugendberater sowie Berater für Suchtfragen in einer Beratungsstelle, die von einer Behörde oder Körperschaft, Anstalt oder Stiftung des öffentlichen Rechts anerkannt ist,

4a. Mitglied oder Beauftragten einer anerkannten Beratungsstelle nach den §§ 3 und 8 des Schwangerschaftskonfliktgesetzes,
5. staatlich anerkanntem Sozialarbeiter oder staatlich anerkanntem Sozialpädagogen oder
6. Angehörigen eines Unternehmens der privaten Kranken-, Unfall- oder Lebensversicherung oder einer privatärztlichen, steuerberaterlichen oder anwaltlichen Verrechnungsstelle

anvertraut worden oder sonst bekannt geworden ist, wird mit Freiheitsstrafe bis zu einem Jahr oder mit Geldstrafe bestraft.

(2) ...

(2a) ...

(3) ...

(4) ...

(5) ...

Andererseits verdeutlicht die Befugnisnorm die Voraussetzungen des sog. rechtfertigenden Notstandes gem. § 34 StGB, wonach die Weitergabe von Informationen dann nicht rechtswidrig ist, wenn bei einer gegenwärtigen, nicht anders abwendbaren Gefahr für Leib oder Leben das geschützte Interesse (z. B. der Schutz des Kindes), das berechtigte Interesse (z. B. die Geheimhaltung der Information) überwiegt.

§ 34 StGB (Rechtfertigender Notstand)

Wer in einer gegenwärtigen, nicht anders abwendbaren Gefahr für Leben, Leib, Freiheit, Ehre, Eigentum oder ein anderes Rechtsgut eine Tat begeht, um die Gefahr von sich oder einem anderem abzuwenden, handelt nicht rechtswidrig, wenn bei Abwägung der widerstreitenden Interessen, namentlich der betroffenen Rechtsgüter und des Grades der ihnen drohenden Gefahren, das geschützte Interesse das beeinträchtigte wesentlich überwiegt. Das gilt jedoch nur, soweit die Tat ein angemessenes Mittel ist, die Gefahr abzuwenden.

Die Befugnisnorm des § 4 KKG stellt also keine völlige Neuerung im Schutz von Kindern dar, sondern enthält eine bundeseinheitliche Norm (für die genannten Berufsgeheimnisträger) für die Weitergabe von Informationen an das Jugendamt. Damit sollen (und werden sicherlich) die in der Praxis häufig bestehenden Anwendungsschwierigkeiten sowie Abwägungs- und Auslegungsschwierigkeiten – namentlich von juristisch nicht geschulten Berufsgruppen – beseitigt werden, die letztlich aus Sorge vor eigenem strafbaren Verhalten dazu neigten, entsprechende Informationen an das Jugendamt eher zurückhaltend weiterzugeben. Durch die Neuerung wird zweifelsohne mehr Handlungssicherheit für die beteiligten Kreise geschaffen.

Zur Klarstellung: Die Regelung enthält die ausdrückliche Verpflichtung der Berufsgeheimnisträger zur „Beratung und Motivation" i. S. der Norm (vgl. BT-Drucks. 17/6256, S. 19).

2.3 Einzelheiten der Befugnisnorm

Die Vorschrift sieht ein zweistufiges Verfahren vor:

- (1. Stufe)
Beratung und Motivation zur Inanspruchnahme von Hilfen zur Förderung der elterlichen Erziehungsverantwortung, sofern den genannten Berufsgeheimnisträgern „gewichtige Anhaltspunkte für die Gefährdung des Wohls eines Kindes oder Jugendlichen" in Ausübung ihrer Tätigkeit bekannt werden

und

- (2. Stufe)
die (gesetzlich konkret befugte) Weitergabe der Informationen an das Jugendamt zur Abwendung einer Kindeswohlgefährdung unter näher bestimmten Voraussetzungen durch die genannten Berufsgeheimnisträger.

Bei den in § 4 Abs. 1 genannten Personen handelt es sich um solche, die aufgrund ihrer beruflichen Tätigkeit regelmäßig in näherem Kontakt zu Kindern und Jugendlichen stehen und die bereits ausbildungsbedingt zur Beratung und Motivation von Eltern befähigt erscheinen.

> *Beispiel:*
> Ein Arzt stellt im Rahmen einer ärztlichen Untersuchung bei einem 12jährigen Mädchen offensichtliche Missbrauchsspuren fest. Auf behutsames Nachfragen erklärt sie, sie könne oder dürfe hierüber nicht sprechen und schweigt. Als der Arzt die Eltern hinzuruft und versucht, die Eltern auf seine Feststellungen und die Reaktion des Mädchens anzusprechen, schweigt die Mutter. Der Vater weist den Arzt mit den Worten zurecht, dass der Arzt „wohl träume". Der Vater untersagt dem Arzt unter Berufung auf seine ärztliche Schweigepflicht ferner ausdrücklich, über seine angeblichen Untersuchungsergebnisse mit irgendjemandem (insbesondere etwa mit dem Jugendamt) zu sprechen.

Der Arzt handelt in diesem Fall *nicht* rechtswidrig, wenn er die Ergebnisse seiner ärztlichen Untersuchung und seine Einschätzung der Kindeswohlgefährdung an das Jugendamt sofort weitergibt.

Vorausgesetzt für ein entsprechendes Tätigwerden der fraglichen Berufsgeheimnisträger ist das Bekanntwerden „gewichtiger Anhaltspunkte" für die Gefährdung des Wohls eines Kindes oder Jugendlichen. Da diese Einschätzung oftmals problematisch ist, räumt das Gesetz den genannten Berufsgeheimnisträgern gem. § 4 Abs. 2 KKG einen Anspruch auf Beratung zur Einschätzung der Kindeswohlgefährdung durch eine insoweit erfahrene Fachkraft ein. Der Anspruch besteht gegenüber dem Träger der öffentlichen Jugendhilfe, was durch § 8b SGB VIII (neu eingefügt durch das Bundeskinderschutzgesetz) sichergestellt wird. Die für die Beratung notwendigen Daten dürfen an die Fachkraft in pseudonymisierter Form übermittelt werden.

Beratung der Eltern und ihre Motivation zur Annahme von Hilfen *unterbleiben* allerdings, wenn hierdurch der wirksame Schutz des Kindes oder des Jugendlichen in Frage gestellt wird. Im Übrigen sollen die Kinder und Jugendlichen in die Erörterung der Situation miteinbezogen werden.

Zur (uneingeschränkten) Weitergabe der Informationen ist der Berufsgeheimnisträger dann *befugt*, wenn

a) die Kindeswohlgefährdung durch Beratung und Motivation der Personensorgeberechtigten zur Annahme von Hilfe *nicht* abgewendet werden kann, weil Beratung und Motivation erfolglos sind,

und

b) der Berufsgeheimnisträger ein Tätigwerden des Jugendamts für erforderlich hält, um die Kindeswohlgefährdung abzuwenden.

Vor der Information des Jugendamtes sind die Betroffenen auf die Weitergabe hinzuweisen, *falls* damit nicht wiederum der „wirksame Schutz des Kindes oder des Jugendlichen" in Frage gestellt wird. Im Hinblick auf diese Einschätzung können dem Jugendamt *ebenfalls* pseudonymisierte Daten übermittelt werden.

2.4 Fazit

Die Vorschrift regelt damit in wünschenswerter Klarheit, dass den Personensorgeberechtigten zunächst das Abwenden der Kindeswohlgefährdung durch (verpflichtende) Beratung und Motivation zur Annahme von Hilfen nahegelegt wird und für den Fall, dass die Eltern nicht handlungsbereit oder handlungswillig sind, der Kindesschutz mit Hilfe der Weitergabe der Informationen an das Jugendamt durch staatliche Hilfe sichergestellt wird.

Zugleich schützt die Regelung aber auch die Vertrauensbeziehung zwischen Berufsgeheimnisträger und dem Kind oder Jugendlichen bzw. dessen Personensorgeberechtigten.

Gut zu wissen – gut zu merken

Durch die Befugnisnorm des § 4 KKG wird die Übermittlung von Informationen bei Kindeswohlgefährdung durch bestimmte im Gesetz genannte Berufsgeheimnisträger bundeseinheitlich und verständnisfördernd geregelt. Einer konkreten Kenntnis der einschlägigen strafrechtlichen Normen über den Geheimhaltungsschutz von Berufsgeheimnissen bzw. den rechtfertigenden Notstand (§§ 203, 34 StGB) bedarf es daher insoweit nicht mehr. Zugleich legt die Bestimmung fest, dass eine Beratungspflicht bei gewichtigen Anhaltspunkten einer Kindeswohlgefährdung besteht – vorausgesetzt, dass der Schutz des Kindes hierdurch nicht gefährdet wird –, und ermächtigt die genannten Berufsgruppen, das Jugendamt einzuschalten, wenn eine Abwendung der Gefährdung durch die Beratung und den Hinweis auf öffentliche Hilfen nicht sicher gestellt ist. Für die Einschätzung der Frage, ob eine Kindeswohlgefährdung anzunehmen ist, besteht gegenüber dem Jugendamt ein Beratungsanspruch.

Weiterführende Literatur

Borg-Laufs, M./Gahleitner, S. B./Hungerige, H. (2012): Schwierige Situationen in Therapie und Beratung mit Kindern und Jugendlichen. Weinheim: Beltz.

Meysen, T./Eschelbach, D. (2012): Das neue Bundeskinderschutzgesetz. Wiesbaden: Nomos.

Literaturverzeichnis*

Borg-Laufs, M./Gahleitner, S. B./Hungerige, H. (2012): Schwierige Situationen in Therapie und Beratung mit Kindern und Jugendlichen. Weinheim: Beltz.

Bork, R./Jacoby, F./Schwab, D. (2009): FamFG: Kommentar zum Gesetz über das Verfahren in Familiensachen und in den Angelegenheiten der freiwilligen Gerichtsbarkeit. Bielefeld: Gieseking.

Bundesministerium für Jugend, Familie, Frauen und Gesundheit (Hg.) (1986): Siebter Jugendbericht. Jugendhilfe und Familie – die Entwicklung familienunterstützender Leistungen der Jugendhilfe und ihre Perspektiven. Bonn: Eigenverlag.

Coester, M. (1991): Die Bedeutung des Kinder- und Jugendhilfegesetzes (KJHG) für das Familienrecht. In: FamRZ 1991, S. 253–263.

Jurgeleit, A. (Hg.) (2010): Betreuungsrecht: Handkommentar. 2. Auflage. Baden-Baden: Nomos.

Kunkel, P.-C. (1991): Leistungsverpflichtungen und Rechtsansprüche im Kinder- und Jugendhilfegesetz, insbesondere die Hilfe zur Erziehung. In: ZfJ, S. 145ff.

Kunkel, P.-C. (Hg.) (2011): Sozialgesetzbuch VIII. Kinder- und Jugendhilfe. Lehr- und Praxiskommentar. 4. Auflage 2011. Wiesbaden: Nomos.

Maunz, Th./Dürig, G. (2012): Grundgesetz. Loseblatt-Kommentar. 64. Auflage. München: C. H. Beck.

Meysen, T./Eschelbach, D. (2012): Das neue Bundeskinderschutzgesetz. Wiesbaden: Nomos.

Oberloskamp, H./Borg-Laufs, Michael/Mutke, B. (2009): Gutachtliche Stellungnahmen in der sozialen Arbeit: Eine Anleitung mit Beispielen für die Mitwirkung in Vormundschafts- und Familiengerichtsverfahren. 7. Auflage. Neuwied: Luchterhand.

Oberloskamp, H. (Hg.) (2010): Vormundschaft, Pflegschaft und Beistandschaft für Minderjährige. 3. Auflage. München: C. H. Beck.

Palandt, O. (2012): Bürgerliches Gesetzbuch. Kommentar, 71. Auflage. München: C. H. Beck.

Röchling, W. (1997): Vormundschaftsgerichtliches Eingriffsrecht und KJHG unter besonderer Berücksichtigung der „öffentlichen Hilfen“ nach § 1666a Abs. 1 BGB. Band 19 der Schriftenreihe Familie und Recht. Neuwied: Luchterhand.

Röchling, W. (Hg.) (2009): Handbuch Anwalt des Kindes. Verfahrensbeistandschaft und Umgangspflegschaft für Kinder und Jugendliche. 2. Auflage. Baden-Baden: Nomos 2009.

Röchling, W. (2009): Betreuung – Rechtliche Sicherheit für Betreuer, Betreute und Angehörige. Ratgeber. Düsseldorf: Verbraucherzentrale NRW.

Trenczek, T. (2008): Inobhutnahme, Krisenintervention und Schutzgewährung durch die Jugendhilfe. §§ 8a, 42 SGB VIII. 2. Auflage. Stuttgart: Boorberg.

Weinreich, G./Klein, M. (2010): Fachanwaltskommentar Familienrecht. 4. Auflage. Neuwied: Luchterhand.

Wiesner, R. (Hg.) (2011): SGB VIII. Kinder- und Jugendhilfe. Kommentar. 4. Auflage. München: C. H. Beck.

* einschließlich der zur Vertiefung empfohlenen Werke

Abkürzungsverzeichnis

Abs.	Absatz
AdVermiG	Adoptionsvermittlungsgesetz
Art.	Artikel
AZ	Aktenzeichen
BayOblG	Bayerisches Oberlandesgericht
BeurkG	Beurkundungsgesetz
BGB	Bürgerliches Gesetzbuch
BGH	Bundesgerichtshof
BGHZ	Entscheidungssammlung des Bundesgerichtshof in Zivilsachen
BKiSchG	Bundeskinderschutzgesetz
BT-Drs.	Bundestagsdrucksache
FamFG	Gesetz über das Verfahren in Familiensachen und in Angelegenheiten der freiwilligen Gerichtsbarkeit
FamRZ	Zeitschrift für das gesamte Familienrecht
ff.	fortfolgende
FuR	Familie und Recht
GG	Grundgesetz
HS	Halbsatz
i.V.m.	in Verbindung mit
KKG	Gesetz zur Kooperation und Information im Kinderschutz
m.w.N.	mit weiteren Nachweisen
NJW	Neue Juristische Wochenschrift
OLG	Oberlandesgericht
PStG	Personenstandsgesetz
Rdnr.	Randnummer
RelKErzG	Gesetz über die religiöse Kindererziehung
SGB	Sozialgesetzbuch
StGB	Strafgesetzbuch
VBVG	Vormünder- und Betreuervergütungsgesetz
VG	Verwaltungsgericht
ZfJ	Zentralblatt für Jugendrecht (ab 2006 ZKJ)

Stichwortverzeichnis

Rudolf Bieker

Soziale Arbeit studieren

Leitfaden für wissenschaftliches Arbeiten und Studienorganisation

2011. 260 Seiten. Kart. € 24,90
ISBN 978-3-17-021064-6

Grundwissen Soziale Arbeit, Band 1

Das Buch ist als Arbeitshilfe konzipiert. Es soll Studierenden der Sozialen Arbeit und benachbarter Studiengänge konkrete Orientierung und Hilfestellung bei der Bewältigung typischer Anforderungen des Studiums geben. Zu diesen Anforderungen gehören u.a. Literaturrecherche und -auswertung, die Anfertigung schriftlicher Semester- oder Abschlussarbeiten, das Referieren im Seminar, die Bewältigung von Prüfungen usw. Die Vermittlung der allgemeinverbindlichen Standards, Regeln und Techniken des wissenschaftlichen Arbeitens steht dabei im Zentrum. Darüber hinaus geht es um Themen wie die zeitliche Planung von Studienablauf und Studienalltag (Selbstmanagement), die frühzeitige Einbindung von Praxiskontakten und Auslandsaufenthalten und das Lernen in Gruppen.

Prof. Dr. rer. soc. Rudolf Bieker ist Hochschullehrer am Fachbereich Sozialwesen der Hochschule Niederrhein (Mönchengladbach). Lehrgebiet: Theorie und Strukturen sozialer Dienste/ Sozialverwaltung.

www.kohlhammer.de

W. Kohlhammer GmbH · 70549 Stuttgart
Tel. 0711/7863 - 7280 · Fax 0711/7863 - 8430 · vertrieb@kohlhammer.de